中国云力量

吴玉征　郑　凯　编著

電子工業出版社
Publishing House of Electronics Industry
北京 • BEIJING

内 容 简 介

"互联网+"已成为国家战略，云计算作为"互联网+"的重要推手，正面临下一个万亿市场。是什么因素决定未来几年云计算的走向？在这一场变革中，中外哪家公司正在衰退，哪家公司正在胜出？中国IT产业是否借助此次机会全面崛起，创业者的机会又在哪里？

本书中有权威的政策解读、客观的公司分析、具有洞察力的创业指南，以及详细的技术解析；而且本书视野开阔，面向未来，立足技术驱动力，详细阐述中国云计算版图，从市场、技术、派系、应用等不同角度分析，并预测云计算在产业、商业、创业、投资等领域的变化，是IT产业从业者全面掌握未来两年内的云计算发展方向的必备资料。

本书适合互联网创业者、技术创业者、云创业投资者，以及IT厂商、架构师、技术人员阅读与参考。

图书在版编目（CIP）数据

中国云力量/吴玉征，郑凯编著. —北京：电子工业出版社，2016.5

ISBN 978-7-121-28536-3

Ⅰ. ①中…　Ⅱ. ①吴…　②郑…　Ⅲ. ①计算机网络－高技术产业－研究－中国
Ⅳ. ①F426.67

中国版本图书馆CIP数据核字（2016）第071899号

策划编辑：李树林
责任编辑：李树林
文字编辑：牛平月
印　　刷：三河市鑫金马印装有限公司
装　　订：三河市鑫金马印装有限公司
出版发行：电子工业出版社
　　　　　北京市海淀区万寿路173信箱　邮编　100036
开　　本：720×1000　1/16　印张：16　字数：287千字
版　　次：2016年5月第1版
印　　次：2016年5月第1次印刷
定　　价：49.00元

凡所购买电子工业出版社图书有缺损问题，请向购买书店调换。若书店售缺，请与本社发行部联系，联系及邮购电话：（010）88254888，88258888。

质量投诉请发邮件至zlts@phei.com.cn，盗版侵权举报请发邮件至dbqq@phei.com.cn。

本书咨询联系方式：（010）88254463；lisl@phei.com.cn。

序　一

——云计算：变革中的机遇

从历史的角度看，计算是对人类智慧的一种延伸。从大型机到小型机，从个人计算机到如今无处不在的智能终端，每一次变革都是计算的民主化。计算的民主化就像整个社会文明、经济进步一样，让更多的人可以使用更便宜的计算能力，使信息知识的处理成本越来越低。

云计算的出现带来后台整个技术架构的变革，让我们可以用书本的价格购买到超级计算机的能力。这是一场比个人计算机对主机、对小型机的变革更加深刻的空前变革。这场变革的核心不仅仅是商业模式和公司经营的变革，而是整个人类社会的变革，就像工业革命一样，是对社会根本结构的变革，从标准化的大规模物质生产到未来大规模、个性化的知识生产的变革。这场变革结束之后，人类的生活质量将更加提高。

在“互联网+”的时代背景下，随着云计算深入发展，其逐步成为基础设施，并通过与物联网、智能终端、大数据等力量结合，各行各业将发生全新变化。在这个过程中，企业的经营形态会发生非常大的变革。过去企业最主要的经营形态是提供产品和服务，未来由于物联网的能力、无所不在的网络、后台的计算能力，企业突然能够跟客户直接建立起联系了。每个客户将来都有一个芯片，通过无线网络和生产者进行联系，彼时经济状况、客户体验能够得到及时反馈，企业可以按用户身份、使用时间、使用时长、使用习惯等维度，为用户提供更加个性化的产品和服务，像运营商一样运营自己的客户，形成双向互动，而不是单向服务，变成类运营商化企业，成为客户运营商。

与此同时，云计算的出现为解决中国现存的一些无法用传统方法解决的现代化问题，提供了一条“便宜、方便、可控”的架构。本书列举了云计算在各行各业的诸多实践和应用，有很大的参考价值。

云计算这场革命才刚刚开始。迎接这场变革首先要做乐观主义者，相信明天会更好，需要思想碰撞和行业开放，需要有无限的想象力，才能去创造新世界。

亚信集团董事长 田溯宁

2016年3月24日

序　二

——云为世界带来无限可能

从工业时代开始，新技术的出现一直跟产业需求紧密相连——个人计算机时代的信息孤岛瓶颈催生了互联网时代，互联网时代大量数据处理也让云计算应运而生，现在“互联网+”的发展更引爆了各行各业对云计算的需求。

2008年，我从美国回到北京，一步步创建雅虎北京全球研发中心的时候，恰逢云计算的概念提出不久，各大IT互联网巨头纷纷进军云计算领域，各种技术探索像雨后春笋一样萌发；到2015年我加入京东集团负责技术研发体系工作，云计算在中国已经开始走向成熟应用，大家能明显感受到云计算发展的强劲趋势。

我一直坚信技术是为人类服务的，而且随着互联网行业技术的不断发展，人们享受技术服务的门槛也会越来越低，云计算正是推进这一变化的重要力量。在计算、存储等资源没有被全面云化的时代，不同企业间，甚至同一个企业不同阶段都有着几乎无法跨越的资源鸿沟，初创公司可能因为一个模型、一套算法没有平台可以执行，白白失去宝贵的商业机会。而云计算改变了这一切，几个人的小团队都可以调动巨大的资源，完成以往难以想象的运算、存储工作。

有人可能会说，目前云计算领域呼风唤雨的还是那些巨人。确实，云计算背后对数据中心等资源的需求，让有些领域成为巨人的游戏场。但云计算的模式让这些巨人在开放、分享自己的能力，而不是垄断资源。在过去你可能难以想象，一个地区型或垂直行业的小电商平台，运行在经过亿万订单考验的京东电商云上；一个面向消费者的智能硬件，后台可以借助Alpha GO级别的人工智能系统进行数据分析……如果说互联网让世界变平了，那云计算更是消除了技术领域的资源鸿沟，让很多伟大的构想得以从星星之火变成熊熊火焰。

日前，京东云发布了新战略，京东云服务的所有版块都已经完整拼合，开始对外提供丰富而全面的技术服务。可以说京东云担任了两个角色：一是内部基础架构的支持；二是技术输出的窗口。在云计算领域，京东云已经交出了一份不错的答卷。

京东商城业务飞速发展的过程中，经历了从使用物理机到使用虚拟机再到全面转向容器技术的技术升华，作为全中国最大的容器平台，京东云经受住了“618”、“双 11”大促等多个电商行业盛会的考验，提供了安全、可靠、快速的基础平台，已经成为了京东商城重要的发动机。

在技术驱动能力浮出水面后，京东希望把这些能力对外进行输出，包括互联网经验的咨询服务、互联网基础技术的云计算、大数据等服务。依托十余年的电商经验与技术，京东云立志成为中国“互联网+”的发动机，为上千家中国企业提供云服务解决方案，帮助其实现“互联网+”升级。

云计算已经让很多传统产业产生了巨大变革，仍有广阔的发展空间。在把计算、存储变成共有资源之后，相信大数据、人工智能、VR 等技术领域也将是云计算的用武之地，让京东这种大企业的技术创新能力成为全社会都可以使用的资源。

最后感谢两位作者对云计算领域的紧密跟踪和不辍笔耕，时代需要更多云计算的布道者和推进者。京东也将践行从技术实践者到服务者的角色转变，通过云平台和全社会分享自己的资源和成果，推动传统企业共同成长，为互联网时代的行业变革贡献自己的力量。

京东集团 CTO

2016 年 4 月 13 日

前　言

2015年，云计算来得比之前任何一年更迅猛。

2015年，市场变化时常让人无所适从。

在这样的格局下，我们经常讨论：需不需要编著一本专注于云计算的书？如果要出版，我们定位在哪里？这是我们反复讨论的事。

首先，自我介绍一下。

我们两位都从事媒体行业10多年，长期跟踪报道IT产业的变化，只是侧重点不一样。在2015年媒体行业剧烈变化之时，两人也从传统媒体跳出来，做了自媒体。无论叫自媒体也好，新媒体也好，这种媒体的变化给我们带来更大的压力，也带来灵活多变的自由度。

为文字负责，为读者负责，这是我们“码字”的初衷，也是对职业的尊重。我们并没有因为做“自媒体”就自言自话，自圆其说。

所以，在2015年我们写了大量的报道，回过头看，主要集中在云、大数据和新兴产业。在这种一线的采访报道中，我们和CEO对话、和CTO聊技术、和市场人员谈发展，关注整个产业的走向。

这些报道中，既有市场的盘点，也有对未来的分析；既有马云、马化腾、李彦宏和刘强东这些大佬们对云的理解，也有很多云创业公司的梦想故事；既有对世界级云计算巨头的“开炮”，也有对传统公司云转型的赞美。

综合起来看，这不正是整个中国云计算错综复杂、各种力量的总结吗？不正是在已经到来的2016年，甚至是未来几年对云计算市场的前瞻吗？

这是本书的第一个初衷。这是一个总结，也是一份回忆，对得起我们一年来的心血。

其二，由于长期报道 IT 产业，对整个市场格局变化有自己的见解。

这些见解并不是从“石头缝里蹦出来”的，而是汇集了各方面的意见，在一篇篇文章中，在一次次“闲聊”中，慢慢煎熬出来的。

这种观点尽管少不了个人的倾向和看法，但大体是站得住脚的。在 10 多年的报道中，我们注重对细节的关注，注重数字材料的支撑，注重对事实的研究。我们相信，以专业的态度对待一件事情也好，对待整个产业的变化也好，研究得出的结论还是有价值的。

当然，在报道中，我们尽量抛开个人情绪，不掺杂喜恶，针对某些公司进行点评。但是，有时候也做不到完全“客观、中立”，还是会存在一些倾向性。总体的倾向应该是，要用发展的眼光看待产业格局变化，只要是对产业发展有价值的，我们均鼓励，为之喝彩；反之，那些炒作、为搏眼球和赚取资本市场的，我们抛弃。这也是为什么有些公司我们不去报道的原因，因为——不喜欢。

所以，从这些观点看，我们相信，这本书的观点是有价值的，能够缩短读者对中国云计算格局认知的周期。对云计算创业者，本书可以作为市场指导；对云计算企业，本书的价值在于从其他企业身上，看到自己的短板。

我们更希望，读完这本书，能做到“一览众山小”，位于产业链不同环节的读者，能从中汲取经验，更好地促进产业发展。

其三，这是一本包含了不同角度、不同风格文章的书。

我们深知自我局限，在编撰本书时，我们请教了大量的专家和学者，也承蒙对方信赖，在细节考据、未来发展格局、公司走向等方面给予了不少意见。还有很多朋友，“忍不住”亲自下笔，对某一领域展开充分讨论。

从这一点来说，我们极其感谢周围朋友们的大力关怀和帮助，如果没有你们的耐心指导，这本书就不可能这么快面世。我们更要感谢一些公司，在百忙之中协调时间，帮我们核实事实，接受采访，并进行细节上的沟通。

感谢的公司有：联想、UCloud、七牛、京东、用友等。

我们还要感谢云计算专家邹均，他对云计算架构的理解令人钦佩；感谢万国数据高级副总裁陈亮，她对未来云计算下的数据中心富有洞察力。特别感谢张晓东、刘永峰、大数网许冬琦对内容方面的指导以及支持，没有你们的鞭策，我们的内容不可能如此出彩。最后感谢出版社的编辑李树林，谢谢你的耐心和细致，我们期待有更多合作。

当然，我们也知道，尽管个人能力再强，专业度再高，在未来发展面前，我们也难免有各种不足。希望在后续的报道中，我们能够弥补这些不足，继续耕耘在第一线，做出优秀报道。如果你对云计算有更好的建议，可通过邮件 iwuyuzheng@ qq.com 与我们联系。

2017 年，我们再见。

作者

2016 年 3 月 6 日

目　录

1

第1章 中国云力量分析

“互联网+”正在改变中国。

云计算则是中国商业通往技术驱动变革的必然。

回顾2015，云计算和云创业在中国如火如荼。

在真正的巨头产生之前，所有的云计算企业都有一线生机。

格局未定，诸侯能不抛头颅洒热血！

在过去的疯狂过后，未来的中国力量也正在崛起。

1.1 “互联网+”时代下的云计算架构

“互联网+”和云计算

如果盘点 2015 年最热的一个词，那么无疑是“互联网+”。上至李克强总理，下到平民老百姓，都在热论“互联网+”。

对于什么是“互联网+”则有很多争论。比较趋同的看法是：“互联网+”是互联网时代从消费互联网向产业互联网过渡的一个重要阶段，其主要特点利用互联网思维和互联网技术，包括移动互联网、云计算、大数据技术来推动传统产业的升级转型，同时推动行业生态的重构，通过互联网的跨界、融合去重构产业模式，形成新的业态。

对传统行业来说，“互联网+”的转型首先要采用“互联网思维”来创新业务模式，利用互联网技术，通过线上、线下的紧密结合，为客户提供更高价值的服务和产品。

在企业向“互联网+”转型过程中碰到的一个很大的挑战，就是传统竖井型的企业 IT 架构无法支撑“互联网+”的业务模式。“互联网+”的业务需要高度灵活、弹性、安全、智能的 IT 架构，来支持在快速变化的市场中的业务发展；而云计算架构正是支持“互联网+”业务需求的唯一架构选择。

“互联网+”时代的云计算

云计算的来龙去脉

“云计算”这个概念最早由谷歌高级工程师克里斯托夫·比希利亚在 2006 年向 Google 董事长兼 CEO 施密特提出。施密特非常看重这一想法，并在随后的一个业界大会上正式提出。对熟悉网络的技术人员来说，这个概念是很容易理解的。电脑网络工程师在绘制网络架构图时，经常用云来表示抽象的网络，省略其内部具体结构。引申开来，云计算就是不用关心其内部实现、具体位置，只要通过网络连接，就可获得计算能力的服务。因此从云的体验来看，使用云计算就像使用水和电这样的公用服务（utility），只要有网络，就可按需、随时随地使用。

云计算定义

自谷歌提出云计算的概念以来，“云计算”迅速成为业界的热词，很多 IT 厂商也将各自产品贴上云计算标签，云计算的定义也众说纷纭，使很多人对云计算的理解有云里雾里、不得要领的感觉。

美国的标准和技术组织（NIST）给了一个比较客观、经得起时间检验的定义，可以澄清很多误解。NIST 给出的定义是：“云计算是一个提供泛在、方便、按需，并通过网络访问一个共享的可配置的计算资源池（包括网络、服务器、存储、应用和服务）的模式，该模式下资源能够迅速地被创建或释放而不须太多的管理开销或是服务提供商的人工干预。”

NIST 还进一步总结出一个“三四五”要点来阐释云计算概念。“三”是指云计算的三种服务模式，即基础设施即服务（IaaS）、平台即服务（PaaS）、软件即服务（SaaS）；“四”是指云计算的四种部署模式（私有云、公有云、混合云、社区云）；“五”是指云计算的五个特点（按需自服务、宽带访问、资源池、快速弹性扩展、计量服务）。

云的内部实现机制

要真正理解云计算，还需要了解云计算的内部实现机制。云计算把简便使用的体验提供给用户，把复杂性留在了云中。图 1-1 示出了云计算的内部实现机制。

云计算的使用流程可以简单描述如下：

- 用户通过互联网登录云提供商的自服务门户，并通过查询门户中的服务目录，选择需要的服务并提交订单。
- 云管平台的服务请求工作流模块将自动把订单提交到工作流。工作流通常首先是检查资源池中是否有足够的资源来满足订单要求；如果有足够资源，将把客户的订单按照服务内容分解成不同的工单。
- 生成的工单将发到编排和开通模块。编排模块将根据工单生成资源开通的流程，理清需要开通资源的依赖关系和顺序，然后通过开通模块去开通资源。

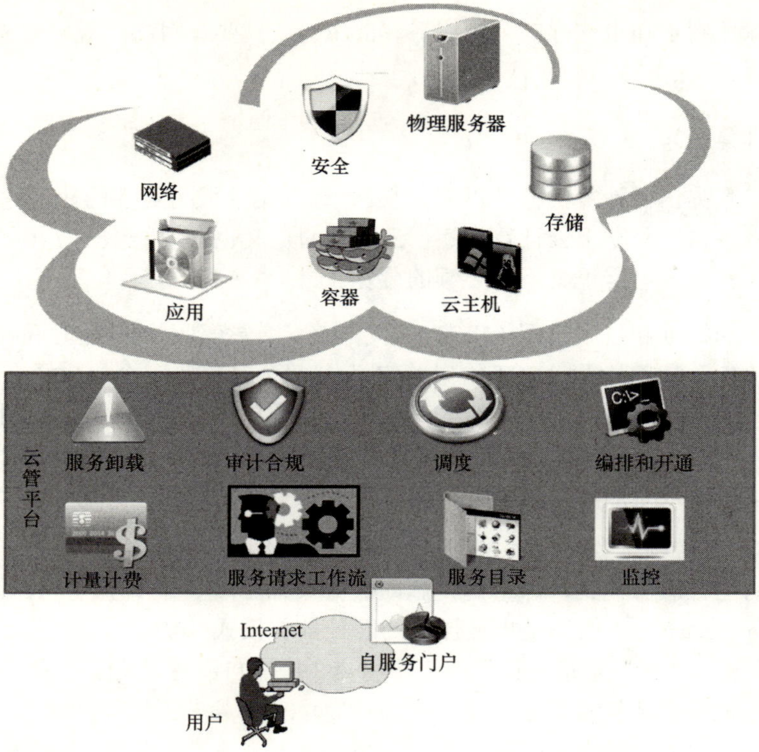

图 1-1 云计算的内部实现机制

- 开通模块调用审计合规模块和调度模块。审计合规模块返回合规管控策略，调度模块返回调度策略，最后开通模块根据所返回的策略开通所申请的资源。合规策略包括资源开通的安全性区域选择，调度策略包括对负载权重的选择等。
- 资源开通后，监控模块开始工作，后台管理可以通过监控模块了解开通资源的运行状态。同时监控信息也可以反馈给计量计费模块、审计合规模块或者调度模块，如果平台有自动调度策略，最终用户也可以通过监控服务监控其所购买的服务。
- 计量计费模块根据客户的资源使用情况和计费规则自动生成账单。
- 客户可以根据自身需求随时扩展或缩小申请的资源。

从以上流程来看，云计算平台的功能主要是管理服务的生命周期。根据资源的不同，服务类别可以分为：以基础设施资源为主的 IaaS 服务，主要是提供云主机、网络资源、存储资源；以平台资源为主的 PaaS 服务，包括数据库服务、开发平台服务、中间件服务等；以应用资源为主的 SaaS 服务，像 ERP、CRM 等服务。

概括地说，云计算的实质是一种新型的 IT 架构，是一种支持自动化服务模式的架构，而不是某一种技术。云计算的架构使得 IT 资源可作为一种自动化服务通过互联网提供，让最终用户可以不通过中间环节，随时随地按需使用服务。

云计算架构

云计算服务既然是一种通过网络提供的自动化服务，其架构就和传统 IT 有很大的区别。下面我们来讨论云计算的架构，从中我们可以看到为什么云计算架构是支持“互联网+”转型的唯一 IT 架构选择。

什么是架构

要了解云计算架构，首先我们要对架构有清晰、准确的理解。架构有两个层面的涵义：一个是静态层面的，主要是勾画系统边界、结构、组成的组件以及组件之间的关联关系；另一个是动态层面，主要是规范组件的行为以及组件之间的交互协议。根据一个 IT 系统的架构，可以界定该系统的功能特性和一些非功能特性。例如：一个邮箱系统，它的功能特性可以是收、发邮件，非功能特性则包括安全措施（认证、加密等）以及响应时间、吞吐率等。架构设计要考虑不断变化和恒久不变的两方面。一个有长久生命力的系统都有一个设计高明的架构，其精髓在于架构能支持系统功能的变化、发展、演化，允许系统功能的不断变化，也就是架构必须提供灵活性；而系统对易用性、安全性、稳定性和性能却应该是恒久不变的，因此 IT 架构的设计必须强调非功能特性，其中开放性、可扩展性、可移植性、可维护性、灵活性、安全性、性能（响应时间、吞吐率、并发数等）最为重要。云计算架构尤其强调灵活性、扩展性和易用性。

主要的云计算架构

要了解云计算架构，最直接的方法是了解目前流行的主要云计算提供商的平台架构。下面我们通过了解公有云提供商的典型代表——亚马逊 AWS 的架构，以及在企业私有云占垄断地位的 VMWare，还有在互联网企业使用的主流 OpenStack 架构来深入了解云计算的架构。

（1）亚马逊 AWS 架构

在 2000 年前后，以 IBM、微软、HP 为首的企业 IT 龙头提出了面向服务的架构（SOA）的理念。SOA 架构的核心是松耦合，其系统由服务组件组成，每个服务组件提供一个专门的服务功能，各服务功能通过标准服务接口向外提供。SOA 架构和传统应用架构有很大区别。传统应用架构的组件之间耦合度高，组件之间没有标准的接口，使得应用的扩展、维护非常不方便，不能支持业务的发展。虽然 SOA 的架构理念当时炒得很火，但大部分 IT 厂商都只是忙着给自己的产品贴上 SOA 的标签，而真正把 SOA 理念付诸行动、落实到服务的是当时做电商的亚马逊 CEO 贝佐斯。

贝佐斯基本上是靠下行政命令来使系统开发人员按 SOA 的理念来开发系统的。在 2002 年前后他给公司发的一封邮件中，要求所有团队的程序模块都要用服务接口把数据和功能开放出来，所有程序间的通信必须也只能通过这些服务接口进行。违反这个原则的都会被辞退。因此，亚马逊能从一个电商做成最大的云计算提供商，也就不足为奇；因为只有亚马逊，是最早、最彻底用面向服务的架构（也就是云计算的核心架构）来构建云计算的公有云平台的。

时至今日，亚马逊 AWS 已经是功能最完善、性能最强大的公有云提供商。图 1-2 所示是亚马逊提供的主要服务的功能示意图。目前，可以毫不夸张地说，依托亚马逊提供的 IaaS 和 PaaS，可以大部分取代传统 IT 厂商提供的产品，为客户构建他们所需的 IT 能力。亚马逊 AWS 的架构从底层的数据中心就提供高冗余的设计。每个可用区（Availability Zone）至少由三个相距 50 多公里的数据中心组成，任何一个数据中心发生故障不会影响客户的服务使用体验。AWS 的 IaaS 提供的高稳定、弹性伸缩的虚拟机，弹性硬盘，简单对象存储，虚拟私有云，负载均衡等，都成为公有云的标杆。同时，AWS 也逐渐向“IaaS+PaaS”服务方向演进，提供丰富的 PaaS 功能，包括大数据和数据库服务。最后，亚马逊 AWS 也是最开放的公有云提供商，通过标准 API、软件市场（Market Place）和 Direct Connect 构建广泛的生态圈。

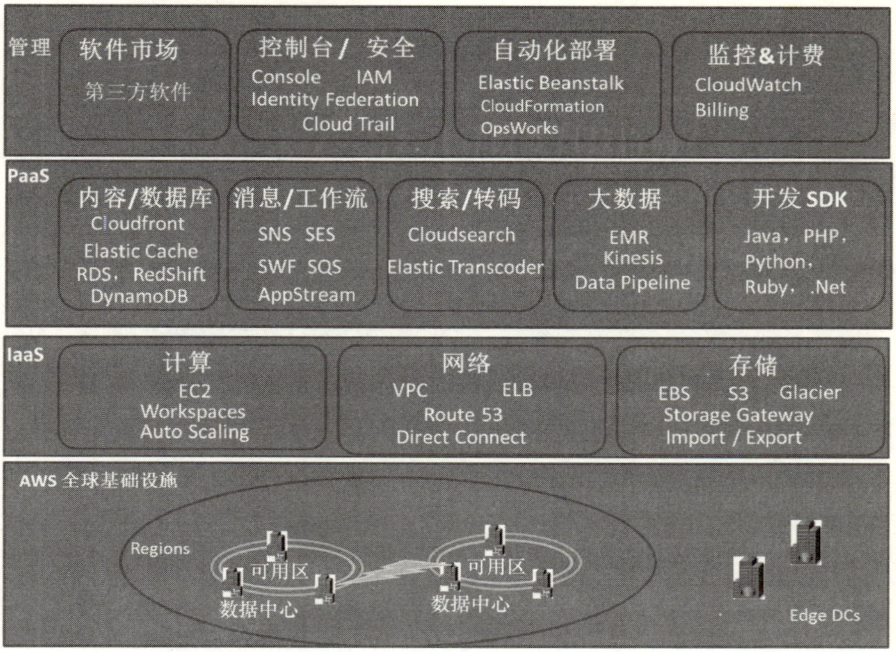

图 1-2　亚马逊 AWS 云功能示意图

（2）VMWare 云架构

VMWare 是最早在 X86 推出虚拟化产品的厂商，也是企业私有云建设中的最大得益者，长期以来是服务器虚拟化的绝对龙头，占有全球虚拟化市场近 80%的市场份额。VMWare 的拳头产品是 VSphere 和 VCenter。其虚拟化的稳定性和性能在业界无出其右。在云计算起步相当长的一段时间，虚拟化和云计算是使很多人混淆的概念。其实虚拟化只是构建云计算资源池的一种主要方式，和云计算的服务模式有很大的区别。另一方面，资源池可以使用物理机或容器来构建。

近年来，VMWare 逐步发力云市场。图 1-3 所示是 VMWare 在 2014 年发布的企业云架构。其核心是统一管理物理环境、以 VMWare 技术为主的虚拟化环境（包括以计算为主的 VSphere、提供 SDN 的 NSX，以及分布式存储 VSAN）以及多种公有云环境，实质上是一个混合云管理的方案。它在上层分成 4 部分：Business（业务）、Automation（自动化）、Operations（运维）、Extensibility（扩展）。通过这几部分实现图 1-1 所示的云内部机制。

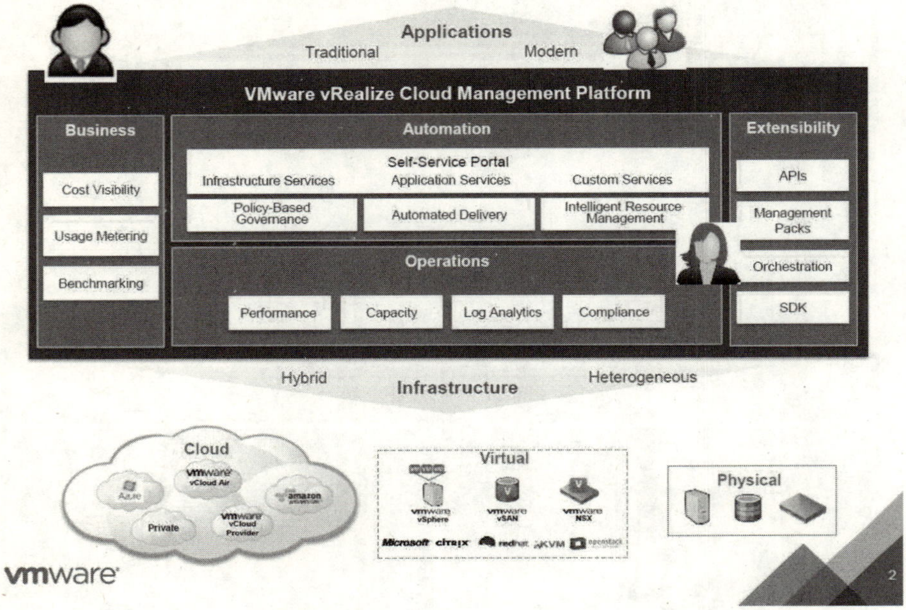

图 1-3　VMware 企业云架构

（3）OpenStack 架构

如果说在企业级市场 VMWare 是绝对的龙头，那么在开源产品上，OpenStack 已经是主流的开源云平台，其接受程度已远超过同类型的 CloudStack、Eucalyptus 和 OpenNebula 等开源平台。

OpenStack 是 2010 年 Rackspace 和美国 NASA 合作推出的开源云项目，以 NASA 的 Nebula 平台以及 Rackspace 的云文件存储平台为基础，形成 Nova 计算平台和 Swift 对象存储两个核心项目。随后大部分的 IT 巨头，包括 IBM、HP、Intel、思科等，出于和亚马逊 AWS、VMWare 竞争的考虑，都聚集在 OpenStack 大旗下，目标是把 OpenStack 打造成未来的标准云操作系统，就像 Linux 是服务器的标准操作系统那样。

图 1-4 所示的 OpenStack 云架构图是 OpenStack 官方的架构图。可以看到，虽然和亚马逊 AWS 以及 VMWare 相比还有一段距离，但 OpenStack 现在已基本上具备一个实现类似图 1-1 所示的云内部机制。其中 Horizon 是界面模块，Heat 是编排，Ceilometer 是监控和计量，Keystone 是标识和认证，Nova 是类

似 AWS EC2 的计算，Neutron 是 SDN 网络，Cinder 是块存储，Glance 是镜像服务，Swift 是类似 S3 的对象存储。

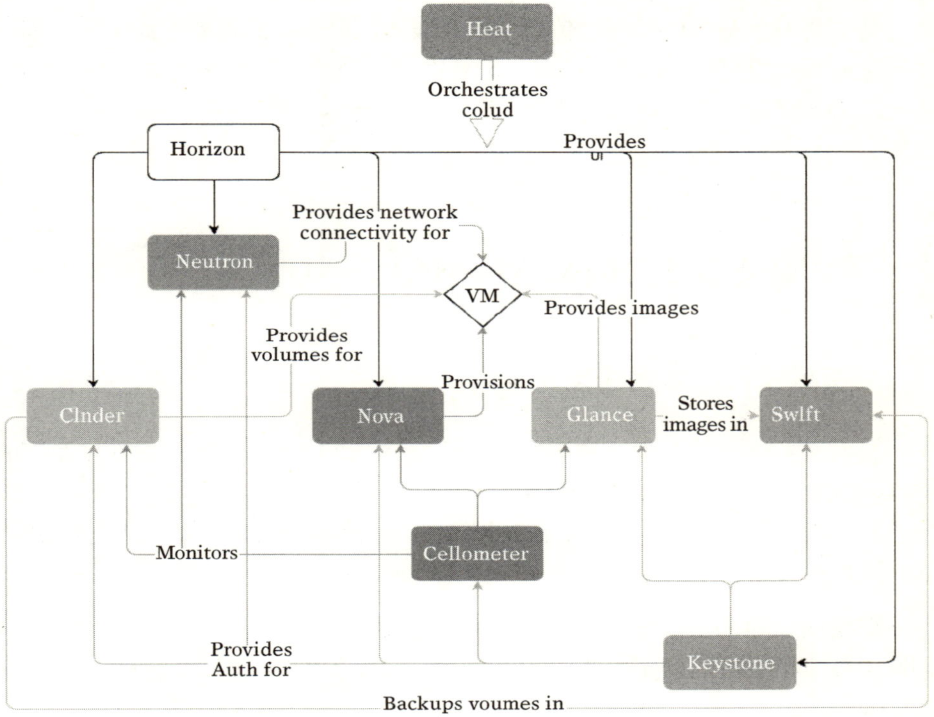

图 1-4　OpenStack 云架构图

OpenStack 之所以能在众多开源云平台中脱颖而出，很大程度上在于其采用 SOA 架构所带来的灵活性和扩展性。OpenStack 项目管理也采用非常开放的方式。新的需求和想法可以由开源社区人员发起新项目，到一定程度可以申请成为 OpenStack 的孵化项目。孵化项目中经过考核并证明成熟的项目可以被集成到 OpenStack 的发布版本，转成集成项目，成为 OpenStack 正式家族成员之一。可以预见，未来 OpenStack 的功能会越来越完善，假以时日，超越 AWS 或 VMWare 这两大公、私云巨头也不是没有可能。

以上简单介绍了云计算和架构的定义，云计算的外部体验和内部实现机制，并通过对公有云龙头亚马逊 AWS、私有云龙头 VMWare 和开源主流云平台

OpenStack 的架构分析，使读者对云计算架构有比较直观的了解。云计算架构，其核心是基于面向服务（SOA）的自动化服务管理架构，其特征是资源池化、通过互联网交付的按需弹性、简易使用、可计量的服务。企业的“互联网+”转型，需要的不单是方便灵活地使用各种云服务，更重要的是要把业务能力和应用转化成线上交付的云服务。未来的企业在云上同时是服务的提供者和消费者。因此，云计算架构是支持“互联网+”转型的唯一 IT 架构选择。

1.2 中国公有云 2016 市场展望

公有云服务市场快速增长

公有云在国内的发展也有五六年的历史了，2015 年是公有云纵深发展的一年，随着云计算产业链的各方面都已经意识到云计算的威力，公有云的市场容量和产业规模继续高速增长，云服务的服务品类也大大繁荣，用户数量激增。下面我们通过数据来感受一下公有云的市场脉搏。

根据国内的几个影响力较大的公有云服务分析报告，我们可以知道 2014 年的公有云相关市场容量为 40～50 亿元人民币，2015 年预计能够达到 70～80 亿元人民币。

在国内，有多家机构发布与公有云及云计算相关的市场容量和产业规模预测报告，具体的数值由于统计方法和统计范围的差异，导致具体的市场数据有所不同。所以，我们会在媒体上看到大小不同的公有云市场容量相关数据，在此，我们采用 Gartner 公司的统计和预测数据为准。中国公有云市场规模及增长率如图 1-5 所示。

我们会看到国内公有云服务在 2015 年的增长率将近 30%，这样的高增长对投资者来说是非常具有吸引力的。而且，随着云计算的发展，产业规模保持高速增长，国家和企业越来越认识到它的价值。

在此背景下，党中央、国务院先后发布《关于促进云计算创新发展培育信息产业新业态的意见》（国发〔2015〕5 号），把云计算作为国家重点发展方向，使得公有云服务从主要面向个人开发者和中小企业用户，逐步走向中大型企业用户，服务范围和服务内容更加丰富，用户量也快速增加。

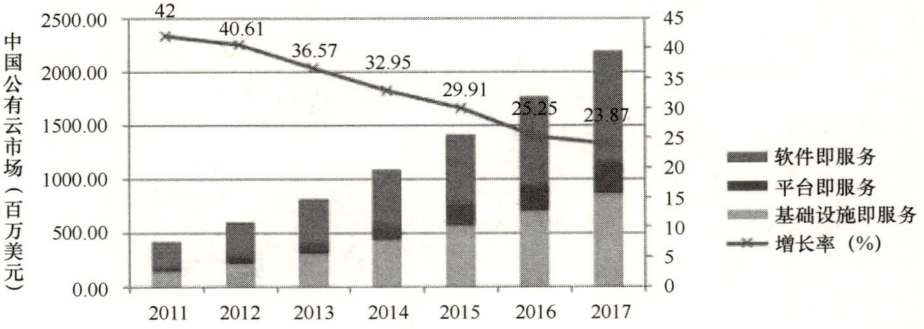

图 1-5　中国公有云市场规模及增长率

中国公有云市场的“英雄谱”

2015 年中国的云计算市场依然红红火火的，产业规模保持高速增长。在国内的公有云服务领域有数十家企业在角逐，经过几年的发展，目前市场逐渐明朗，有些公有云企业已经遥遥领先，而有些企业很可惜，已经开始掉队。

从相关企业在公有云领域的影响力以及市场营收来看，可以上榜的大概有 20 家，根据所在领域的不同，主要分为以下四种：传统 ICT 厂商，互联网巨头，电信及 IDC 运营商，初创公司。

公有云服务企业“英雄谱”如图 1-6 所示。

从公有云服务营收上看，2015 年阿里云、电信云、腾讯云等应该是比较领先的，云服务营收的增长速度也比较快。其他的公有云公司整体上也在快速拓展市场，收入不断增长，公有云的影响力逐步扩展到传统行业和中大型企业中。

2015 年有做得好的公有云企业，像阿里云、电信云、腾讯云、微软的 Azure 等都发展得不错，预计阿里云 2015 年有近 20 亿元的收入，电信云估计有近 5 亿元，腾讯云预计近 4 亿元，其他的公司营收就不具体说了。2016 年初的时候，大家可以从各个公司的财报，以及各大咨询公司的市场数据中得到详细信息。

图 1-6　公有云服务企业“英雄谱”

2015 年也有做得比较一般、增速落后于平均水平的公有云服务企业。例如：盛大云在 2015 年有点掉队；京东云在上半年淡化了公有云服务，而把云服务业务转型用于支持内部 IT 需求，以及企业级的云计算解决方案拓展；百度云的战略不是很清晰，无论是面向大众用户和中小企业用户，还是中大企业用户，它的云计算业务都没有重点去推广，或者说取得的效果一般。

2015 年中国公有云市场的七个重要特征

图 1-6“英雄谱”中的这些企业是 2015 年中国公有云市场的重要参与者，通过对他们的跟踪和分析，再加上回顾 2015 年整个公有云的市场发展动向，会发现有以下七个重要特征。

公有云服务的国际化成为标配

当前，我国的云计算企业在全球也有了一定的影响力，这是以中国经济对世界的重要作用为基础的，各个企业通过在云计算开源领域的大量资源投入、积极研发和创新，使得我国公有云服务企业在技术上已经能够达到国际先进水平。依托这样的优势，大型云服务企业正在吹响进军海外市场的号角。国内多家公有云服务的企业在美国、新加坡等地建立了云数据中心，向海外的企业客户以及为适应国内企业“走出去”的需求而提供服务。

云服务的国际化是 2015 年上半年很重要的主题，到 2015 年下半年，国内云服务走出国门已经基本成为标配了。但是，从国际化的效果来看，绝大多数企业还需要把工作做得更细，推出的服务要更有吸引力。否则，只是挂一个国际化的名头，在国外 IDC 租几台服务器，就宣布国际化了，走出国门了，这种做法实际上对于许多公有云服务企业而言，在国外业务拓展效果是远远不够的。

另外一个方面，国外的云计算巨头也陆续通过国内的合作伙伴落地，例如：微软 Azure 和世纪互联的合作、IBM 与世纪互联以及腾讯的合作、亚马逊 AWS 在国内联合地方建立数据中心的尝试，以及最新的 Oracle 应用软件和数据库等软件产品和腾讯云服务合作运营等。这些合作使得国内云计算公司能够吸收国外云计算巨头们的先进技术和管理经验，对于提升自己的运营能力十分有益，这样的方式也使得国内用户可以享受到更多的云服务品种和更好的服务质量。

云应用市场及合作伙伴生态繁荣

2012 年亚马逊网络服务（简称“AWS”）推出了一个名为 AWS Marketplace 的云计算应用商店，用户可以直接在其中购买多家企业的软件和服务，并按照使用时间和订购数量缴纳费用。

AWS Marketplace 能够帮助开发者和企业用户找到、购买并立即开始使用各种各样的软件，涉及数十个类别，涵盖基础设施、开发者工具和企业业务应用。

到今天，AWS 的 Marketplace 已经成为亚马逊云服务的重要组成部分，是维持 AWS 竞争力和云计算生态环境繁荣的极大助力。

2015 年中国主要的公有云服务企业都相继开设了“云应用商店”、“云应用市场”、“云应用超市”等类似的软件应用卖家市场。这些系统通过集成和整合软件应用厂商为用户提供一体化的服务，这种思路和亚马逊的 Marketplace 如出一辙。

国内的公有云逐渐认识到软件应用合作伙伴所带来的重大附加价值，特别是在面对企业用户时，IaaS 和 PaaS 的服务很难直接满足传统企业用户的业务需求。因此，通过假设“云应用市场”可以丰富自身云服务产品的种类，增强云服务企业的服务能力，并通过合作生态建设来快速地拓展市场。

同时，在合作伙伴构建的实际落地过程中，软件应用厂商需要和公有云厂商的技术团队、商务团队协作，双方共同努力适应新的部署模式和业务模式，确保 ISV 厂商应用软件顺利进入应用市场。在这个过程中，需要大量的技术细节沟通和产品代码的调整、对接，双方也要根据具体需要调整自身产品和平台的功能和实现方式，因此，对于公有云厂商产品的完善和成熟度的提升也有很好的促进作用。

2015 年各大公有云服务商都相继推出了一些资金扶持政策，用于促进应用厂商进行云的迁移工作。例如：某厂商的“云和计划”、“百川计划”大概投入了 20 亿元支持移动应用创业和软件合作伙伴。还有类似“云+”计划、“X 合作伙伴计划”，以及某面向企业云服务的厂商将在五年内投入 10 亿美元，实施“沃土”计划扶持应用开发者等。近期的大动作是腾讯云推出的 100 亿元扶持计划，并声称 80%～90%的收入会分给合作伙伴，这真的是大手笔。由此可见，各大公有云服务商对合作伙伴的渴望程度和扶持力度。

冰火两重天及合纵连横进一步发展

云计算是一个规模化的生意，没有规模就无法实现资源的充分利用，降低成本，就很难在激烈的竞争中生存。如果说 2014 年公有云服务市场竞争还不太激烈的话，那么到了 2015 年，特别是下半年，云服务厂商之间竞争就非常激烈甚至白热化了，各家企业在合作伙伴争夺、商业推广计划以及扶持政策上都有了针对性的比拼。例如 2015 年 9 月各大公有云厂商的大型发布会，在时间、地点和主题的选择上都有明显“打擂台”的意思，实在是一件很有意思的事情。

2015 年，市场规模和影响力较大的公有云服务商在竞争中也谋求战略合作，例如 IBM 和腾讯云、Oracle 和腾讯云的合作，微软和世纪互联、微软和 Oracle 等的强强联合，结成联盟共同向企业云计算市场进军。

在 2015 年的市场发展中，一些企业逐步扩大领先地位，持续高增长，而另外一些公有云服务商逐步放弃或者进行战略收缩。像前面提到的盛大云和就是很典型的代表。也有一些新型云服务企业或者成长较快的企业，值得我们关注，例如：金山云在游戏领域发展迅速，腾讯云在战略合作方面的大动作和市场增长，等等。

整体来看，2015 年不少云计算企业纷纷通过资金扶持、战略合作等手段构建自己的产业体系或生态圈，以增强自己的产业竞争力，弥补产业短板，与合作伙伴一起构筑强大的竞争优势，为 2016 年竞争更加激烈的市场战争做好准备。

公有云服务赚钱依然比较困难

公有云的服务商收入很多都过亿了，甚至有些企业都达到 10 多亿元的营收，但是，能够实现盈利的公有云服务企业还是几乎没有。从纯粹公有云的收入和支出来看，还是入不敷出的。

这主要是由于公有云服务企业，在服务于个人开发者和中小企业用户时，成本很高，而从这些用户获得的收入却比较有限。整体用户规模效还不够大，还没有达到“奇点”，造成几乎所有的公有云企业都处于亏损状态。

有些共有云企业会宣称自己的公有云服务业务已经开始赢利了，这种更多的是市场宣传的手法而已，没有看到任何有公信力的相关财务报表。据推测，应该是把面向中大型企业用户的、线下销售的云计算解决方案收入等整体核算进去了。

有咨询公司统计 2014 年数据时得出的结论是：在中国公有云市场每获得 1 元的营收，相应的投入成本大约是 1.6 元。2015 年有所好转，但是整个行业要想达到盈亏平衡，估计还需要 3～5 年的时间。

总的来说，公有云服务要想赢利，可以说是任重而道远，但曙光已现。

面向企业市场的云服务从线上走向线下

公有云服务最早是面向个人开发者及中小企业用户的，当前各大公有云服务厂商的用户中 95%都属于这一个类别，其收入的 80%～90%也都来自个人开发者和中小企业用户的贡献。

从 2014 年下半年开始，国内的公有云企业逐步认识到中大型企业及组织机构在云计算领域的需求非常旺盛，且需求空间很大，这是一块很大的蛋糕。所以，从 2015 年开始，各大公有云服务厂商把焦点逐步转向中大型传统企业市场，通过输出云计算解决方案、专有云、私有云等多种形式，来瓜分传统 IT 企业（IBM、HP 等）所把持的中大型企业市场的蛋糕。

金融、政府、部委、电信等领域是各大公有云服务企业关注的重点行业，许多云服务商专门成立了面向企业云计算市场的商务团队，期望通过占领企业市场为自己的公有云未来发展添加重要砝码，甚至有些公有云服务商把面向企业的云计算解决方案作为未来公司发展的重点。

这种转变事实上也让一些互联网公司碰壁。某些互联网起家的公有云服务商，在向中大型企业进行业务拓展时，也遇到了不少困难，这些困难有技术上的问题、团队上的问题，也有业务落地方面的问题。例如：云计算解决方案标准化和产品化程度不高；以 IaaS 为核心的云计算解决方案比较偏底层，距离企业管理者真正需要的核心业务系统有较大距离；面向线下企业的销售和支持团队能力不足。

因此，绝大多数公有云服务企业虽然从线上走向线下的企业市场，可是 2015 年的进展还是比较缓慢的，甚至有些互联网公司在做过一些线下业务拓展的尝试之后，迅速放弃，相关团队被快速砍掉。线下的云计算业务是个大蛋糕，要想咬到嘴里也不是很容易。

大数据相关产品和服务正式上线

大数据是近两年比云计算更火的一个概念，云计算和大数据天生具有比较亲密的关系。云计算使得计算、存储资源低成本、便捷化、弹性可扩展，为大数据这个杀手级的应用提供了可靠的保障。随着数据越来越多、越来越复杂、越来越实时，更需要云计算作为支撑进行挖掘、提炼、过滤、分析，才能产生价值。

目前大数据以 Hadoop 技术体系为代表，底层基于云计算技术使得对 PB 级（$1PB=10^6GB$）的海量非结构化数据的集中处理和存储成为可能；构建在 X86 平台上的 MPP 数据仓库提高了横向扩展性，并使得集中化对海量结构化数据的处理和存储成为可能；万兆以太网等技术使得大规模数据中心成为可能；OTN 技术以及近些年对传输基础设施的投入，使得跨地域大量数据的传输成为可能，云计算和大数据的结合具有了更好的基础。

从 2015 年的发展态势来看，尽管有些产品和服务品类比较单调和简单，几乎所有的公有云服务企业都推出了大数据服务的产品，在面向线下的企业云计算解决方案领域，也整合了 Hadoop 技术体系，提供“云+大数据”的完整解决方案。

从线上大数据服务产品来看，绝大多数公有云企业都提供了基于分布式并行架构的大数据处理平台，服务产品主要集中在以 HadoopHDFS、HBase、Spark、MongoDB、Cassandra 等为基础的在线服务上。操作手法和定价模式很多也是模仿了亚马逊的 AWS。那么实际的市场反馈如何呢？

笔者从几个主要的公有云服务公司内部了解到，目前大数据服务产品的相关功能和易用性还比较初级，用户非常少，只有少量用户会试用一下，大数据服务真正要商用还有很多问题需要解决。预计 2016 年大数据产品和服务与云计算的结合会更深入，产品和服务会更加繁荣、更加优质。

容器和无核化等新技术开始崭露头角

2014 年和 2015 年容器技术和无核化是非常引人关注的领域，特别是以 Docker 为代表的容器技术，对云计算的 PaaS 领域造成了一定的冲击，技术界争论容器技术会造成 IaaS 和 PaaS 的融合，在以虚拟化技术为核心的云计算体系之外，会以容器技术为核心构建融合的 IaaS+PaaS 服务。

所以，在 2015 年，容器技术在各个公有云服务厂商的服务目录中开始崭露头角，目前我们看到了一些进展，但是还没有翻天覆地的变化，从用户端来说客户不是很买账。因此，容器真正被市场接受，并大规模应用推广还需要一定时间。

无核化 UniKernel 是 2015 年另外一种新技术的应用趋势，它在没有操作系统的硬件主机上就能够部署应用程序。UniKernel 方式允许开发人员从一组服务库里面选择一种服务，该服务能够支撑应用的运行，而这些服务链接库可以直接编译打包到应用程序中。其结果是 UniKernel 模型本身可以完全去除操作系统，允许应用程序直接运行在一个虚拟机或服务器的硬件上。这是一个没有底层软件堆栈的模型，它只有应用程序。

国内某些以技术著称的公有云服务企业，也把 UniKernel 技术应用在公有云中，尝试无核化相关技术的应用和创新，它能够很好地促进云化的发展趋势，如微服务、微内核、离散化以及快速便携式应用实例迁移等。

2016 年公有云服务发展趋势展望

进入 2016 年，云计算仍将快速发展。随着云计算产业链的各方面都已经意识到云计算的威力，2016 年的云计算市场更加繁荣。云计算相关的技术、产品、服务、商业模式等都将在 2015 年的基础上有更大的突破。

根据笔者对 2015 年云计算市场的切身感受和一线调研，在 2016 年公有云服务将会在以下领域获得快速发展。

移动设备、安全等和云服务结合领域

2015 年，全球主要的公有云服务商都展现出了对云计算与安全服务的重视和重点布局，移动终端等信息通信设备和云服务相结合的产品和服务也快速发展，通过并购、投资以及自建等方式在这两个领域进行布局。因此，预计 2016 年国内的公有云服务厂商也将在这两个领域有较大的投入和重点布局。

容器和无核化等新技术开始深入发展

Container 和 UniKernel 等技术在 2015 年非常火热，轻量化、秒级甚至毫秒级的响应能力，对于整个底层信息基础架构来说是非常关键的变化和突破，这些技术能够带给上层最终用户难以想象的变化。

无核化能够很好地支撑云化的发展趋势，UniKernel 的强大能力和简单化将会在未来的五年中产生深远的影响。

在 2015 年的基础上，容器以及无核化技术将会和云计算结合得更加紧密，并促进更快速、更灵活和更高效的云计算服务产生。

合纵连横、并购收购将会是今后一大主题

公有云发展到现在差不多第六个年头，企业之间的竞争将更加激烈。如果说以前还是在做大蛋糕的话，那么到 2016 年和 2017 年，公有云服务企业之间的竞争将白热化：有些企业会脱颖而出；有些企业可能会建立联盟抱团取暖；有些企业可能会被市场、投资者抛弃，难逃被并购或倒闭的命运。

云应用市场将更加繁荣，特别是游戏、健康、教育等领域

在 2016 年，各大公有云服务厂商应该会继续加强合作伙伴拓展以及应用软件生态方面的建设。目前，在公有云服务的营收中，游戏相关的收入占比很大，健康医疗、远程教育等领域和云计算的结合发展也非常迅速，2016 年相信这些方面会更加繁荣，相关的行业应用和解决方案也会在公有云市场中占据重要的地位。

企业云计算市场是公有云企业的重点

公有云服务企业在面向政府、金融、电信、医疗等传统企业市场的争夺和竞争将更加白热化。面向企业市场的专有云、私有云以及混合云解决方案将被各大公有云服务厂商推广到传统中大型企业用户中去，在这个领域轮番角逐。而中大型企业在 IT 领域的投资，也将有很大一部分转移到基于云计算模式的相关解决方案领域。

总之，在整个 2015 年，中国公有云服务的发展越发繁荣，在业界的影响力也更大。公有云服务在实际落地的过程中，尽管有些小问题，但这一年整个公有云服务市场的蓬勃发展，给云计算产业链上的各方带来更多的信心和期望。

在 2016 年，云计算市场毋庸置疑将会更加繁荣，中国的公有云服务市场将缩小与公有云服务全球巨头们的差距，逐步跟上美国云计算市场的整体步伐。

1.3 2015 年中国主流公有云力量大阅兵

根据国内的几个影响力较大的公有云服务分析报告，我们会看到国内公有云服务在 2015 年的增长率为 30%～40%，这样的高增长对投资者来说是非常有吸引力的。而且，随着云计算发展，产业规模保持高速增长，国家和传统的中大型企业越来越认识到它的价值。

2015 年国内的公有云服务市场，有数十家企业在角逐。经过这几年的发展，市场逐渐明朗，有些公有云企业已经遥遥领先，而有些企业已经开始掉队。

从相关企业在公有云领域的影响力以及市场营收来看，可以上榜的大概有 20 家左右，根据所在领域不同，这些企业分为传统 ICT 厂商、互联网巨头、电信及 IDC 运营商和初创公司四种。

接下来笔者主要从市场策略和产品技术两个方面，对一些公有云服务厂商做简单的介绍，重点展现他们在 2015 年的表现。本文并没有排名的意思，只是从市场影响力方面，对值得关注的企业花些笔墨，提炼关键点，让大家能够从总体上了解这个市场上不同玩家的状况，所以请不要关注排列顺序。

华为云

华为云的成立也有几年时间了，它在市场上宣传的投入不是很多，营收的数据也一直没有公开。华为云真正大张旗鼓地干，还是从 2015 年开始，特别是这一年 7 月份的发布会之后。总的来说，笔者认为华为云积累还是比较深厚的，特别是在传统企业市场领域未来潜力不小。

市场策略

2015 年 7 月，华为云搞了一个很大的发布会，有点正式宣布华为云要大张旗鼓干的意思。将在五年内投入 10 亿美元，实施“沃土”计划扶持应用开发者和合作伙伴等。华为云的目标客户是企业市场，传统的中大型企业是华为云最期望占领的，也是华为最擅长的地方，所以华为云也经常被称作华为企业云。

个人开发者、中小企业用户、互联网应用开发者这些用户群体，从市场策略上来说不是华为云的重点。华为云非常注重合作伙伴的生态建设，笔者现在所在的公司也有些应用已经在华为云市场上线了，所以对于这部分还是有切身体会的。

相比于其他的公有云服务商，华为云最大的优势是线下服务和销售能力。华为有庞大的销售团队和技术服务团队，相比之下其他公有云厂商则需要重新构建这些团队，华为云就占了一些先手。华为云线上和线下结合，在 IT 领域进行市场拓展，这应是华为云未来 3～5 年的重要发展战略之一。

产品和技术

目前，华为云提供的云服务产品大约 20 个。2015 年 10 月，华为云进行了一次大的升级，新的 6.0 版本云平台是基于 OpenStack 框架的。华为云上的服务产品数量算不上很多，但是，整个华为云产品的服务质量还是不错的，和华为务实低调的风格有些类似。

在华为云提供的这些服务产品里面，云桌面和通信云平台比较有亮点，专有云也比较有意思；其他的服务产品的特点就不是很鲜明了，有点大路货的意思。

华为云的电话客服是非常好的，笔者所在的企业和华为云有些合作，所以对于热情的客服深有体会。当然，华为云客服的电话接的太多了也挺麻烦的，期望在 2016 年华为云能够多利用一些自动化的工具，或者其他渠道来提醒用户和合作伙伴。

2016 年，期望华为云在云服务品类上能做出一些亮点来，现在的云服务产品质量不错，数量还不太多。

电信云

电信云在 2015 年继续保持收入的增长，营收差不多 4～5 亿元，在国内公有云这个市场来说也是名列前茅了。当然，电信云的营收很大一部分来源于其 IDC 领域的用户转化，以及专有云、托管云等方面。

市场策略

电信云主要面向企业市场，依靠电信在 IDC、数据中心服务等领域的客户，进行追加销售和捆绑销售。中国电信在政府、国企等领域有很多的客户资源可用，对于其云计算的销售有不小的促进作用。

电信云在 2015 年并没有在应用软件开发等合作伙伴领域进行大的合作和推广，它的动作比市场似乎总是慢一点，或许是受限于体制等原因吧，你懂的。

产品和技术

目前，电信云提供的云服务品种数量是14个，服务产品也都是普通的IaaS、PaaS 等服务，可以说亮点不多。电信云的很多项目仍然是以集成为主，中国电信服务公司本身就是一个比较大的集成公司。

阿里云

阿里云在 2015 年的营收还没有正式公布，笔者从某渠道得到的消息是 18～19 亿元的范围。其中包括阿里巴巴内部对阿里云的采购结算，而且这部分占了很大一块。整体来说阿里云在中国还是做得很有声色的，阿里云面向个人开发者、互联网用户及中小企业用户的营收占整体阿里云营收的 90%左右，剩下的 10%是金融、政府、证券等其他行业。

市场策略

2015 年，阿里云的市场策略主要集中在三个方面：

一个是国际化，阿里云在中国、美国、新加坡等地建立数据中心，向全球提供服务。

另外一个就是通过百川计划、云合计划等扶持合作伙伴和应用开发者，发展公有云相关生态，阿里云的市场推广可以说是很舍得投入的，无论是大量代金券的发放，还是免费网站资源的提供等，都彰显了阿里云在扩充用户和合作伙伴领域投入的大手笔。

还有一个大的方向就是阿里云在面向政府、中大型企业市场的云计算推广。阿里云在 2015 年的宣传上声势浩大，例如和多个省政府高调建立云计算战略合作，和东软、中软等传统软件厂商达成战略合作伙伴关系等，都为阿里云吸引了大量眼球。

可惜阿里云在实际项目落地方面并没有宣传的那么惊艳，很多地方政府战略协议成为一纸空文，实际落地很少或几乎没有。例如，数梦公司曾经被阿里云寄予厚望，期望协助阿里云的项目实施和落地，不过到目前为止进展并不是很好。

另外一个制约阿里云落地的地方在于阿里云的飞天平台太重量级，100 台服务器以下的规模很难支撑起阿里云飞天平台的高效运转，所以在一些项目落地过程中，会由于投资等原因被搁浅。这一点阿里云也在加紧进行改进，相信 2016 年会拿出更适合专有云、托管云的解决方案来。

产品和技术

目前，阿里云有大概 40 多个阿里自身提供的云服务产品。阿里云的服务产品品种在 2015 年里丰富了很多，无论在 IaaS 还是 PaaS 方面都有很多新产品上线，大数据相关的服务（例如 ODPS、数据分析、分布式 DRDS 等）也成功上线，云安全领域的云盾产品系列等也上线了很多服务产品。在云应用市场方面整合了上百家的应用产品，极大地丰富了阿里云的整个 SaaS 服务产品体系。

阿里云在云应用市场目前上线的应用数量大概是 1 万个，不过实际被使用的应用数量还不是很多，实际用户数也比较有限，最多的用户集中在网站服务领域。

所以，总体来说阿里云的服务品种丰富，但是大部分体验一般，几次数据丢失、光缆断裂停止服务、IDC 机房掉电停止服务的事件，使得阿里云受到用户批评。

期望 2016 年阿里云的产品和服务品质能够有更多的提升，作为国内云计算领域的旗帜之一，阿里云应该对自己有更高的要求。

腾讯云

腾讯云在 2015 年里进步很快，收入也差不多有 3 亿元，通过和一些国际知名软件厂商（如 IBM、Oracle 等）合作，腾讯云在企业市场领域也有了不错的进展，相信 2016 年腾讯云会更加注重企业云领域的投入，并获得不错的效果。

2014 年底，笔者说腾讯云起步有点晚，但是，整个 2015 年腾讯云大刀阔斧地进行改变，以现在的势头来看，腾讯云将会在未来成为牵制阿里云的重要力量。

市场策略

腾讯云原来在游戏领域是很有影响力的，大量的网络、手机在线游戏运行在腾讯的平台上，腾讯云的独立可以很方便地吸引这些游戏开发商。腾讯云的起步是非常有意义的，这也是笔者在 2014 年总结时特意提到过的。

在 2015 年腾讯依靠游戏以及微商（微信开放平台）等吸引了大量个人用户和中小企业开发者，为腾讯云的营收贡献不小。笔者了解到，腾讯在游戏领域的收入和腾讯云在底层资源支撑方面的分成还有些不清楚，所以在计算腾讯云营收时整个数据有些混乱。

腾讯云现在势头很猛，源于腾讯云的开放合作策略。2015 年下半年腾讯云推出了 100 亿元扶持计划，并声称 80%～90%收入会分给合作伙伴，是很大的手笔。它联合了许多国外的大型软件厂商，如 IBM、Oracle 等，把他们的软件架构在腾讯云之上进行服务，腾讯云也是 Oracle 云服务在中国落地的战略合作伙伴。这样的合作使得腾讯云在面向中大型企业销售云服务时，相比于其他国内云服务商具有一定优势。

产品和技术

目前，腾讯云提供的服务产品大约 35 种，除了基础的 IaaS、PaaS 层服务之外，还涵盖了移动、视频、安全、监控等多种服务。合作伙伴提供的云服务是接近 1000 种的规模。

腾讯云的技术底蕴主要来源于游戏、社交、视频等互联网领域，在传统企业市场的征伐不是腾讯的长项，笔者在多个项目上也直接或间接地碰到过腾讯云的参与，所以对它们在传统企业市场的情况也有些了解，如工商总局等。

2015 年下半年腾讯通过对 IBM、Oracle 等软件产品的打包，以及大量软件 ISV 应用产品的上线，使得腾讯云在企业市场领域也算有了不错的基础。在 2016 年，腾讯云能否在该领域腾飞起来，让我们拭目以待吧。

金山云

原本金山云在市场上一直不温不火，只是在游戏领域有不小的影响力。经过小米的投资和战略合作，使得金山云有了更多的底蕴。2015 年的营收，笔者也没得到准确的数字，估计在近 1 亿元的规模。

市场策略

2015 年金山云在合作伙伴神态建设方面也卓有成效，1000 多家游戏厂商加入合作伙伴计划，推出了 800 多款游戏产品。金山云确实把游戏云领域运营得相当不错。另外，在视频云服务方面也有一些突破，可惜亮点不是很多。

从金山的发展规划来看，金山要做的医疗云、政务云、大数据服务云等成效还不是很明显，在这些领域要想突破，金山云还有很多工作要做。

产品和技术

目前，金山云总共提供了约 17 种的云服务产品。其中，金山的云存储、游戏云还是值得称道的，用户量和市场影响力比较大；其他的云主机、云数据库等服务比较普通，就不值得花笔墨去说了。金山云也提供了视频云和企业云等服务，如金山融合存储、云盘、私有云等。这些服务在整个公有云服务业界算不上太多亮点，用户量和市场影响力都有待加强。

UCloud

UCloud 是一个白手起家的公有云服务创业公司，但是其市场运作相当不错，在游戏领域小有建树，曾号称“最懂游戏的云”。

市场策略

UCloud 2015 年除了继续在游戏领域拓展之外，在行业解决方案方面也有所加强，例如 O2O、电商、互联网金融、视频、移动社交等领域。

UCloud 另外一个比较大的动作就是在合作伙伴生态建设方面，建立了类似云应用市场的“U 市场”，到 2015 年底大概上线了数十家合作伙伴，近百个优秀应用。未来 UCloud 将继续加强+U 计划”，U 市场侧重于互联网行业产品层面的合作，而“+U 计划”将会与行业的 ISV 合作，积累更多传统行业和“互联网+”领域的经验、资源，提升对行业应用场景的理解和研发能力。

如果放到一起来对比，相比于其他的大型公有云服务商而言 UCloud 比较小，市场的影响力也有待加强。

产品和技术

目前 UCloud 提供的云服务产品大概有 15 种，重点都集中在 IaaS 领域，以及存储相关服务领域。从笔者的角度看，UCloud 提供的产品和技术实力方面值得称道的地方不多，但是在 IaaS 层面提供的产品种类比较全，大概有 10

种，按照 UCloud 自己的话说就是把“云 OS”层做厚。

总体来说，UCloud 在产品和技术方面传达给市场上的印象并不鲜明，不知道 2016 年是否会有让人眼前一亮的服务产品出来。

网宿科技、蓝讯科技

网宿科技和蓝讯科技是比较类似的，都是在 2000 年前后成立的，专注于 IDC 相关服务，在 CDN 服务领域是国内最大的两家服务商。但在公有云领域，这两家企业确实算不上很值得说道的企业。

市场策略

这两家企业因为主营业务一致，都是 CDN 业务＋IDC 业务，所以放在一起说几句。国内很多公有云服务的 CDN 都和这两家企业合作，大型的公有云企业也开始自建 CDN 服务，所以对其造成了冲击。

网宿科技也在考虑进入公有云服务领域，从而拓展云计算相关的营收。但是，笔者感觉它们的魄力不足，动作也比较慢。云计算业务部一年前就要成立，到现在也没有完全建立起来，总经理的位置应该还是空缺的。

在这个发展快速、竞争激烈的云计算市场，网宿科技、蓝讯科技这样拖拉的做法将使得他们在云计算领域取得较大进展的难度越来越大。

产品和技术

目前，这两家公司的公有云服务产品差不多就是 CDN，其他通用的 IaaS、PaaS 等服务非常少或者几乎没有。网宿科技只有简单的云主机、云备份和云监控的服务；蓝讯科技的云服务基本上没有。

微软 Azure、亚马逊 AWS

微软 Azure、亚马逊 AWS 是国际上的两大云计算巨头，以笔者观点，这两家企业绝对是未来公有云服务领域的领导者。它们在国内也有一些落地的项目，所以在这里简单说两句，在中国具体营收的数据笔者暂时也没有。

微软和世纪互联合作在国内落地，世纪互联提供数据中心，微软提供技术和服务；2015 年微软的 Azure 在国内的市场拓展得还不错，销售和服务团队也很尽职。笔者在 2013 年曾经试用过微软的 Azure，所以总是定期收到来自世纪互联或者微软的销售电话，询问为什么后来不再用他们的服务，以及提供一些促销活动介绍。以微软在企业市场的底蕴，未来在中国的发展潜力是很大的，将来肯定能占领很大一块市场。

亚马逊 AWS 在 2013 年时还是非常急切地在国内落地，但是到现在为止，亚马逊的 AWS 迟迟没有商用，只是在全国建立了三个孵化器，实在是很可惜。以亚马逊 AWS 的实力，如果能够早早地进入中国，绝对能够占领中国公有云服务市场的重要一席之地，不会造成现在阿里云一家独大的局面。或许这正是中国政府想看到的局面吧，国家在下一盘大棋，不是我能懂的。

青云

2015 年，青云作为一家初创企业发展得不错，在国内也有一定影响力。在收入方面青云一直没有公布，不过号称是国内唯一赢利的公有云服务企业。对于这一点笔者是不太相信的，以青云 1～2 万的用户规模来看，营收不会很多，从行业的投入平均水平来看，很难达到盈亏平衡。当然一切皆有可能，也许 CEO Richard 真的能够把运营效率做得很高呢。

市场策略

在 2015 年，青云花了不少精力做国际化拓展、分公司筹建、合作伙伴的拓展，以及面向金融领域的云计算项目推广、落地等。

青云在面向中大型企业的云计算项目销售做得还是有些成效的，招商银行、中国银行以及泰康人寿这三个金融领域的客户在 Devops 领域采用了一些青云的产品和解决方案，也算是初有成效。

但是，这几个客户采用的青云产品和解决方案主要都是 IaaS 层的，还无法对这些企业信息化的核心层面产生大的影响，青云在金融云项目落地开花方面的路还很长。笔者也曾经在 IBM 这个蓝色巨人里面工作多年后离开，Richard 在创建青云时希望青出于蓝而胜于蓝，让我倍感亲切。在此，衷心祝愿青云能在 2016 年做得更好。

产品和技术

目前，青云提供的云服务产品近20个。2015年里，青云的产品品类也丰富了很多，每个月都会有新的服务产品上线。IaaS层面的服务是比较全了，PaaS层面的服务也有了不少内容，也算卓有成效。另外，通过软件合作伙伴在SaaS领域上线了不少应用产品，整体来看，云服务产品的生态相对比较全面了，上线的合作伙伴应用数量还有待加强，目前只有几百个。

青云的问题也还是存在的，因为青云的强项是IaaS领域的产品，其他的产品积累得不是很够，虽然上线了不少大数据、云安全等各种产品，但是产品的成熟度不是很高，很多都是基于开源的解决方案经修改后而进行标准化部署的，对于很多线上用户来说，吸引力不高，用户量也不大，这些都需要时间去改善。

像Docker容器类的技术服务青云也有应用并上线服务，甚至Unikernel这种更新的技术也在研发中，说明青云对新技术跟进得还是很紧密的；只不过受限于资源投入和用户量，这些新的服务吸引力不够，用户暂时不是很买账。

因此，青云在产品和服务上还需要精雕细琢，目前可能把精力更多地放在产品和服务种类的数量方面。希望2016年能够在质量、用户体验以及实际带给用户的价值方面多做一些工作，这样才能真正留住用户。

百度云

百度云曾经被笔者寄予厚望，以为它会成为牵制阿里云的一枚重要棋子，结果却大失所望：整个2015年也没有太多值得书写的地方，就一个以云盘为核心的百度云和百度开放平台提供服务，影响力不大。

市场策略

百度其实有很好的基础，可惜在公有云领域战略不清晰，进展缓慢。2015年百度宣传得最多的就是他们的百度大脑、人工智能等，百度云更像一个支撑内部的平台。

百度开放平台有一些以LBS、数据平台为主的服务，在中小企业用户和个人开发者中有些影响力，有些导航、移动应用等产品整合了百度地图和定位的服务。

目前，笔者得到的消息是，百度也开始加强面向企业市场的云计算服务的布局，正在规划和招聘人手，不知道 2016 年百度云是否会下决心在云服务领域做一番事业。

产品和技术

百度云提供了一些面向个人用户的云存储、通讯录同步、信息同步等功能。百度开放平台提供的服务也很有限，感觉它只是给一些开发者做课题、做实验的地方，距离产品化的大规模推广还有很大的距离，除了百度地图相关的服务是个亮点。

七牛云存储

七牛在 2015 年做得相当不错，七牛云存储从名字来看就知道它很专注，到现在为止它提供的云服务产品只有三种：安全云存储、分发加速和数据处理，都是以数据存储、访问、处理为核心的。

就因为专注，七牛在 2015 年发展得非常快，技术的积累带来了市场的突破，值得称赞。作为一家专注的创业公司，笔者要对七牛云存储点赞。

盛大云

2014 年笔者就为盛大云的没落惋惜过，2015 年它也没什么起色，更显颓势，所以只能把它放到“其他”这个类别里面了。估计 2016 年就要从这个综述的文章中拿掉了。盛大云基本上用于支持内部，值得说的实在不多。

新浪云

新浪云目前提供的服务大概是 6 种，其中云主机、云应用引擎等是最主要的服务。新浪云在 2015 年的发展不是很好，推出的面向企业的 SME 平台也没有太大成效。新浪云也是很可惜的，错过了 2014 年、2015 年快速发展的两年宝贵时光，没有取得好的成果。

Mopaas（魔泊云）

这是国内一个做 PaaS 服务的厂商，它以 Cloud Foundry 为核心构建 PaaS 服务，在 PaaS 领域也算有点名气。不过，这个市场领域却是比较狭窄的，发展空间和市场容量有限。对于魔泊云，笔者期待它在 2016 年能开发些有亮点的商业模式出来。

UnitedStack（有云）

“有云”的创始人来自于新浪云团队，他们建立“有云”之后在 OpenStack 开源领域有不小的贡献。目前，“有云”也有少量的公有云服务产品，但是其主要的产品和服务内容，还是偏向于传统企业的私有云、混合云产品，它也算国内稍微有点名气的云计算服务商吧。

中国联通云、中国移动云

这两家的情况和中国电信云类似，但是在营收和市场方面做得要比中国电信差不少，所以这里就不多谈了。

鹏博士、世纪互联等

鹏博士、世纪互联都是 IDC 向云计算的转型者，其核心还是 IDC 资源以及传统的 IDC 用户群体，世纪互联强在和 IBM、微软的合作。要说真正在公有云领域的建树的话，IDC 转型云服务做得最好的还是中国电信云。

1.4 “互联网+”前置成云，非云不可

牛顿曾说过：“如果我看得比别人更远些，那是因为我站在巨人的肩膀上。”是啊，如果你看不见未来，就必须找一双能看到未来的眼睛。

李克强总理在 2015 年政府工作报告中提出："制定'互联网+'行动计划，推动移动互联网、云计算、大数据、物联网等与现代制造业结合，促进电子商务、工业互联网和互联网金融健康发展，引导互联网企业拓展国际市场。"

那么，"互联网+"到底是什么？如果我们难以简单地理解，就先来看看腾讯 CEO 马化腾是如何理解的。

马化腾认为"互联网+"是一种生态。他解释说，"互联网+"战略就是利用互联网的平台，利用信息通信技术，把互联网和包括传统行业在内的各行各业结合起来，在新的领域创造一种新的生态。

深表赞同。十几年前，我们说信息化；几年前，我们说互联网化。但这都不是"互联网+"，而是"+互联网"。只有生态，才能将"+互联网"真正转变为"互联网+"。为什么这么说呢？

"互联网+"让"+互联网"成为过去

其实，在"互联网+"被提及之前，互联网金融、互联网教育、互联网医疗等领域都已经有不同程度的发展。这意味着，即便是政府不提出"互联网+"，互联网和传统行业结合的模式探索与尝试已经在各行业展开。

那到底"互联网+"与过去的方式有什么根本不同？"互联网+"也可以反过来讲，即"+互联网"，前者是互联网结合各传统产业，后者则是传统企业探求企业转型。理论上两者意义是一样的，最终目的是促进全产业升级进而带动社会升级；但是传统企业探求互联网转型的速度要慢很多，无论是技术、人才，还是体制及运营管理，都与互联网企业有太大的区别，是很难通过简单的架构调整就能改变的。与其在探索的失败中慢慢前进，不如通过互联网模式来倒逼传统企业模式，迫使传统企业转型，这个方针与路线落实后的结果要比企业自身的探索快很多。

因此，过去所谈的互联网化，本质上讲只是"+互联网"，通过互联网的技术让传统模式得到升级；而"互联网+"则是重构新的生态，将互联网前置，不单纯是利用互联网的技术，更多的是通过互联网的模式去构建新的产业模式。

而从国家战略的角度，“互联网+”战略可以理解为：第一，政府看到了大数据等互联网行业最热领域的重要性，将其上升到国家战略的高度来看待；第二，政府希望互联网成为水电煤一样的基础设施，成为提升实体经济生产力的重要工具；第三，恐怕也是最重要的，希望互联网将来能为中国产业的转型升级服务。

推动“互联网+”，非云不可

通过前面的介绍，我们会发现，“互联网+”战略其实和云计算有着惊人的相似。尤其是，成为像水和电一样选用的基础设施，这不正是云计算所要达到的结果吗！

那么，“互联网+”会如同云计算一样，最终演化为服务吗？科技作家王吉伟在他的《互联网+未来十大趋势》中，将“互联网+”服务商崛起列为第二大趋势。他提到，“从服务角度来看，传统企业转型为‘互联网+’服务商也是一种转型。这是一种类似于中介的角色，他们本身不会从事‘互联网+’传统企业的生产、制造及运营工作，但是他们会帮助线上和线下双方的协作。”

这一趋势，又与云计算的场景不谋而合。基础设施变成了 IaaS 服务，平台变成了 PaaS 服务，应用变成了 SaaS 服务，核心都是服务。所以说，推动“互联网+”，非云不可。

云计算，必然成为“互联网+”战略的中坚力量，过去几年里，以腾讯、阿里、百度等互联网巨头为代表的中国云服务提供商推出的创新云平台，除了支撑众多大型创新企业发展壮大之外，也已经成为诸多创业者的生长平台和助推器。

帮助政府落地“互联网+”，云是推手

其实，在《互联网+未来十大趋势中》中总结的第一大趋势是：政府推动“互联网+”落实。

“互联网+”是全国性的，各地政府都会提出建设主方案，并选择能够帮助

企业做转型的服务型企业去具体执行。在今后长期的“互联网+”实施过程中，政府将扮演的是一个引领者与推动者的角色。

在这当中，主要的推手依然是云计算。

以上海接入微信“城市服务”的项目为例。上海地区的微信用户在最新版本上，通过“微信－我－钱包”版块找到“城市服务”入口，输入账单上的户号，就能够轻松支付水、电、煤气等家庭账单，还可以随时随地享受天气查询、生活账单支付、违章查询等多达 14 项的便民服务。

这是一个典型的将“互联网+服务”，真正变成像水和电一样的基础设施的案例。它的实现基于云技术对微信“城市服务”的全力支持。在此次微信“城市服务”推进过程中，是否能够高效、快速地处理针对海量用户的并发访问，是一个关键的技术指标。

以上海为例，其常住人口多达 2400 万以上，按微信目前的用户覆盖率，腾讯云要具备满足上千万用户的高并发访问需求的能力。腾讯云在保障技术服务的稳定性上极具优势，已经积累了成熟的运作经验，曾经受住 2015 春晚微信红包活动访问量峰值瞬间超过 1Tbps 的访问量。这类经验值可以在各个行业直接沿用，包括智慧城市生活服务。

同样接入微信“城市服务”的还有重庆。如今，重庆市民也同样可以通过微信，享受“互联网+”带来的各种便利，包括交通出行、医疗、社保、交警、户政、出入境、旅游等多种服务。

腾讯公司副总裁、腾讯云负责人邱跃鹏认为，“互联网+”时代的最终到来，要依赖云技术的不断推进发展。是的，2014 年 12 月 31 日上海外滩踩踏事件后，腾讯通过人口“热力图”分析发现，当时外滩聚集的人群远远超出承载范围，管理部门若获知这些情况，或许就可以避免惨剧的发生。

在河南的智慧城市建设上，河南将会在微信接入电网、高速公路服务区、燃气和城市入口等领域实现多个全国第一。例如，在国网河南省电力公司的支持下，河南会成为全国第一个省级电网接入微信支付的省份。可以看到，以云为基础的“互联网+”正在使得城市更加智慧。

随着地方政府智慧城市建设的深入，“互联网+”正随着云计算的深入，变成真正的水和电。在这一场角逐中，谁能为用户提供更多价值，谁就能胜出。

1.5 全球云计算势力对比

2015 年，IT 市场研究公司 Synergy Research Group 针对全球云数据中心数量做了一项调查分析，结果显示，中美两国共占世界上 54%的云数据中心，反映出美国在云服务提供领域的主导地位以及中国对于云服务庞大的消费需求。此外，新加坡和都柏林在数据中心枢纽上的重要性，估计要比很多人认为的多那么一点。

到底谁是数据中心的老大

毫无疑问，是美国。虽然 Synergy Research Group 的报告以中美两国共占 54%为标题，但实际上，拥有亚马逊、谷歌、微软、Rackspace、IBM 这些巨头的美国，在本土建设了占据全球 44%的云数据中心。而中国只占 10%，这个数量排行的另外的 20%由分占 5%的四个国家组成：英国、澳大利亚、日本和新加坡，德国和荷兰以 4%位列其后。剩余 18%则分布在各种各样的“其他”的地方，这些地方占据重要的枢纽位置以至可以容纳诸多服务提供商前来建设数据中心，比如都柏林、阿姆斯特丹和中国香港。

Synergy Research Group 的首席分析师 Dinsdale 认为，主要数据中心的国家分布情况，起码很清楚地说明了两件事：“第一，美国在云和互联网上占据着统治地位；第二，中国市场有着巨大的规模潜力和独有的市场特色”，当然，“这个排名实际上也反映了那些往往被作为区域枢纽的小国家的相对重要性。”例如通常被称作亚洲国家中心的新加坡，这个城市国家，却占据着世界上 5%的云数据中心。

值得注意的是，印度虽然一直以科技人才输出著名，也是所谓的电信大国，但很明显，它不在这个榜单上，不过微软 2015 年 9 月 29 日宣布要在印度开设三个微软云数据中心，亚马逊和 IBM 预计也会紧随其后宣布他们的印度布局计划。

哪些巨头在布局

报告的研究对象是由 13 家公司所有的共计 150 个云数据中心，平均来看，每家公司拥有 11 个数据中心——但这种平均似乎没有意义，亚马逊、微软和 IBM 至少都有 20 个数据中心，远超其他供应商。

2015 年 9 月 29 日微软宣布要在全球 24 个地区进行数据中心的运用，但是没有说明是否新建或委托 24 个新数据中心，因为供应商可能通过与目的市场的主机代管或者大数据中心进行合作，然后重整一下设备，就宣告这是它的新数据中心了，但实际上可能并不是。

当然，统计数量的方法也有很多值得商榷的地方。比如亚马逊在弗吉尼亚州的数据中心实际上是一个数据中心的集合体，一般来说，有功能独立的电源和通信线路则可标记为独立的一个可用性区域，那么如果它有 6 个可用性区域，应该算作一个数据中心还是 6 个呢？同样区域内其他公司的数据中心计算方法和亚马逊的一样吗？

此外，谷歌、Rackspace、Oracle 公司也有着大量的数据中心。而且，除了以 IaaS 提供者为基础来计算数据中心的数量之外，报告还将 PaaS、SaaS 服务提供商的数据中心计算在内，要知道，Oracle、Salesforce 和微软都是主要的 SaaS 提供者。IBM、谷歌和微软是主要的 PaaS 提供者。

报告中说，云服务在 2015 年第二季度共耗费了其服务提供者和供应商共 220 亿美元。其中最大的部分用来构建新的云数据中心，以及装备它们的硬件和软件，总计 70 亿美元；第二大的部分用来供给 SaaS 平台，为 66 亿美元；紧随其后的是 IaaS 平台，耗费 55 亿美元，以及主机托管服务达 28 亿美元。

笔者对这个数据非常感兴趣，起码说明，大家认为势微的 PaaS 平台，其实在投资上获得的认可还不错。

蓬勃发展的中国云

据统计，2012 年中国公有云市场规模就已经达到 35 亿元，较 2011 年增长 70%，而同期国际市场仅增长 25%，2013 年公有云市场超过 50 亿，2014 年，我国的云计算产业规模已经突破 80 亿，中国云计算市场进入快速发展阶段。

在这种背景下，外企如 IBM、微软和亚马逊都在纷纷争夺中国市场。依照“高筑墙、广积粮”的古训来看，先打好数据中心的基础再正确不过。

近年来，IBM 通过与腾讯的合作在中国建立了云数据中心，其对中国市场的重视不言而喻。2013 年 5 月，微软与中国世纪互联为拓展业务建立合作伙伴关系，并且最近据说也通过和百度的合作来建立了新的设施。亚马逊在 2014 年初也通过共有所有权的方式在中国设立商业存在——因为根据中国外资法，不允许境内的数据中心由外资者占有多数所有权。

而尝到云计算甜头的中国企业也开始意识到新技术的便利和潜在的市场增长潜力。国内以华为、阿里、腾讯为代表的企业正紧锣密鼓地布局公有云业务，新兴的云计算初创企业也不断冒头打破存储行业的垄断局面，国内云计算的大军开始慢慢地壮大起来，作为全球最大的用户市场，中国有希望成为全球最大的云计算市场，云数据中心的数量仅次于美国，并被认为有独特市场特色。

从目前来看，由于云计算关系到企业运营的效率和安全性，出于保险起见，企业还是会选择国外的“老字号”，如亚马逊、谷歌、惠普等，这对国内厂商而言当然也是良好的发展机遇。

尽管中国的企业都做得有声有色，但作为一个新兴产业，云计算尚未真正在国内市场铺展开来，形成一种规模化的企业模式。想让云计算产业真正在国内的土壤上落地生根，需要解决的问题有许多，体制问题、商业模式问题、利益的分配问题等，都摆在初创企业面前，政府和企业如何推动落实也成为云计算最终在中国发展规模的一个决定因素。

1.6 在中国公有云的疯狂之后

2015 年伊始，国内云计算市场可谓风起云涌。各路群豪纷纷涌入这个市场。其中最活跃的领域当属 IaaS。

阿里、腾讯硝烟未尽，百度重新检讨了自己的 PaaS 战略后，也改弦更张，开始玩 IaaS。青云，UCloud，从开发者和游戏两个细分市场切入，迂回包抄，也取得了不错的战果。雷布斯 10 亿美元的投资铿锵之声余音未落，金山、美团、苏宁和华为也齐声说道，我们来了。估计此时最为震惊的当属 AWS 和 Azure 这两位外国朋友："这群中国土豪到底想干啥？"

公有云 IaaS 市场，由此进入了战国时代。

"挖掘"技术哪家强

谈到公有云，肯定有人会问一个问题，公有云到底哪家好。我觉得这个问题是个伪命题。每一家都有自己的特点，规模不同，市场定位不同，真的是无法比较。

阿里云说："我是老大我最大，有钱且任性。"腾讯云说："我经验丰富后台硬，踩过的坑比你走过的路还多。"青云说："我技术先进文艺范，我是文艺青年我怕谁？UCloud 说："我服务好啊，CEO 随时接听你的电话。"这些说法真的一点都没错。但是很多时候，都是凸显优势，弱化劣势。大部分人只能管中窥豹。

有的行业媒体也试图做过一系列的评测，发布过评测报告。但是，这一类报告，要么是一群没有做过这个市场的分析师所写，要么就是某些厂商的软文。举个例子，我看过一个报告，对比哪个云稳定。这个比较本身就有问题，不同量级的厂商，稳定性的挑战是不同的。只有上千台机器的公有云，和有数十万台机器规模的云，比较故障数量是非常可笑的。如果真要比较，还是要从针对的用户群体分类后来比较。譬如如果大部分用户是个人开发者，此时用户更看重灵活、弹性、控制台体验、API 等，对于一长串 9 的可用性，可能不是那么敏感。

如果是针对在线游戏这样一类 24 小时都有大量玩家在线的业务，稳定性以及任何时间，任何地点的技术支持服务就显得更重要一些，这里笔者不想谈挖掘技术哪家强，也没有办法给出答案。但是可以总结一下挖掘比拼的是哪些技术。对于商业市场来说，特别是中国这样一个云计算才刚刚起步的市场，云计算比拼的从来都不是技术的先进程度，而是基础设施水平以及持续的运营能力。

IaaS 市场如何赚钱

想要赚钱的同学们可能要失望了，在国内的 IaaS 市场中，基本没有一个是赚钱的（规模较小的可能有一定的利润），倒是烧钱如火如荼。AWS 以前是赚钱的，现在估计也不怎么赚钱了。

个人觉得，“BAT”玩 IaaS 从来都不是为了从里面赚到这点钱。IaaS 这东西和“两弹一星”一样，属于战略层面的东西。他们看中的是数据和生态。譬如腾讯的连接一切战略，云计算就是基础能力。钱都花到哪里了呢？市场推广要花钱，人员扩充要花钱，机房建设要花钱，服务团队建设要花钱，带宽要花钱，甚至买公网 IP 也要花钱。小的创业公司，初期可以租用 IDC，不用花巨资去建设，但是后续的快速成长可能会遇到瓶颈。同时机房质量鱼龙混杂，基础设施稳定性的掌控就比较弱。

“BAT”这样的大企业，有些是自建数据中心。但是数据中心的建设和运营是非常烧钱的。十万台级别规模的数据中心，基建土建费可能都要花到上十亿，每年的能源费用也得上亿甚至几个亿。反观云计算售卖的一些商品，目前主要还是以服务器为主。其市场可以用几个字来概括：“价格透明化”，“竞争白热化”，“降价常态化”。光靠这个来赚钱显然是不现实的。

有的人说，可以靠数据库、CDN 或者是中间件以及一些增值服务赚钱。但是这一块也是有问题的。说到这里，可能有的人说，这个市场没法玩了。但是现实是骨感的，未来是丰满的。中国的 IT 基础设施云化率不足 5%，远低于美国。市场蛋糕足够大。同时，云计算未来越来越呈现出“往上走”的趋势，基础的 IaaS 服务，慢慢地会像水和电一样，提供基础服务。电厂赚钱吗？自来水公司赚钱吗？当然赚钱，但是垄断才赚钱。

这里借用苹果的一句口号：“Bigger than bigger”，当用户规模足够大，就可以实现资源超卖，可以将新增用户的边际成本降得足够低。这样自然就赚钱了。“只有第一名才赚钱吗？”非也，由于云计算是针对 2B 的市场，并不是像 2C 市场那样赢者通吃，市场占用前几位的依然可以得到好的发展。因为即使政府招标，至少也要三家以上企业同时参加呢。所以不用担心第一名会占有全部市场。

谁是竞争对手

2014 年，的确是公有云厂商竞争非常激烈的一年，但是竞争来，竞争去，大家方向错了。毛主席说过一句话，谁是我们的敌人，谁是我们的盟友。大家也应该停下来思考一下。

特斯拉的老板埃隆・马斯克将曾经讲过一个观点："特斯拉最大的敌人，不是那些试图和我们竞争的电动汽车公司，最大的敌人是那些传统汽车厂商以及受这些厂商所影响的对于汽车的根深蒂固的惯性化思维。"其实这个观点，用在云计算领域也非常恰当。

目前中国的 IT 领域云化率不足 5%。大部分的 IT 系统，还运行于传统的 IDC，采用物理机托管的模式。大部分人对于云计算的认识，还停留在百度云、微云阶段。在一个 5%的市场，跑第一名是没有意义的。所以公有云厂商最大的竞争对手，是传统的 IDC 以及受传统 IT 架构影响的思维方式。需要一起去变革他们。

当然，传统 IDC 也慢慢地开始转型，很多 IDC 厂商开始做私有云。他们目前单纯的托管成本，依然比云计算要便宜。很多厂商也提供了运维服务，也在全力向云计算转型。很多人认为云计算等同于虚拟化，其实虚拟化只是云计算的一种实现方式，云计算并不等同于虚拟化。云计算的本质是将计算能力转化为标准化，可售卖的服务。

笔者见过一个 IDC 厂商，他们只服务几家大型的客户。雇佣运维人员 24 小时值班，客户需要弹性，就人肉启动机器，插硬盘，按照客户的要求去完成，其实这也是一种云计算。不管后台是程序去搞定，还是人肉去搞定，只要为客户提供了标准化、可租用、按需付费的服务，就是云计算。

如何应对 Docker 的冲击

这些年，技术领域最耀眼的明星当属 Docker 了。Docker 出来以后，IaaS 服务商其实态度都比较微妙，基本可以概括为一句话："老大很淡定，小弟很激动。"拿国外市场看，AWS 在很长一段时间，对 Docker 的态度都是非常谨慎的。而 IaaS 的后起者却非常激动。不仅第一时间宣布全力支持，还开源了其容器编排管理工具 Kubernetes。

从长远看，Docker 等技术肯定会对传统的 IaaS 服务商存在冲击。因为这就是技术发展的基本规律。想当年，电信运营商直接面对客户提供服务，活得很滋润，云计算出现后，IaaS 厂商为客户提供服务了，运营商被管道化了，只能赚管道的钱了，Docker 出现后，基于 IaaS 之上构建的各种基于容器的计算平台，势必将 IaaS 服务商管道化。

IaaS 服务商完全没有机会了吗？非也。如果把 Docker 比作一套以集装箱为基础的全球航运体系，目前还是野蛮的发展期。标准远没有建立起来，各种基础设施还不完善。Docker 的服务商再牛，最终还是需要跑在 IaaS 之上。所以打造 Docker 这套全球航运体系的基础设施，进而主导标准，是 IaaS 服务商的机会所在。

Docker 都有哪些基础设施呢？譬如企业级的镜像仓库（港口集装箱堆场）；各种标准化的容器编排工具（集装箱吊装设备）；容器间互联的网络（连接港口的高速公路）。只有建设了完善的基础设施，才能主导这场云计算变革的标准，在未来才能进可攻（做全球贸易），退可守（做港口，海运业务）。

对 Docker 创业公司建议

目前 Docker 的创业如火如荼，自己本身的看法也是比较肤浅的，只是结合自己对于云计算市场的理解，给出下面几个观点：

- 少谈 Docker，多思考基于 Docker 这项技术所衍生出的场景；
- 垂直化，避开和 IaaS 正面竞争，Docker 化的应用远未成熟；
- 聚焦能够花钱的用户，解决 IaaS 无法解决的问题；
- 思考微服务，去中心化的模式以及应用场景；
- 企业级的镜像仓库；
- 聚焦公众账号之类的微引擎的应用场景。

第2章 云计算改变产业

云时代，英雄不问出处，但英雄因云而现。

马化腾的“互联网+”，马云的DT之路，李彦宏的云世界，刘强东的云梦初现。

大佬们对云计算的态度，代表了产业的方向。

IBM、微软、联想、浪潮等企业，也带给行业新的变化。

2.1 “互联网+”元年，马化腾的云计算新内涵

随着“互联网+”成为国家战略，2015 年也正式成为“互联网+”元年。一本由腾讯 CEO 马化腾组织编写的《互联网+ 国家战略行动路线图》，成为对“互联网+”最全面和深度的解读。

正如马化腾在书中描述的那样：“互联网+”正在连接中国的普惠经济。腾讯作为“互联网+”最坚定的推动者，正通过自身的经验成为“互联网+”的实践者。

读懂“互联网+”一本书就够了

毫无疑问，这本《互联网+ 国家战略行动路线图》，已经成为解读“互联网+”，最全面的一本书。首先，这本书是马化腾本人参与撰写和编制的，而马化腾作为李克强总理“互联网+”计划的首要推动者，他的理解非常值得学习。

其次，这本书中包含了腾讯公司本身对“互联网+”的实践。腾讯公司已经形成了“互联网+”服务网络的完整形态：微信打通了城市入口，腾讯云为地方政府搭建了一个调度中心，腾讯开放平台全面打造众创空间，全面启动当地创新和创业生态环境，QQ 则垂直深入挖掘城市热点需求。

同时，腾讯在通过自身的四大业务，践行着对“互联网+”生态建设的承诺。马化腾说，“互联网+”是连接一切，而不是简单的加法。这为“互联网+”做了很好的定义：“互联网+”就像电能一样，把一种新的能力或 DNA 注入各行各业，使各行各业在新的环境中实现新生。

《互联网+ 国家战略行动路线图》除了由马化腾亲自撰稿以外，还收录了“互联网+”概念提出者于扬等业界一流企业家和学者的文章。同时，结合腾讯为主的各大互联网公司的“互联网+”实践，对目前中国新常态下的各行各业通过“互联网+”，实现转型升级的路径进行了全方位的展现。

值得一提的是，《互联网+ 国家战略行动路线图》不仅在国家策略和行业

的大方向上给出指引，更通过腾讯公司实际的“互联网+”落地案例，比如通过腾讯开放平台支持小微企业创业，比如通过微信与地方政府在电子政务方面的互联网化，再比如通过腾讯云把云计算引入传统行业，促进传统行业更加快速地进行产业升级和转型。

云计算，加速“互联网+”时代的到来

书中有一句话说得很好，打通互联网与传统行业，互联网最终也会成为“传统行业”。随着“互联网+”的深入，互联网和传统行业终将融为一体。不过，这种产业的融合和创新，是需要通过云计算的技术来实现的。

例如，在“互联网+”金融领域，腾讯在前海发起成立微众银行，利用大数据和互联网平台服务于广大中小微企业。微众银行在筹备过程中和腾讯云合作，通过云计算构建新型的互联网金融 IT 架构，和同行相比，微众银行的单位账户管理成本同比降低 80%，为金融云平台构建打好了基础，这将是一种完全基于互联网技术、开源、可伸缩、可扩展、安全、成本优惠的金融云平台，这个平台预计将改变传统金融的业务提供模式。

其实，这个案例是传统行业与互联网融合的典型代表，腾讯云将互联网金融架构应用于前海银行的金融体系中，让金融业具备了互联网语言，能够更快速地向“互联网+金融”转型。

就如书中所说，“互联网+”是顺势而为，而腾讯提供的云计算服务，就是这种“势”，帮助传统行业，在走向“互联网+”的路上，速度更快。

另一方面，在用户体验层面，腾讯云也在成为行业创新通向“互联网+”的催化剂。

以“互联网+”医疗行业为例，腾讯云的案例“温暖医生”，则将更高的用户体验带到了互联网上。和“春雨医生”相比，“温暖医生”的不同在于让患者看到医生。“温暖医生”是中国首家视频医疗健康咨询服务平台，能够为患者提供三甲医院医生在线视频咨询服务。

视频解决了中国人传统意义上的“闻名不如见面”的问题。同时用户通过视频获得医生的问诊服务，更容易建立病患和医生之间的信任。这其中其实有很多通过腾讯云解决的技术难点，比如视频在网络传输和存储管理上的弹性

需求和安全需求，更别说，应用本身快速实现上线和未来的可扩展性需求。只有通过云计算的手段，才能让像“温暖医生”这样的应用，快速走到今天的规模。

可见，腾讯云不仅能够帮助传统行业向“互联网+”加速转型，还能够帮助创新企业找到通向“互联网+”的大门。

云生态 “互联网+”的真正内涵

作为“互联网+”的推动者，腾讯不但通过自身的业务经验实践着“互联网+”，更多的是通过生态体系的建设，让“互联网+”真正服务于整个社会和国家。

书中是这样定义“互联网+”生态的：以互联网平台为基础，将利用信息通信技术（ICT）与各行各业的跨界融合，推动各行业优化、增长、创新、新生。在此过程中，新产品、新业务与新模式会层出不穷，彼此交融，最终呈现出一个“连接一切”（万物互联）的新生态。

从此意义上讲，马化腾的愿景远不止于让传统行业与互联网相融合形成“互联网+”，而是通过各行各业的“互联网+”，形成一个真正的万物互联后的“互联网+”生态。这是一个领导者的胸怀，也是腾讯公司一直的坚持和姿态。

就比如腾讯云，最初是一个为公司内部业务提供服务的云计算平台，之后将其开放给企业和开发商，如今这种开放已经遍及全球，除了国内的布局，腾讯云的开放数据中心，已经走进中国香港地区和北美。

实际上，腾讯云的云技术也并非信息技术的简单迭代，而是基于腾讯大生态，基于游戏、社交等海量互联网服务的经验，通过互联网的方式提供服务，最初从 IaaS 出发为全球客户提供基础云服务，接着快速将云服务能力拓展到更强调开放的 PaaS 和 SaaS 层面，引入各行各业的服务商，为开发者和企业提供更完整的云服务。

这种云服务，比以往的 IT 服务商更具成长的张力和想象力，它们完全颠覆了传统的 IT 资源供给模式，同时制造出了一个全新的商业科技时代。这种商业模式，不仅可以让传统行业走向“互联网+”更快更稳，更重要的是形成一种可持续的成长模式，让互联网彻底融于传统行业，并最终变成新的传统行业。

相比市场上很多浮于表面的“互联网+”分析，显然马化腾的认知和腾讯公司完整的产品线布局已占得先机，“互联网+”正在各行各业中形成一种“线”，腾讯要做打造的“互联网+”生态，就是把这些线再度串联，而形成真正的面。“互联网+”时代，真的要来了。

2.2 马云的 DT 之路，数据的价值和云生态驱动

从 IT 到 DT，这是马云最早在 2014 年 3 月参加某论坛时首次提出的理念。在马云心中的 DT 之路，就是当今这个时代的起点，是人与科技结合的必然趋势。

那么，DT 时代的标志到底是什么呢？数据，当然是这个时代最珍贵的产物，数据的价值不断提高，甚至开始超越许多固定资产，在我们看来，数据将变成一种基础设施，构建我们的未来世界。

阿里云则是这么看待 DT 时代的：计算将是 DT 时代的标志，在 2015 年 7 月 22 日阿里云“云栖大会”上，阿里云总裁胡晓明说，全球已经步入 DT 时代，未来的一切都离不开计算和数据，阿里云要做的，就是把计算变得更简单，让计算成为世界的能力，让数据成为经济的动力。

定义数据 一万个阿里诞生记

数据到底改变了什么？最直接的体会，就是人与人的相处方式，微博和微信等社交媒体改变了我们沟通的行为，也催生了大数据这个行业的快速落地。这就是一个简单的通过数据构建的新商业模式的例子。

回到商业本身，零售是商业的基础原型。16 年前，阿里巴巴用数据改变了零售业。数据使我们见到了今天的淘宝和天猫，有了数据，每天有将近 4 千个包裹在全国的公路、水路、天空奔跑。有了数据，蚂蚁金服数据影响了金融业，开创了互联网金融的时代。

所以，今天我们来问阿里巴巴到底是个什么样的公司，也许会有很多答案，互联网公司、电商公司或者是移动互联网公司，胡晓明则给了一个新的定义：数据公司。他认为，以数据公司定义更能够精确定义阿里巴巴的所有业务。

这是一个很关键的定义。把阿里巴巴企业的商业模式，用数据的最小原型来衡量，阿里巴巴的模式才有了复刻的可能。阿里巴巴是独一无二的，但依靠数据创新和创新公司是可以无限延伸的。

胡晓明认为，未来3～5年，数据将会迅速爆发，“我们预测，在未来3年，互联网上将近75%的数据不是简单文本数据，更多数据是半结构化数据、非结构化数据，就如同今天随手拿手机拍视频和照片，发了一个语音，所有数据在互联网上被流转，被传递。未来3～5年数据是现在的20～30倍。”他认为，未来会产生1万个阿里巴巴，他们都将成为数据公司。

这些数据公司将会诞生在工业、农业、交通、生物、医疗、教育和娱乐等行业。他们将有一个共同点：将数据作为资产，将计算作为驱动力，而云则成为一种习惯。

这也是胡晓明所提到的未来，“今天，我们谈公有云，未来，当所有的数据和服务都在云上时，就不再有公有云的概念，一个云，甚至全世界只需要一台超级计算机。”

回到公有云数据安全倡议有没有用

当然，无论未来的DT时代，有多美好。饭总要一口一口吃，路还要一步一步走。

回到今天公有云的现状，时常有人拿私有云和公有云做对比，其中，最被人诟病的就是公有云的数据安全。从传统的理解来看，数据没有存在自己的硬件上，而是存在的第三方的机房。这就是一种数据不安全的粗浅理解。

阿里云，6年辛酸路，想必也经历了无数次客户这样的疑问。很多人陷入了一个误区，硬件是我的，里面的数据就一定是我的吗？恐怕不尽然。其实，数据本身和实物有很大的区别，数据是由二进制的0和1构成，不管你放在哪里，是不是在你自己的服务器上，并不决定数据是否安全，因为移动数据根本不需要成本，只需要一次网络的传输就完成了。

换句话说，数据与互联网之间是有接口的。如果自建的私有云在安全防护上没有更好的对策，那相比可以统一维护和统一管理的公有云服务，实则危险得多。

不过，客户的担忧也是可以理解的，用户对于数据资产的认知还需要进一步培育。所以，阿里云在分享日上发起“数据保护倡议”：数据是客户资产，云计算平台不得移作他用。来自英特尔、浪潮、用友、新奥特、数梦工场等上千名行业人士见证并响应这一倡议。

这份公开倡议书明确：运行在云计算平台上的开发者、公司、政府、社会机构的数据，所有权绝对属于客户；云计算平台不得将这些数据移作他用。平台方有责任和义务，帮助客户保障其数据的私密性、完整性和可用性。

胡晓明表示，过去、现在和未来，阿里云都会严格遵守倡议书中的约定，也希望全行业能够共同自律，推动数据时代的可持续发展。

国内公有云发展到今天，这份倡议是有必要的。首先，数据的时代，如果没有数据保护的共识和行动，未来数据时代的繁荣也将无从谈起。

其次，作为数据服务者的云服务商，从来没有过主动对数据安全进行约定，这颇令人困惑。这次阿里云发起的安全倡议，是中国云计算服务商首次定义行业标准，针对用户普遍关注的数据安全问题，进行清晰的界定。

最后，这份倡议，对于参与其中的每一位成员公司来讲，也是对自身安全意识的鞭策。云，已经从技术演变成了生态，整个生态都需要对用户最关心的问题负责，尤其是安全！

阿里云生态首次披露

阿里云成长的 6 年间，不仅是计算本身在发生变革，整个云生态也随之变化。

阿里云在分享日上向全球合作伙伴发布生态路线图。路线图清晰地描绘了 10 大类 IT 服务商 DT 世界转型的路径，同时首次披露阿里云生态全貌。

2014 去年启动“云合计划”后，阿里云上已汇聚 50 多个行业解决方案，覆盖游戏、多媒体、政府、医疗、物联网、金融等八大领域。这些解决方案由

200 余家大型合作伙伴提供，未来三年全球合作伙伴将扩大至 2000 家。

“在过去的 6 年，阿里云将服务于电商和金融体系的飞天系统，打造成支撑全社会综合业务的公共云服务，从中国扩展到北美、中东、东南亚等全球市场。未来 5 年，阿里云将聚拢合作伙伴的力量，向行业纵深领域发展，为全球各类客户提供云计算解决方案。”阿里云业务总经理刘松说。

在阿里云所说的生态系统中，阿里云市场将作为云计算生态的互联网窗口，向客户提供“淘宝式”的云计算服务。不同类型的合作伙伴，可以通过云市场将解决方案、产品、服务等相关内容呈现给最终用户。同时利用云市场的平台能力，解决现有线下售卖、交付所带来的巨大成本投入与管理问题。

刘松认为，只有生态的力量，才能满足纷繁复杂的客户需求。云服务是下一个万亿级市场，在阿里云基础上一定会诞生比阿里云更大的云服务商。

再回到当初，马云对 DT 时代的解释，他认为 DT 时代是一个“利他时代”，“IT 时代是让自己更加强大，DT 时代是让别人更加强大”，这似乎用来理解为什么阿里云会热衷于建立云生态。让别人强大的同时，也是让自己变强大。

“为了无法计算的价值”能成为计算经济时代的支点吗

在云栖大会上，阿里云发布了“为了无法计算的价值”这个新的宣传口号。“对于云计算，我们说了太多云，却总是在忽略计算。”阿里巴巴集团 CTO 王坚这样的表达，能给这个阿里云全新启动的新口号一个怎样的解释？

王坚对计算的理解，非常值得深思。第一，云计算的核心，到底是云还是计算；第二，数据的价值，是否需要大数据来表达？

第一，为什么会有阿里云？最初，当阿里开始做云计算的时候，王坚是非常纠结的，因为他不觉得云计算是这个时代发展最好的表达方式。

“我认为，最好的表达计算在下一个时代发展的是通用计算，而不是云计算，但是，在十年以前，跟别人说云计算的时候，大家似乎处于听得懂和听不懂之间，这给了我们一次创新的机会。所以，有了今天的阿里云计算公司。”王坚说。这就是阿里云的由来。

第二，王坚认为，云计算在被广泛认可以后，对云的关注比较多，而忽略了计算。这是阿里云未来要调整的方向。最早阿里云的定位是数据分享第一平台，2014 年马云就提到了数据价值的概念，并提出了 DT 世界的愿景。

实际上，阿里本身也是一个基于数据的公司，16 年前，阿里巴巴用数据改变了零售业。数据使我们见到了今天的淘宝和天猫，有了数据，每天有将近 4000 个包裹在全国的公路、水路、天空奔跑。有了数据，蚂蚁金服数据影响了金融业，开创了互联网金融的时代。

那么，什么是大数据呢？王坚的看法非常独特，“是因为我们对数据的价值不够自信要在‘数据’前面加一个字叫‘大’，愿意把它叫做‘大数据’。”

数据的价值，就是一种基础设施。随着“互联网+”的深入，传统行业互联网化的深入，各行各业会产生无数的数据，这些数据会成为所有行业、企业持续成长的原始资产。在不久的将来，数据有可能会成为企业生存最重要的资产。

阿里，似乎早就意识到了这一点。王坚说，数据的价值，不是因为“大”而变得有价值，而是因为在互联网上的沉淀和它的作用产生了价值，所以今天数据真的变成了生产资料，就像土地一样。笔者还要在这个看法上加一句，数据变成了生产资料，却不会像传统的生产资料一样稀缺，还会越来越“大”。

所以，这个时代最好的表达到底是云还是计算？这似乎并不重要，重要的是，数据的价值被感知，并被认知。DT 世界，很快将成为一种共识。

当互联网变成一个基础设施的时候，当数据真正成为珍贵的生产资料的时候，数据的价值要如何衡量？

王坚认为，数据的价值等于没有价值。为什么呢？

第一，数据并不是生产出来的，而是自然产生的。比如心脏跳动，从出生第一天就有相应的数据。

第二，产生了服务的数据才有价值。比如，心脏跳动的数据被处理之后，形成了服务，才变成了价值。

也就是说，计算一定要成为公共服务，才能够让每一个人都能享受到计算为这个社会带来的价值。这也是为什么阿里会告诉我们：计算是为了无法计算的价值。

计算真正的价值，并不是去数据的世界淘金，而是把沙子变成金子。把数据变成了服务，挖掘服务的价值，进而让数据产生价值，由沙子变为金子。

是金子到哪里都会发光吗？其实，这句古语的定义，在今天这个时代必须要发生改变了。

只有当数据变成最重要的生产资料的时候，当计算变成一个公共服务，变成一个企业发展的最核心竞争力的时候，数据才会产生价值，计算才可以称之为计算经济。这才有了计算经济的时代，这一王坚理想中的国度。

计算经济时代，这会是一个新的经济时代吗？有几个衡量标准。

第一，计算经济是不是能够被分享的。这是一个重要的标准，就像石油产生的经济时代。但是，相比于石油时代的经济，计算经济是无法垄断的，它是可以被彻底分享的。

第二，计算经济是不是一个普惠经济。历史上的某些经济时代，通常是对部分阶层有利，而很难做到普惠。计算经济最大的特征是依赖云的手段和互联网架构，无论是集体还是个人，都能够在其中得到回报或是服务。

第三，计算经济能不能随需取用。这就是云和计算结合带来的好处，我们常说云计算的终极形态就是像水和电，那么以云为基础的计算经济，也将会是随需取用的服务。

第四，计算经济中的数据是不是安全的。这也是每个人、每个企业都关心的问题。其实，阿里云早在 2015 年 7 月就发布了《数据保护倡议》，该《倡议》明确提出，数据是客户资产，云计算平台不得移作他用。笔者相信，这个倡议很快就能成为行业的标准，每一个提供云计算服务的公司都会共同遵守，携手去保证计算经济时代的数据安全。

从这些角度，我们可以判断，未来就是一个计算经济的新时代，而这个时代的特征就是数据价值的挖掘，以计算去获取无法计算的价值！

2.3　李彦宏的云世界，被误读的百度开放云

现在，对于任何一家大型互联网公司来说，云计算都会是战略型的产品。

不单指国内，更是全球范围内的共识。

就现在国内的互联网巨头而言，从“BAT”三巨头的布局来看，阿里云和腾讯云在公有云服务上的投入和关注都十分巨大，马云和马化腾也曾多次为云业务站台，但唯独三巨头之一的百度，在公有云产品上却似乎不温不火。一度给业界造成一种错觉，百度无云。然而，事实真的是这样吗？

百度开放云一直被误读

百度创始人李彦宏，在 2015 年的百度联盟峰会上提到，百度将全面升级百度一大发展引擎的百度联盟，其中百度云业务、互联网金融和创投等方向将会是百度未来投入的重点。

显然，云业务一直在李彦宏的百度未来战略中，占有比较重要的位置。但是，需要注意的是，李彦宏口中的云业务，实际上是百度开放云，而不是大家更熟悉的“百度云”。在很多关于李彦宏的评论文章和百度未来业务的描述中，都将两个云业务混为一谈。

为什么要强调这个云的不同点？

要知道，在“BAT”三巨头，基于百度无云的误解正愈演愈烈，而百度开放云的业务则顶着这样的包袱，在百度联盟生态建设、创新创投等领域迅速发力。很多企业用户也产生了类似的疑问，百度云和百度开放云到底如何区分，如何选择？

我们来把谜团解开。

首先，百度云（Baidu Cloud）是百度在 2012 年推出的一项云存储服务，目前已覆盖多个主流 PC 和手机操作系统，到 2014 年，百度云总用户数已突破 2 亿，移动端的发展全面超越 PC 端。

正是由于百度云在个人用户端的快速扩展，所以百度云已经形成了一种思维定势：百度云就是基于个人用户的网盘、相册、备份等云存储服务。

实际上，很多人没有意识到在 2012 年，百度刚刚推出百度云的时候，除了推出个人云存储服务之外，更多的应用是针对开发者的。在推出云存储的同时，还开放了包括大数据智能和云计算在内的核心云能力。

只是在当时，并没有提出百度云和百度开放云的区别，以至于，随后的几年里，业界对这两个概念一直处于混淆之中。

百度开放云正式走出来，其实还是在“百度 2014 年会暨十五周年庆典”上，李彦宏提出了百度正在推动移动云生态系统的建设和发展的方向时，很多人才恍然大悟，原来百度开放云是和阿里云、腾讯云一样优质的公有云服务平台，而不单纯只有云存储。

从百度开放云官方了解到，目前，百度开放云已拥有包括云服务器 BCC、负载均衡 BLB、对象存储 BOS、内容分发网络 CDN、关系型数据库 RDS 等全系列多款云计算产品。

而这些公有云服务，才是百度将依托开放云服务为百度用户提供生态服务，通过网站服务、直达号、数字媒体、广告营销云等系列解决方案，构建百度云生态的核心。

现在，云计算能力已经成为所有互联网公司打造生态的重要因素，百度开放云，也到了该为自己重新正名的时候了。

百度为什么要开放云

从时间上看，尽管，百度开放云是 2015 年 4 月 7 日正式对外开放注册的。但其实，百度一直在公有云服务上有所建树。

我们知道，百度实际上就是一家云公司，也一直在做私有云的建设。正像阿里云和腾讯云的业务本身就是自身云能力的外放一样，百度开放云的能力也来自于其自身对云的理解。

比如，百度开放云诸多技术实现就是构建在百度私有云的基础之上的，但对外开放一个完整的包含 IaaS、PaaS、SaaS 的开放云体系始于 2014 年，2015 年下半年发布。

从这个意义上讲，原来的百度云应该算是开放云上的一个产品。百度为什么要做开放云呢？

首先，互联网公司都是天生的云计算实践者，将自身的技术实践，作为云的能力外放，是每一个成功的互联网公司必由之路，比如亚马逊 AWS、微软、谷歌，乃至中国的阿里和腾讯等。

其次，今天的市场环境，对公有云服务的需求，达到前所未有的高度。比如 2015 年的两项大的国家战略，“互联网+”和万众创业。“互联网+”需要将各行各业连接起来，而这种连接，最行之有效的方式就是利用公有云服务；万众创业，其实主要还是基于互联网和科技进行创业，而公有云服务，则是当下创业者能够选择的最佳路径。

第三，百度有百度联盟，百度联盟有成千上万的网站和从业者，他们过去选择在各种不同的公有云平台购买服务，如果百度能够提供开放云服务，那么这些联盟成员，则可以更加顺利地使用云服务。

正是基于这些理由，百度为什么要做开放云，就一目了然了。当然，除了这些外部因素，从百度内部情况看，无论是未来的百度大数据，还是互联网金融，也都是需要通过云计算的能力得以快速实现的，发展开放云，也是百度对自身战略的定位需要。

百度开放云要怎么定位

首先，顾名思义，百度开放云一定是立足于开放的。

开放也一直是百度公司的基因。2009 年，百度框计算就是数据开放，即搜即得；2010 年，百度对应用开放，即搜即用；2011 年，百度首页开放，不搜即用；2012 年，百度的核心战略则是立足移动端的百度云，开放的云存储。

今天的百度开放云，简单说是一个公有云的服务。目前，开放的产品有计算（云服务器、负载均衡）、存储（云盘、对象存储、关系型数据库、简单缓存服务）、分布式计算、安全以及其他服务等。

从产品线的角度看，百度开放云的定位是以 IaaS 为主，兼有 PaaS 和 SaaS 服务的体系，所以现有的开放公有云都是百度开放云的竞争对手。包括亚马逊 AWS、微软、阿里云和腾讯云，以及青云和 UCloud 等 IaaS 服务商也是百度开放云在未来市场上会遇到的拦路虎。

从核心竞争力的角度看，百度开放云必然基于百度成熟的产品线，百度搜索和百度联盟将会是百度开放云在市场上的杀手锏。

从市场的角度看，创业者、开发者和中小企业都将是百度开放云覆盖的对象。而同时在大作创业的阿里云和腾讯云，则有可能与百度展开强烈交锋。

最后从信心的角度看，作为“BAT”级别的三巨头，只要目标确定，总是会通过各种手段走下去。技术已经很成熟了，缺人可以挖人，百度又不会缺钱。总之，笔者是看好百度开放云，在未来一段时间，会对公有云市场造成一定的杀伤力。

2.4 刘强东的云计算之梦：起于云，并超越云

2015 年，是京东 12 周年轮回的新开始。

刘强东在《创京东》的序言中写道：“京东面对着急速裂变生长的电商生态，又要在其中围绕消费者需求变化，做从无到有的体系建设。”

这句话有两个关键词：急速裂变和从无到有。就如《创京东》所描述的，京东从一个销售型的企业，已经转型成一个技术型的创新互联网公司。

刘强东在书中说，技术体系的兄弟们用“在高速路上给汽车换轮胎”来形容京东技术团队常需要在不影响日常业务并且保持高速扩张的状态下，进行一次又一次的大规模系统升级。

京东云的三大核心与六项能力

作为支撑京东商城、京东金融以及京东到家等业务的私有云平台基础设施，京东云取得了巨大的技术成功和商业成功。京东云经历了从使用物理机到使用虚拟机再到全面转向容器技术的技术升华：作为全中国最大的容器云平台，京东云经受住了“618 店庆”、“双 11 大促”等多个行业盛会的考验。

然而，给京东自己使用，只是京东云梦想的第一步。使用京东主营业务 IT 技术支撑体系，将技术业务能力云化输出，向整个电商行业及全社会企业提供稳定、安全、便捷的云服务，将会为整个社会及京东集团产生更多的价值。

为此，刘强东重新塑造了京东集团三大核心：电商、金融、技术。

作为京东技术的核心内容之一，京东将已有的软硬件 IT 资源、行业优势和应用经验分享出来，让更多的企业享受这个技术平台的服务，从而实现全社会企业的发展。京东云以京东“技术产业化”为使命，依托京东成熟、稳定的全产业链电商能力，以及京东在云计算、大数据、物联网等领域多年技术积淀，打造面向社会的云平台，培育开放的云生态。京东云所能提供的不只是云计算，而是能够输出全产业链的云服务。

作为全产业“互联网+”转型发动机，京东将云定位为协助企业云化转型的推手，提供多个方面转型的能力以应对各个层面的云化转型需求，可以总结为六项能力。

第一，基础资源服务的能力：打破传统行业的垄断，京东云从底层做起，深挖行业需求，从 IDC 机房到机柜租赁，从物理资源到虚拟资源，京东云提供高性能及可靠的基础资源能力（网络、计算和存储）和灵活的使用方式。

第二，IT 托管服务的能力：应对复杂的企业 IT 管理运维需求，京东云基于基础资源能力，提供基础的 IT 托管服务，将多项通用的 IT 流程及能力组件云化，提供完整的 IT 托管服务，帮助用户将传统的内部企业 IT 云化，统一标准化管理。京东云的 IT 托管能力包含以下三个方面的场景：用户私有环境与京东公有云的混合云，通过 VPN 服务打通彼此的连接；在京东云中的用户私有云环境，京东云统一管理，用户彼此安全隔离；用户环境中的京东云管理，使用统一的京东云管理方式，但是所有的软硬件在用户数据中心。

第三，弹性云服务的能力：作为云的核心场景，与传统软件服务可预期的固定模式不同，标准的云场景需要具有软硬分离，天然高可用，以及可自动弹性扩展的能力。面对此种云应用的特性，京东云将基础的云服务能力抽象出来，提供给特定的云应用场景。

第四，云应用的编排服务的能力：对于新型云应用的开发测试及发布，京东云提供了一套完整的方案，将内部云应用的各种工具开放出来，以协助开发者开发上线自己的云服务。

第五，大数据服务的能力：京东云平台基于京东商城的精准快捷推送能力提供强健的在线和离线数据分析能力，并开放给有此需求的数据使用商。与此同时，京东云的万象平台提供了一个数据交易的平台，具有跨数据集的跨行业数据分析能力。在数字营销（Digital Sales）的新兴业务场景下，京东云万象市场的交叉数据能力将是提升服务水平的核心环节。

第六，电商服务的能力：电商是京东商城的核心价值，京东云基于多年对自己业务的抽象，将电商流程提供出来，供给客户使用。在电商服务的大背景下，京东云抽象出物流服务流程、电商交易流程以及电商领域的金融服务流程。在此基础平台之上，京东云提供了金融云、物流云、电商云等在京东基础云服务之上的几个 SaaS 云服务。在电商云中，提供 B2B、B2C、O2O 的基础 SaaS 能力，用户可使用基本模块，并在其上进行定制化开发；在金融云之中，电子发票、税务结算、供应链金融等重点解决中小企业的痛点；物流云中，配送能力、仓储能力等将对提升企业物流效率提供标准的流程。同时，京东开放平台服务（JOS）作为访问京东商城能力的唯一接口，提供了业务对接的能力。

京东云的与众不同

2016 年 4 月初，随着京东基础云、数据云两大产品线，京东电商云、物流云、产业云、智能云四大解决方案以及华北、华东、华南三地数据中心的正式上线，京东云正式加入到风生水起的云计算市场争夺中。

对于京东云，京东集团技术副总裁何刚也有话要说："京东云在技术上支撑了京东远超行业平均速度的成长，经过了数次"618"和双"11"大促的考验，这些经过充分检验的技术服务，将会成为中国企业进行"互联网+"转型的强劲动力。"

2016 年 1 月 16 日，京东集团董事局主席刘强东在集团年会演讲时表示，未来，京东集团将聚焦在三个领域进行开拓：电商、金融和技术。电商包含京东商城、京东到家；金融包含京东金融和正在申请的京东保险；技术则以云技术和京东智能为主。

何刚说："在京东的内部实际上并不分公有、私有云，统称为京东云。对于京东云来说，刘总的原话就是不计成本不计代价，没有边界限制，这是一个战略性的定位。"

东云此次上线了两大产品，包括基础云、数据云，并提供四大解决方案——电商云、产业云、物流云、智能云，将计算/存储能力、电商/物流平台构建能力、大数据管理挖掘能力在内的资源完整对外开放。

京东基础云依托京东技术与数据中心，拥有容器数量超过 10 万的全球最大规模 Docker 集群，支撑了京东 2015 年的 4627 亿元交易额以及电商大促的突发交易需求。

京东数据云的上线意味着国内数据云服务商的寡头局面被打破了。京东数据云拥有 PB 级数据计算处理及上万节点计算集群运营技术和经验；具有高级别的安全性、技术领先性，以及经过京东商城验证过的数据处理和分析能力；另外，针对企业客户的应用门槛，还建立了简单易用的可视化数据分析工具和完善的大数据应用产品。

可见，如今的京东云，就是在通过京东对电商系统多年来不计成本的巨大投入，以及在真实业务当中积累的实践经验外放而来。这与亚马逊 AWS 和本地的阿里云，有相似的发展路径。

简单地说，京东云最初是京东内部各种电商资源和能力的云化；然后，是将云化后的电商资源对外开放，构建电商云平台，培育电商应用生态；最后，才是京东电商云将整合更多的外部电商资源，向全行业和全社会提供更广泛、更有价值的电商云服务。

是什么原因，让进入市场相对较晚的京东云，能够获得业界的关注呢？

最大的关键在于京东云提供的是从上到下的整体解决方案，不只是为客户提供服务器租赁，而是从根本上帮助客户把业务问题以云的方式解决，这是京东云与其他公有云厂家相比，最大的不同。

不止于云计算

如何刚所说，京东云所包含的属性非常丰富，不仅仅止于提供基础的云服务。

从这个意义上，要如何看京东云，也许要从三个层面来分析。

第一，重模式。

从整个公有云行业提供的服务来看，提供给客户的都是一种较“轻”的资源服务。不管是亚马逊 AWS 还是国内的一些提供商，主要卖的是在资源，或者是资源上再扩展一点 PaaS 层，但归根结底卖的还是资源。

而京东云则是一种较“重”的云服务。京东除了 IaaS，还会做 PaaS 和 SaaS。因为京东自己打造了整个电商全产业链的信息系统，现在这些系统已经作为京东电商云的组成部分。所以面向电商和面向物流的解决方案一定会包含 PaaS 或 SaaS。

所以，京东云脱离了卖资源的宽泛公有云范畴，实际上卖的是基于云计算全层面的一种解决方案。

第二，运营资源。

云计算本身就是一种资源服务。而京东在电商和物流上积累的经验，其实本质上也是一种资源调度的服务。

所以，不管是 IT 资源还是电商、物流相关的信息系统对外云化服务系统的服务，都是对资源的运营。在 IT 资源上层，京东还可以同步提供实际的资源服务，比如仓储和物流等。

所以，京东云不单纯是 IT 资源的云化，更是对实际业务资源的云化。这就超越了传统的云计算的定义。

第三，多元能力输出。

能力，是云计算的一个核心的衡量标准。但是，普遍来讲，这种能力主要集中在计算的能力上。比如客户需要解决一个实际问题的时候，一般的云服务提供商会给他们提供服务器资源，满足计算的需要。但是，对业务的能力支持却非常少。

京东云除了计算的能力之外，还有电商运营能力、设计能力、咨询能力，实际上帮助行业的客户从业务开始，甚至从电商化转型开始，从无到有的系统建设，都可以给出实际的解决方案。

这种多元的能力输出，是与传统云计算的最大不同。

小结一下，京东云正通过自身对电商系统多年积累的实际经验，整合成为京东云的能力，而这种能力已经超越传统的云计算定义，形成了京东云自己的一套客户支持系统和方法论。

京东云生态

从进军云计算，到超越云计算。自 2014 年，京东发布云战略以来，这一年里，京东交出了怎样的答卷呢？

首先，是完全云化。何刚说，“一些云计算公司对外提供的云服务，自己都不敢用。而过去一年里，京东在做的恰恰是把整个京东内部的信息系统全部搬上我们自己的 IaaS，京东每年数千亿的交易额，都是在我们自己云上实现的。”

所以，京东把所有的身家压在了京东云上，这是与客户同呼吸、共命运的勇气。

其次，京东过去一年将很多电商的金融系统云化得比较彻底，其中一个是 2015 年上半年对外推出的万象数据。这种全行业权威数据的开放交易平台，在国内应该是首例。

最后，京东继续打造自己的云生态。比如，2015 年 5 月，京东集团投资了金蝶，在 ERP 财务软件的云 SaaS 应用方面，可以补充京东的不足。何刚说，京东会围绕整个云生态，去和很多 SaaS 应用形成互补，一起去服务客户。

事实上，作为京东集团技术输出的出口，京东云已经瞄准了针对企业用户的多项服务领域，包括业务顶层规划、战略咨询、培训等内容在内的开放运营。

京东邀请到了众多合作伙伴参与京东云的技术生态和业务生态的建设，借助生态的力量满足纷繁复杂的客户需求。未来京东将与各类传统企业、生态伙伴达成长期稳定的合作。通过运用自身技术和产品经验，以及融合合作伙伴多元化业务和产品、各行业应用的解决方案，京东云将聚拢力量向行业纵深领域发展，与合作伙伴共享生态平台的成果，为全球各类商户提供云计算的解决方案，降低企业的创新成本。

京东商城的运营理念已经被完整地引入京东云，围绕合作创新、协作共赢的基本观点，京东云服务市场在云计算的各个层面均提供了开放的平台和交流的空间。在这个服务市场里，既有京东自营的高质量的云服务，也有第三方商家提供的增值服务。用户通过一站式采购，可以选择他所需要的所有服务能力。

总的来看，京东云构建的生态体系聚焦于以下方面：

第一，技术社区的生态：作为技术社区的引领力量，开源社区成为推动创新的核心空间。京东云的技术体系源于开源，秉承开源社区的开放合作理念，围绕最先进的国际开源社区生态，京东云提供这些开源社区的试验实践平台，并引入开源社区生态的技术伙伴，构建技术开放生态，引领先进技术的发展方向，推动行业的云化转型。

第二，业务创新的生态：围绕着电商产业链，以京东云提供的电商能力为主线，向四周延展出广阔的新“互联网+”业务形态。丰富电商业务本身，并辅助其他行业进行云化转型。

第三，数据交易的生态：数据作为新时代的资源，渐渐被各行各业所重视。基于数据的分析，以及数据集之间的交互为传统业务带来新的增长点。各行业的数据源，各种数据分析的能力，以及各种专业数据分析场景，构成了京东云大数据的生态。

作为技术成熟，能力出众的新锐力量，京东云是否能给业界带来一阵清新的风气？除了业界流行的砸钱和炒作，京东云是否能给行业带来真实的效益？京东自营的保姆式重模式和开放平台的交易模式，哪种模式更适合中国的云行业？

京东的云梦初现，业界都在翘首期待它的梦是否能成为客户、特别是传统企业的美梦？但可预见的是，在未来的 2～5 年里，就像刘强东做出了一个不一样的电商平台，京东云也会是一个和业界竞争对手不一样的云，会是一个有深深京东烙印和个人风格的云。对传统行业转型的深刻理解，以及京东商城强劲的能力，站在巨人肩膀上的京东云，会看得更远，也走得更远。

京东云，源于云计算，却超越传统云计算。

2.5 联想毕巍：9 个问题读懂云计算

公有云市场格局如何？移动互联时代，使用云计算的客户有何变化？公有云领域有几类玩家？联想 COC 专家、首席架构师毕巍，通过 9 个问题，让你解读云计算。

问题一：对云计算市场的总体看法

在欧美，目前公有云已经处于绝对主流地位，不管是大型企业还是中小企业的公有云服务都占到了 IT 经费的一半以上，其中 SaaS 服务和 IaaS 服务是主要的贡献者，而 PaaS 还处于市场培育期。而在国内，小微和创业型企业目前是公有云的主要买家，大中型企业目前依然热衷于以“云”的技术建设企业内部的信息化环境即“私有云”。

目前的公有云市场，公有云服务已经逐渐进入充分竞争阶段，资源服务的价格和服务的稳定性成为公有云竞争的主要因素。因为充分竞争，所以资源服务的价格这两年持续下降，导致了一个有意思的现象发生：企业规模不小但信息化规模很小的一些行业，比如医疗设备和房地产等，开始积极购买公有云服务建设自己的信息化系统。由此可见，价格便宜但服务质量尚可的公有云出现导致整个行业的信息化建设门槛进一步降低。

问题二：客户正在经历“屌丝”化过程

近几年移动互联和云计算这两个技术革命本质上正在深刻改变这个世界的信息化产业。我们回顾一下，20 世纪八十年代之前计算机的用户都是身穿白大褂在封闭的洁净机房内工作的科技人员，我把这个群体称为“IT 贵族”。

到 20 世纪八九十年代，PC 与小型机崭露头角开始把大型主机压缩到一个有限应用范围之后，更多的企业和更多的员工开始使用计算机辅助日常工作，甚至部分行业离开计算机和信息化手段基本没有办法开展业务。这个阶段 10%的人群拥有日常的计算设备，日常工作已经跟计算机密不可分，这个阶段姑且称为“IT 平民化”时代。

到了 2010 年之后，智能手机和平板逐渐取代笔记本成为人们日常生活的一部分，倒过来推动了企业应用的移动化和亲民化运动。我们近两年在做企业应用的人员最容易听到的一句话是“微信和淘宝用起来咋这么方便，我们公司的应用系统为什么这么难用呢”，这就是为什么面向个人的互联网应用一下子对传统企业应用带来这么大冲击的原因之一。

在移动化应用深刻改变用户端 APP 的同时，云计算技术正在深刻改变企业信息化应用后端的架构。而云计算服务（公有云）或云计算架构（企业私有云）的本质是在相近质量下成本非常便宜，让企业信息化拥有成本大大降低，这会鼓励更多应用场景的涌现和更多行业迈入信息化应用门槛。这个阶段姑且称为“IT 屌丝化”时代，核心特征是 60%～70%的人群覆盖率和 10%～20%的信息化拥有成本（相比于“IT 平民化”时代）。

问题三：搞清公有云

公有云是IDC业务的升级版，但由于拥有技术优势，来自于互联网巨头的新晋成员正在反超传统的运营商，而在细分市场可能还会有一些行业玩家会成为领先者。

公有云里面有一些核心技术，但相比企业私有云从技术角度来讲相对简单，因为公有云竞争是靠规模化、同质化的方式。

公有云领域第一类玩家是互联网巨头，典型如阿里云，现在能做到大约2000元提供用户一年2 CPU、4G内存服务器的计算资源，这个价格还包括2M的带宽。用户不需要做运维、不需要数据中心、不需要电费，阿里还帮用户保证基本的数据备份，因此用户几乎什么也不需要做。阿里云为什么能做到这么便宜？两个原因：第一，有技术；第二，有淘宝、天猫和支付宝等巨大业务量覆盖。因此在和青云、UCloud之间的竞争，阿里云可以压到没有毛利。

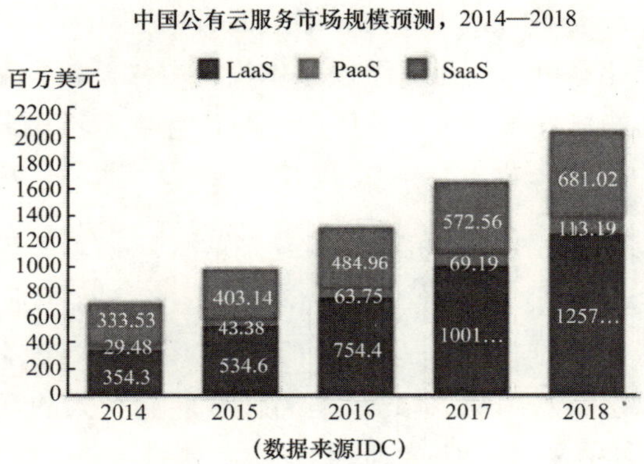

图2-1　中国公有云服务市场规模预测

公有云玩家要具备几个因素：第一，大资金；第二，集约化；第三，能拿到好的带宽价格；第四，双路出线或四路出线的充沛电力供应。“阿狗阿猫”玩不了，一定要是“航母舰队”才能玩。最终玩家在这几个领域里进行综合能力PK，最后在市场上以可靠性和成本生存。

公有云领域第二类玩家是电信运营商，主要生意是卖带宽和卖机房，缺乏玩服务器、资源和云平台的基因，因此最终在公有云市场上影响并不大，更多是以互联网巨头和其他玩家的背后支撑者形象出现在公众视野。

第三类是中金和万国数据这类原先偏重于特定行业企业用户的 IDC。多数公有云服务商搭建云应用商店，核心目的是，希望用户更多地消耗 IaaS 层硬件资源。万国数据是逆向思维，他们的盈利模式是提升用户云计算最后一公里的使用体验。

第四类是在 SaaS 层面的玩法，比如国内 CRM 领域 SaaS 服务商八百客等。

最后一类玩家是行业云，偏重于行业应用领域，比如上海宝信。因为宝信有行业背景，包括 SaaS、IaaS 和代维模式都能成功。目前宝信的应用占有中国钢铁行业 90%以上的市场，代维市场占有率超过 80%。又比如金融行业里的兴业银行，兴业面向银行业金融机构的金融云服务平台已经做到行业 No.1，能帮助中小金融机构提升精细化管理水平，同时，也将促进各类金融产品更加高效地向国内三、四线城市及广大农村地区输送，更广泛地满足城乡金融需求。

问题四：企业私有云与云数据中心

互联网和公有云领域是最早催生云计算概念的地方，所以目前很多云的概念出现一些争执和混乱，也是由于公有云概念如何在企业私有云领域得到体现而产生的争论。

首先，需要重新理解 IaaS、PaaS 和 SaaS 在企业私有云中的概念。在企业私有云领域，对 IaaS 的定义没有争议，但 PaaS 和 SaaS 有。很多用户会把自动化发布一个应用环境当做 SaaS 来定位和解释。这种服务还应该定位在 PaaS 层面，SaaS 在企业私有云领域应该非常明确地为总部建立一个应用系统，以集中部署模式向分支机构和成员单位提供应用服务。SaaS 本质上只是一个业务模式和成本核算模式而已，但 PaaS 是一个技术含量很高的领域。

另一个关键的概念是云数据中心，企业私有云无论是 IaaS 还是 PaaS，都是需要数据中心作为载体的，那么如何定义一个数据中心云化？这里提供一个衡量指标供参考，即数据中心资源动态调配比率。

在典型数据中心里，传统环境大概只有 5%～8%的资源在整个资源生命周期里面可以灵活调配，92%～95%的资源在应用上线的时候就被锁定了，应用如果是个地主，资源就是农奴，它的生命周期一直到应用淘汰，这个服务器不会干别的事。

所以，当一个数据中心做到 95%以上的资源在上线的时候跟应用没有绑定关系，可以在它的生命周期里被动态分配，这个数据中心就是云数据中心（资源动态分配全靠人实现的除外）。

在评判是不是云数据中心之后，我们谈一下为什么要上云。上云的价值在于用户硬件与应用解除绑定。当用户应用频繁上下线时，某些应用迁走了或者下线，服务器存在匹配率的问题。如果此时资源是虚拟化和集群的状态，对于旧设备的重新分配是有巨大作用的。

同时，如果跟 Docker 技术结合，应用部署的速度可以大大加快。原来要上线一个应用，先要做变更，做规划，所有技术处室过来，网络、机房、存储、电力等都要匹配。发布应用，尤其是好多应用一起发布或做规模大应用，周期很长。而云数据中心，却可以做到一套应用一天之内发布完成。因为云数据中心中基础设施实现了模块化、标准化，可以通过云平台迅速调整网络、计算、存储设置来匹配新的应用。

云数据中心省资源不是在用户上云的时候省，而是在应用下线的时候省。同时，它可以做到敏捷开发和运维。

问题五：超融合架构时代到来

云计算相比传统架构，技术上更加复杂。为了降低扩容难度，这两年超融合架构逐渐崭露头角。超融合架构是在同一套单元设备（x86 服务器）中不仅仅具备计算、网络、存储和服务器虚拟化等资源和技术，还包括缓存加速、重复数据删除、在线数据压缩、备份软件、快照技术等元素，而多节点可以通过网络聚合起来，实现模块化的无缝横向扩展（scale-out），形成统一的资源池。

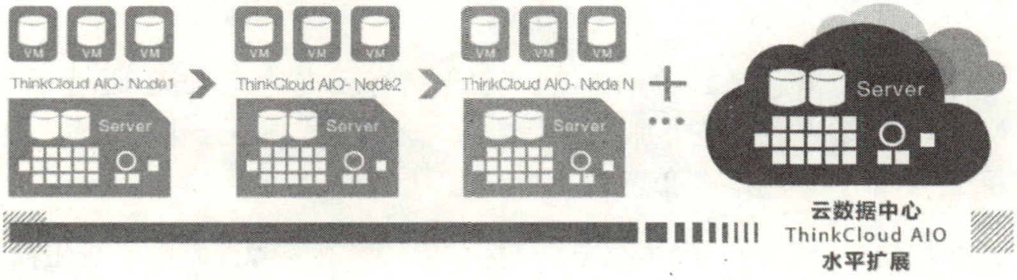

图 2-2　联想 ThinkCloud AIO 云一体机解决方案

超融合架构可以分成 IaaS 层和 PaaS 层。IaaS 层主要为扩容方便，当用户小规模部署时扩容很简单，但一个数据中心有 20 个、甚至 50 个虚拟化集群，每个集群配满 64 台物理机的时候，用户会发现数据中心接入网留的网口和高端存储留得不够等很多扩容的制约因素。在 IaaS 层面，超融合机解决扩容的问题。超融合机以机柜作为一个单元，机柜里面的接入网已经解决，内置存储已经解决，支撑虚拟化需要的存储空也够用，后端的这种大规模的数据库是另外一回事，用户可以用高端存储阵列去做。

PaaS 层的超融合机主要解决软件与硬件优化问题，使得整个推出来的 PaaS，比如数据库池、中间件池、Hadoop 池的整体性能最优化。举个例子，联想针对 SAP 的 HANA 推出的超融合机一体机，就是根据客户用途（包括数据分析型和交易型）去定整个超融合一体机的软硬件规格，买来的时候这里的 HANA 已经做到性能最优化。

问题六：给用户提供“交钥匙”工程

最后谈一下联想。联想在整合了 IBM System x 产品线之后，在云计算领域开始发力。

在公有云领域，联想以可靠、高性价比的基础架构供应商身份支撑国内公有云企业的发展；同时也在细分领域，为企业用户提供定制化的、偏行业性质的公有云服务。

基于对企业市场用户需求的理解，联想提出“云图 2.0”蓝图，帮助用户建设企业私有云和公有云混合架构。

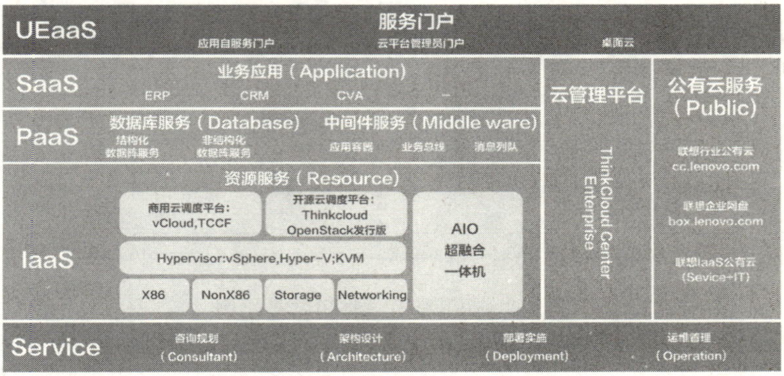

图 2-3　从用户视角绘制的云图

在 IaaS 层，联想能够提供从服务器、存储到网络的全系列硬件产品，同时也推出了超融合一体机，便于客户快速部署和扩展。

在虚拟化和资源调度层（云调度平台），联想与 VMWare 和微软合作的同时，也积极开展社区版和企业版的 KVM+OpenStack 的开发工作，给国内用户提供更多的选择。

在云管理平台领域，联想将发布企业版云管理平台，从用户视角提供基于应用环境和软件平台的端到端、面向租户管理的资源管理平台。同时，联想已经向市场推出 HANA 一体机、大数据一体机等 PaaS 产品。

针对行业用户的容灾和弹性计算需求，我们推出了高性价比的企业网盘和 IaaS 公有云服务，帮助用户在弹性计算和容灾领域获得更多价值。

在用户需求的最后一公里，联想与合作伙伴携手进行定制开发工作，给用户提供“交钥匙”解决方案，帮助用户实现产品方案功能的价值最大化。

问题七：为何中国是私有云的天下

公有云和私有云在欧美和在中国的市场是相反的两极，公有云在欧美大概占到百分之七八十，而这个数据正好是中国私有云的比例。图 2-4 所示为业界私有云订单数量比例。

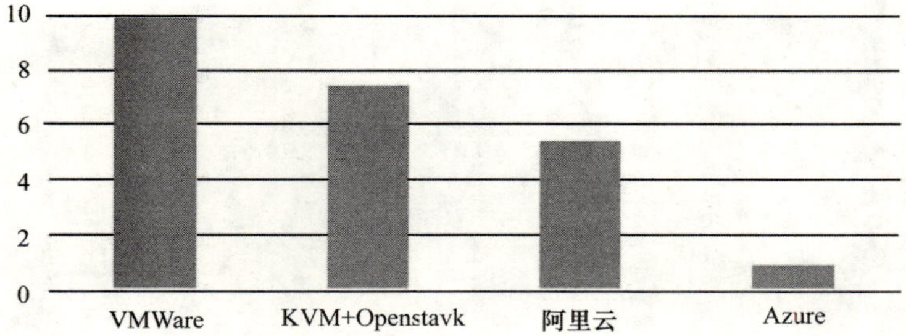

图 2-4　业界私有云订单数量比例

公有云目前在中国发展仍受限制，只有在小微企业的应用被较多认可，因为小企业价格敏感。但是除了小微企业的区间以后，大企业公有云应用还处在停滞状态。

造成上述状况，原因有两个：首先对于中国大企业 CIO 或者 IT 经理来说，如果没人没设备，这个人可能什么都不是。一定要有人有设备，这个人在公司里才有价值，这是中国人固有的理念。另外一个原因，是目前行业里让大企业觉得可信赖的公有云确实少。这两个因素共同导致了目前中国是私有云的天下。

从技术视角来看，企业私有云目前行业内有两条可选道路，第一个选择是 VMWare 在 2012 年提出来的“软件定义数据中心”的道路，第二个选择是 Google 实践出来的“软件革命”的云计算道路。

第一个选择对原有应用的适应性较好，所以只要把基础架构改造成云基础架构，应用基本可以在不做修改的情况下被平滑迁移到云环境中；第二个选择由于牵涉到应用开发模式的变化，所以基本上原有应用不做改造无法直接向新的云架构上迁移。第一条道路的典型代表是 VMWare 和开源的 KVM 及 OpenStack，第二条道路典型代表是阿里云。

革命在公有云里面可能是好事，但在私有云里未必是好事。核心的原因是软件革命之后，应用也要改造基础架构也要改造，所以阿里云目前要去推它在私有云里的解决方案面临最大的壁垒是应用改造的成本，因为大家都认可，基础架构我已经五年了，都应该上新的了，上新的时候我就上云基础架构，这不是一个壁垒，但是你要改造应用，这就是大大的壁垒。

而软件定义的云架构用户只要改造基础架构，原有的应用，基于 J2EE、.net 开发的，基本上可以顺利迁移。（如果需要改造，大多是应用在 J2EE 平台上开发不规范造成的。）

正因为此，VMware 已经成为整个云计算建设中的实施标准和工业标准，而“KVM + OpenStack”选择在当前“国产化”和“自主可控”的态势下，也成为一个重要的选项。（当然现在“KVM + OpenStack”的方案站在生产环境的角度来看还差一口气，但按照这两年技术的发展速度应该不需要太多时间就可以弥补这些差距。）

最后看微软，AZure 现在的成长率远远超过 Amazon，它迟早有一天会在公有云市场整体占有率会超过 Amazon。但为什么它在中国卖得不好？因为 Azure 以做公有云为主，不以卖工具为主，所以在中国，目前微软 AZure 在私有云建设当中很少听到。

问题八：OpenStack 与 VMware，谁是王者

接下来我们看“KVM+OpenStack”如何匹配应用。先说一下“KVM + OpenStack”技术上的缺陷：

第一，KVM 目前的社区版无法做集群（VMWare 至少 32 台机器就可以做集群）。做集群的好处除了有效分配资源外，还有提高 x86 整体的高可用性。

第二，OpenStack 的虚拟网络不成熟，不能真正跟数据中心网络 VLAN 做映射。OpenStack 的社区版里没有 VMWare 所具有的 Datastore（相当于是一个虚拟的卷给你，然后你再去做应用分配）。OpenStack 有分布式存储，但是不支持 SAN 存储架构，大量的核心应用目前跑在 SAN 存储架构上面。虽然未来可能核心应用会跑在分布式存储上面，但是这需要应用开发逐渐适应分布式存储之后才能真正得到广泛应用，在可预见的时间段内一定还是 SAN 存储架构主题、分布式存储有效补充的局面。

虽然技术和功能还不完全，OpenStack 仍然得到了包括联想等业界各个厂商的大力支持。打个比方，VMWare 像 iOS，而 OpenStack 像安卓，目前至少 OpenStack 能实现一些基本功能，让应用系统在上面稳定运行，但随着 OpenStack 社区在各厂商的推动下真正走向生产系统，未来 OpenStack+KVM 会逐渐赶上 VMWare。

问题九：如何四步实现数据中心云化之路

这四步，也是用户云化的四大需求。

第一个是单机版虚拟化，也就是今天社区版的 KVM，把它弄得稳定一点，就可以达到要求。

第二个是应用环境虚拟化，此时要上 KVM 集群或者 VMWare 集群，这个社区版目前没有集群的能力。

第三个是大规模计算资源和大规模应用需求解耦。也即在应用发布时，可以动态找到资源发布。这不容易做到，很遗憾，目前 OpenStack 的框架做不了这件事。

第四个是 PaaS。PaaS 主要是做软件发布，做软件资源的调度。这件事 OpenStack 框架里有模块对应，但是那个模块很不完善。联想内部在尝试修复，我们会把 Puppet、OpenShift 跟 OpenStack 组合起来，包括联想自己会去开发 BSS（Business Support System 业务支撑系统）。上述技术系统组合在一起去实现真正的“IaaS+”和 PaaS，从而使一个数据中心真正云化。

2.6 去 IOE 和云开放，这并不是一道选择题

去 IOE，到底意味着一种趋势，还是一种选择？

这原本并不算是个问题，可是这条路演化至今，总有点偏离了航线的味道。

去 IOE 的初衷，是为了开放的系统架构。必须要承认，去 IOE 从某种程度上来说加速了云计算的发展进程，但是云计算在本质上和 IOE 并非是矛盾的，对很多行业而言，同时采取云计算的手段和 IOE 的特性，在现阶段是很常见的。

常被误读的开放架构

很多媒体在误读去 IOE，认为把 IBM、Oracle 和 EMC 去掉了，就意味着一种新的技术趋势和真正的开放。

可其实，开放架构指的是：从服务器硬件、系统软件、虚拟化应用到数据库和应用软件，乃至系统集成，产业生态生动而立体，用户有更多的选择。我们多以 x86 的架构，来定义开放。

所以，从传统意义上讲，把过去大行业应用的所谓的 IOE 组合一一取代，就意味着开放。这个逻辑看似合理，却是对用户的另一种绑架。难道采用云计算的分布式开放架构，就一定要放弃 IOE 吗？事实并非如此。

专业技术研究机构企事录，正在对 x86 架构的四路服务器进行测试。在以

开放著称的 x86 高端服务器上，他们采取了 Oracle 的数据库，作为测试的标准。

很显然，这个测试当中，开放的 X86 和 Oracle，并没有失去兼容性。其实，在很多关键业务应用中，还是需要这样的组合，在很多行业，用户对稳定有极高的要求。

在公有云方面，能够代表行业走向的 AWS，也宣布将推出基于 E7 处理器的四路服务器架构。作为公有云的最大玩家，AWS 也意识到完全依赖高性价比的架构，并不能满足很多大客户在关键业务上的需求。

还有 2015 年，腾讯云和 Oracle 签署战略合作协议。作为国内公有云的主要玩家，腾讯云选择了 Oracle 进行合作，这是为什么呢？

腾讯集团高级执行副总裁汤道生说，腾讯云一直以客户需求为先，聆听客户的反馈，了解他们的需要，因此有了腾讯云跟 Oracle 在云计算的深度合作的计划。

可见，公有云企业对于开放的理解应该更广阔，盲目地去传统和盲目地守传统，同样是对用户需求的不尊重。

开放是一种生态也是一种选择

云计算本身就是意味着开放性。除了技术的开放，还有生态的开放。没有任何一家企业和技术是该被去除的。

比如 IOE 当中的 Oracle，Oracle 目前是一个能够提供 IaaS、PaaS、SaaS 等三层服务的云服务商，Oracle 拥有 19 个数据中心，600 多个 SaaS 应用，这些成熟的云服务需要在中国以合适的方式展示出来，并提供给用户进行选择；而对于很多中国企业客户而言，Oracle 数据库和一体机承载了他们业务的核心，应该把“心”挖走还是借用云计算给“心”注入更多血液，也应该是一种开放性的选择。

腾讯云的做法是尊重这种选择的，并尽可能提供自己的能力。如汤道生所说，两年前，腾讯云正式对外开放，直到今天已经有很多互联网企业在享用像 QQ、微信一样的稳定、安全与高速的云计算服务。腾讯云还提供不同的行业解决方案，在安全防护、图片处理与 CDN 等领域都有很好的口碑。

而在“互联网+”时代，腾讯的使命变成了连接。而连接的最终形态，就是生态。作为生态中的一部分，汤道生认为，腾讯有义务提供给用户最好的选择。“我们希望将腾讯云丰富的互联网实践与生态，与 Oracle 在企业服务的积累紧密结合起来，为中国企业带来更灵活、更容易管理的企业数据云服务，提高移动办公的效率，加强企业的核心竞争力。”

在这个合作中，我们不难发现，促成合作这个结果的，还是用户的需求。必须要承认，尺有所短，寸有所长。企业在选择面前，是非常谨慎的。有时候，颠覆对企业而言，内部的挑战比外部的来得更为可怕。

在云计算的汹涌大潮面前，既要怀着对新事物的渴望，同时也要注意被颠覆的风险。在业务变迁的大时代，如何有步骤地走向开放，才是企业用户真正要学习的课程。

所以，总的来说，去 IOE 和开放，并不是一道选择题。一句老生常谈的话：随需应变，该到了重归视线的时候了。

2.7 IBM 的云计算战略和四大挑战

要说 IBM 的云计算是“后来者”或者“迟到者”，IBM 绝对不答应。IBM 的理由是，从整个市场看，自家的云计算收入靠前。要从整个产业方向来看，云计算市场仍处于混沌前期，当前企业只有 10%的投入到云计算中，未来还有 90%的投入在云上，市场足够大，足够让 IBM 投入其中，获得成功。

IBM 的底气来自何方？难道仅仅因为它的产品线齐全，IaaS、SaaS、PaaS 全线开花等待结果？不全是。IBM 的自信来自固有优势，这就是如何将传统的 IT 和新的云计算、移动、大数据、社交的新系统结合起来，为企业构建混合云，同时要保证企业的安全性，这就是 IBM 在北京搞了一周的“云计算体验周”，想要向外界传递的信息。

那么，IBM 是如何布局的，企业市场会买账吗？更重要的是，它的云计算收入能支撑自身转型吗？

重金布局，达到预期效果了吗

要说重视程度，表现之一就是投入多少资金，以及人力。

IBM 宣称，从 2007 年到目前为止，一共投入了 70 亿美元进行 17 次收购。这其中包括 20 亿美元购买 SoftLayer，建立全球性的公有云平台，与亚马逊 AWS 展开竞争；10 亿美元力推 Bluemix 服务，投资 12 亿美元在全球建新的云计算中心网络。

要说整个市场格局，IBM 已经形成了 IaaS（SoftLayer 和 CMS）、PaaS（Bluemix）、SaaS（据称有 100 多套解决方案）传统意义的三层云计算市场，还有竞争对手没有的企业咨询服务，IBM 称有 4 万名云计算专家。在传统的三个市场中，有数不清的解决方案，被称为“组合式业务”。

IBM 还在力推混合云市场，这是业界公认的云计算趋势。混合云是公有云和私有云“混搭”的结果，也是具有一定规模企业要走的路，是基于成本、业务、公司的数据隐私以及安全等综合考虑的结果。

投入这么多，收益如何？IBM 财报披露，2013 年的云计算收入为 44 亿美元；2014 年云计算收入为 70 亿美元（可以简单认为，2013 年 IBM 在云上的收支平衡，2015 年开始收益，几年前的投资见效），其中“IBM 即服务”的收入为 30 亿美元，另外还有 35 亿美元——2015 一开年已经以“即服务”的收入放到了 IBM 的腰包里。这也就是说，即使 IBM 2015 年云计算一单不打，已经净赚 35 亿美元。

而 2014 年 IBM 总体云计算收入增长 60%，“即服务”部门的云收入增长达到 75%。包括云计算、大数据、社交移动这几部分（属于 IBM 总体成长型业务）收入达到 250 亿美年，占 IBM 总收入的 27%。

如果只算云计算的话，每年增长以 50%计算，三年后的收入将近 240 亿美元。也就是云计算在三年后足够支撑 IBM 的 25%的收入。再加上移动、大数据等，估计 IBM 的新业务在三年后将进入稳定期。

这里只计算了 IBM 内部云计算的营收，并没有同业内其他厂商相比。由于有些厂商并没有单独计算云的收入，而是混合计算，所以无法简单横比。但从整个市场来看，云计算仍旧是处于摸索期。IBM 从收入、布局来说，已经算是走得较快的。

所以，IBM 从来不会认为自己是云计算的后来者，更不存在“后来者居上”。

开源和开放，再构建一个云生态圈

在云时代，所有的玩法完全变了。IBM 也在适应云时代的玩法，拥抱开源、开放（开放硬件能力、开放资源）以及合作，构建新的生态圈。

拥抱开源。比如，IBM 是 OpenStack 基金会的白金赞助商，在 2014 年 4 月的新版本中，90 名 IBM 工作人员贡献了 10%的代码工作量；是 Cloud Foundry 代码的一个关键贡献者，IBM 宣布自己将携手 Pivotal 和众多其他公司建立一只独立的、非营利性的基金，以开发并推广 Cloud Foundry 开源“平台即服务”项目。作为该项工作的一部分，IBM 已经同意在白金级别上赞助这个基金。

这里再强调一下 OpenStack 的重要性。这是一个旨在为公有及私有云的建设与管理提供软件的开源项目，这两年特别火。当前社区拥有超过 130 家企业及 1500 位开发者，主要针对 IaaS 公有云，而 Cloud Foundry 则是开源 PaaS 云平台，由 VMware 推出。（注，本段资料来自网络，数字上可能有偏差。）

IBM 借助这两大开源平台，迅速建立自己云计算方面的技术实力。在这两个开源社区中，IBM 从技术、编译、创新等各角度，不断贡献力量，据称现在有超过 500 名开发人员专注开发标准和开源计划。

开放与合作。比如与苹果的合作，双方一同进入企业移动市场；与 SAP 的合作，SAP 将通过 IBM 已经落地全球的 40 个云计算中心向客户发布其 HaNa 企业云数据库和平台。在这场合作中，IBM 在 83 个衡量指标中打败了亚马逊、谷歌、惠普、微软所有的云计算玩家；与 Twitter 合作，为其提供数据分析能力。这些合作无一例外显示了 IBM 的企业级云能力，以及开放的心态。

在中国，值得一提的是，与腾讯的行业 SaaS 应用公有云合作。腾讯云提供 IaaS 公有云或专有云的运营和管理，并保障云平台资源、网络、设备等基础资源的正常运行。IBM 将为中小企业提供面对互联网和云化的咨询服务，双方同意将 IBM 产品和服务部门提供的 SaaS 部署在腾讯云上并进行销售。

构建生态圈。IBM 的野心是，构建网上的生态系统，IBM 提供云基础设施，其中构建一个大的销售市场，由 IBM 和第三方开发人员出售大量服务。这其实就是企业级的“App”服务，不过“App”可能是解决方案，也可能是产品，甚至是流程；IBM 称之为“组合式业务”。

公有云 SoftLayer 能有多大

SoftLayer 被 IBM 视为转型的一枚重要棋子，在不同的场合都在强调。这是 IBM 在 2013 年 6 月重金收购的产品。不过虽然花了 20 亿美元，比起中国互联网的收购来说，不算什么，时代真是不一样了。

与国内众多公有云相比较，SoftLayer 强调稳定、速度和安全性，还强调可以服务大中型国际性的企业，价格则不是优势之一。而中国大多数公有云则是价格便宜，面向开发者和初创企业。

IBM 宣称，在 SoftLayer 上可以调用 2200 多个 API，足以让使用者找到合适的 API。由于与英特尔合作，SoftLayer 可以提供“裸机”服务，并非只是弹性部署。这种随需应变的云基础架构包括物理裸机、虚拟服务器、存储和网络。

在会上，也有用户提到，由于云计算基础架构服务最小计费单位为小时，为了控制成本，严格控制使用云服务的时间，在使用到 55 分钟时必须关闭网络，由此可见，初创企业对价格敏感。

稍微提一下 SoftLayer 与 CMS 的关系。两者共同构成了 IBM 在 IaaS 领域的两大主要平台，一个是公有云平台，一个是介于公有云和私有云之间的托管云平台。Softlayer 提供标准化服务，面向中小企业和新兴业务（在中国面向跨国的大型企业）；CMS 提供定制化服务，面向企业核心业务。两者市场不会出现重叠。

据悉，从收购到现在，SoftLayer 已经为数千新云计算用户提供服务，每天处理超过 550 万次客户交易。

BlueMix 能否成为开发者的摇篮

IBM 重点推介的还有 PaaS 平台 BlueMix，这也是搭建在 SoftLayer 之上的。

IBM 把 BlueMix 比喻成“云端的 DevOps”。传统的软件组织将开发、IT 运营和质量保障设为各自分离的部门，DevOps 是一套针对这几个部门间沟通与协作问题的流程和方法。IBM 在论坛中讲述了 DevOps 的优势，也就是一个人能搞定所有的流程，包括测试。

IBM 希望 BlueMix 能让开发者集中优势考虑“软件为什么开发和市场问题”，而不让技术成为难点。在技术支撑上，BlueMix 支持所有主流的框架、语言，甚至包括“.net”。开发者使用前，只要拖拽就能构建开发环境，而无须关心底层的硬件配置环境。

借助这一 PaaS 平台，开发者可以快速地开发应用并部署，据说在美国发布会上，一个开发者当着所有观众的面，十分钟开发了一个应用。真正做到“技术后台不是问题”，而专心放在“为何开发”中。这才能为企业带来最大的价值。

相较于其他提供 PaaS 服务的供应商而言，BlueMix 的一大特色在于其丰富的 API 和 IBM 的专有服务，BlueMix 则实现了物联网 API、Watson 人工智能的语义识别、分析、预测的 API。目前已经有 60 多个 API 服务上线。

为什么 IBM 如此看重 BlueMix 平台？因为在云时代，开发者特别重要。如何将这些开发者汇集成一个大的圈子？这就需要一个平台，BlueMix 应运而生。

产品主要面向初创企业和开发者（无论是大型企业还是小型企业），现在看，PaaS 平台颇受初创企业欢迎。

IBM 已经把传统的软件如中间件等放到了这个平台中，希望能在平台中尽量多地提供开发者所需要的服务。

当然，在市场推广时，暂定 30 天免费使用。

还需要解决这四大挑战

说了这么多 IBM 的云计算布局，难道以后就会顺风顺水一气呵成？非也。

正如前面所说，云计算根本上还是一个新兴的市场，不仅要看厂商的布局，如产品的互补、资源的投入、技术研发能力，还要看市场的接受程度。毕竟，这才是决定厂商云计算是否成功的关键。

挑战一：如何面对众多初创企业和开发者？

以前 IBM 是做“大企业”的生意，如今无论是 IaaS 层的 SoftLayer 还是

PaaS 层的 BlueMix 都是做开发者和初创企业的生意，这个转变太大。如何找到这些客户，做深市场是面临的最大问题。

在 IBM 不断地推动下，以及在强大的技术背景下，已有初创企业和开发者感觉“也有可以买得起的 IBM 产品”，并愿意尝试和选择，这算是好的开始。

挑战二：如何在各种竞争中脱颖而出？

无论 IBM 说未来是混合云市场还是其他厂商说的私有云市场，IBM 不但要与亚马逊 AWS 这种互联网企业展开正面竞争，还要与国内初创类型的各类云计算公司竞争。IBM 的产品布局足够齐全，竞争还需要在策略上有些变化。

例如，国内初创云计算公司（或者互联网公司）的价格体系灵活多变，按照互联网公司的做法“免费”，迅速占领一部分市场，IBM 在这种策略下怎么竞争？

当然，价格不是所有用户最敏感的因素之一。IBM 能否发挥自己的长处，让用户有更多信赖呢？

挑战三：能否与企业云计算业务共同成长？

现实情况是，国内的 IT 基础设计太差，诸多业务还不能迁移到云端。除了技术问题之外，迁移还与公司的 IT 战略、决策者的职业风险有关。

云不只是云计算，还与移动互联、社交等新兴的产业有关。大多数信息化决策者购买 IBM 的产品，因为有它的技术背书。但现阶段国内大企业真正迁移到云上的，相对国外还比较少。

IBM 对国内市场，是否有针对性地做出解决方案，一点点开拓，将传统的 IT 市场纳入到云计算中呢？

挑战四：快，更快，如何才能再快？

IBM 在云计算后面还藏着几个大招，如沃森部署在 SoftLayer 之上，可提供解决方案的 API；沃森虽然投资了 10 亿美元，收益目前看不到（中文版还没有上市），但绝对是以后的大方向之一。问题是，这种产品和产品之间的组合能力，以及市场变现能力能不能再快一些？

还有需要加快的是，IBM 传统的软件能力正在逐步放到云端，轻量化，这种云计算的影响力以及价值体现，能否再扩大一些，让市场改变看法？

最后是在整个组织架构中，云计算已经是 IBM 的新架构 CAMSS（云计算，大数据分析、移动、社交和信息安全）重点之一，也是其他所有产品的基石。这种组织之间的融合力度能不能更快一点，让资本市场信任？

这也许就是 IBM 云计算战略的全部答案。

2.8 微软云，从更平的世界走到“中国为先”

在世界变平的时代，微软建立了世界软件的标准；在世界变得更平的时代，微软的云计算，要走出一条“中国为先”之路。

托马斯·弗里德曼在他那本著名的《世界是平的》书中写到：全球化，在全球范围内合作与竞争以至将世界变为平地，世界变平了。驱动这一变平的源头是科技、通信和全球贸易自由化。

这本 2005 年就出版的巨著，见证了托马斯·弗里德曼的高瞻远瞩。在十年后的今天，云计算和移动互联网将世界变得更平。这也几乎提前见证了，微软 CEO 纳德拉所倡导的“移动为先，云为先”。如今在中国，却真的要加上一个新的后缀“中国为先”。

两个维度见证“中国为先”

2015 年 3 月 31 日，在第三届中国国际云计算技术和应用展览会暨论坛上，微软的展台，是笔者唯一见到的国际厂商，而微软也是此次“Cloud China 2015 大会”的唯一战略合作伙伴。

微软云计算，正在努力表现出对中国市场的态度。这种态度源于两个维度：一方面，中国市场的成长带给微软全球云业务丰厚的回报；另一方面，中国的云计算需求正在不断扩大。

2014 年第四季度，微软公布的季报显示，微软全球云业务的增长率是127%，而中国区则远超越了这个增长率，成为全球云业务成长第一名的区域市场。根据市场调查公司 Synergy Research Group 的数据，Azure 2014 年第四季度在全球的市场份额增长率几乎两倍于老对手亚马逊 AWS，很显然，中国区的贡献已经举足轻重。

在中国，2014 年 7 月，中国的移动互联网用户首次超越了互联网用户，可以说中国现在正处于全球移动互联产业变革的最前沿，充满活力的移动终端产业、日益增长的云计算需求，给了微软实践战略转型的最佳契机。

同时，IDC 预测 70%的 CIO 会在 2016 年之前接受“云为先”的策略，企业移动管理方面，66%的企业用户客户端由系统中心管理。微软的“移动为先，云为先”正一步步走向现实。

那么，为什么要加上“中国为先”呢？

要知道，微软将首个美国以外的云计算服务放在了中国。2014 年 3 月，由世纪互联运营的 Microsoft Azure 宣布在中国开启正式商用。这也是全球首个将公有云带入中国的国际企业，相比而言，亚马逊 AWS 的动作就要缓慢得多。

截至目前，在中国，由世纪互联运营的 Windows Azure 已经有 50000 多名用户，Office 365 已有 35000 多名试用用户，逾 400 家大型企业和机构用户已经进行了付费购买。这些客户中不乏 CNTV、嘀嘀打车这些耳熟能详的客户，也有许多类似蜂鸟网、走秀网这样的电商客户。

正像微软中国首席安全顾问邵江宁的演讲中提到的那样，微软云 Azure 服务在中国落地的明显优势是本土化服务，选择符合中国法律法规的“接地气”的运营模式立足中国市场，为中国客户提供可信的云服务。

遵守中国的标准，做最安全的云

在国家政府的大力扶持下，以及在众多云厂商的努力下，近年中国云计算市场发展速度迅猛，但是国内的云计算安全水平却是一直处于无序和标准缺失的状态。

直到可信云标准的建立。2014 年 7 月，“2014 可信云服务大会”正式发布了第一批通过“可信云服务认证”的云服务名单。

微软和世纪互联合作的云服务，成为了首批通过工信部可信云认证的一员，并和多个部委有非常深入的联系，未来微软希望开放云计算平台，让政府看到微软把云服务的平台放在中国，把API（应用程序编程接口）开放给中国，给有认证资质的机构去做审查。

开放，不仅是一种姿态，通过开放的环境，去解决云安全最底层的问题。是公有云服务的必由之路。

而另一种开放，则是对混合云操作系统的开放，在微软Azure刚进中国时，就有媒体提出过这样的疑问，是不是微软的云智能在Windows操作系统上运行。其实，对于开放的微软云计算来说，不论是Windows平台还是Linux平台，从Azure迁移到私有云，都随时能够做到。

微软Azure，是全球唯一混合云解决方案，支持所有操作系统，是语言和开发工具开放灵活的平台、99.95 SLA企业级服务保证可靠安全的平台、独立的中国数据中心。

从行业的角度看，中国对云计算安全要求最高的行业，就是政府。只有通过政府行业检验的云服务才能称得上是安全的。

在武汉市经济开发区，一名负责人曾对微软公司表示，其不能把所有行政机关的数据放在公有云平台上，因为按照中国规定，政府数据要达到等级保护三级的要求，这意味着行政机关的核心数据要放在客户自己的私有云平台。

不过，微软提供了混合云解决方案，并提供了对公有云和私有云同样的高标准数据加密和隐私保护措施，不管客户在公有云或私有云存放什么数据，进行什么操作，微软和世纪互联都看不到。从根本上解决了云安全的问题，也可以做到用户的安心。

中国正处于产业转型的关键时期，“互联网+”这一国家战略的实现，一定会依靠云计算和物联网等技术来驱动传统行业，与互联网产生衔接。同时，微软也正处于向云和移动转型的关键期，微软能够提供最安全的云计算技术和服务，与中国的产业转型有很强的互补性。

中国，正等着微软在“移动为先，云为先”的战略背景下，践行“中国为先”的承诺，拭目以待吧。

微软要怎么读懂“互联网+”

一个十分微妙的“+”，为互联网与传统行业的结合提供了支点，也为中国新一轮的经济增长模式开启了新局面。“互联网+”正在提升转变为国家战略，在笔者看来，“互联网+”，则是一种巨大的新生态，它将打破过去泾渭分明的各种圈子，真正在“新常态”中营造新的生产力。

而在“互联网+”这样巨大的新生态圈中，不仅国内科技企业会享受到增长，同样承担着智慧城市、物联网、大数据和云计算工作的跨国企业也会在新生态中找到成长的机会。

2015年的政府工作报告中，“互联网+”的概念首次被提及。所谓“+”，是传统行业的各行各业。李克强总理在报告中指出，将制定“互联网+”行动计划，推动移动互联网、云计算、大数据、物联网等与现代制造业结合，促进电子商务、工业互联网和互联网金融健康发展，引导互联网企业拓展国际市场。

同时，“互联网+”赋予国家竞争新内涵。以互联网为主要平台和内容的信息技术正与工业、能源、新材料等领域的技术交叉融合，形成新一轮技术革命与产业变革，使互联网时代的国家竞争不再局限于传统行业的较量，获得了新的内涵。

总体来讲，“互联网+”应该是通过互联网的技术打破传统行业的边界，并形成新的生产力。那么“互联网+”的落地又需要靠什么呢？

可以肯定的是，“互联网+”将会构筑企业竞争新格局。在市场竞争中，“互联网+”已经不再是一种口号，而实实在在地成为企业竞争实力的一种标志，传统企业不得不加速互联网化，以期在新竞争格局中获得一席之地。

那么传统企业，在转型的过程中，就需要通过提高新的能力，来重塑生产力。在微软 CEO 萨提亚·纳德拉看来，微软变革的驱动力是为人们提供覆盖各平台的服务，以帮助所有人无时无刻都能享受到高生产力带来的高效率。而微软将支撑微软“重塑生产力”的“引擎”归结为四个方面，即移动、社交、自然 UI 和人工智能。

其实，“互联网+”和“重塑生产力”一样，是个美好的愿景，实现它们的过程，需要相当多的技术和解决方案来将梦想带进现实。微软具体是怎么做的呢？微软依靠 Azure 云平台为社交提供了创新的土壤，依靠 Office 365 服务打通了移动与办公的连接点，依靠 Cortana 在 Windows Phone 与 Microsoft Band 上的表现展示了人工智能美丽的未来，Kinect 则在人与自然的融合上取得了不错的成果。

这些我们了解或者并不熟悉的方面，表现的是微软作为一家跨国公司的态度。“互联网+”做的工作是打破常规，让互联网技术与传统行业结合为新的生产力。而真正落地还需要这些核心技术在具体的项目中发挥作用后，产生化学反应。

只有在中国运营超过 20 年的科技企业才有能力找到其中的问题，并给出解决方案。这是对中国市场发展长期研究的结果，也是微软作为跨国企业对中国的态度。

“创业+创新”是“互联网+”的黏合剂

李克强总理提出将制定“互联网+”行动计划时，同时鼓励了创新创业。近年来，互联网的大行其道，也引发了科技创业的热潮，创业人群所带来的新的创新商业模式，正是突破传统行业封锁的最佳武器。

根据数据统计显示，中国的中小企业创造了超过 60%的 GDP，它们中大部分都诞生在互联网时代，对云计算有着天然的依赖。2014 年，中国云计算市场规模达 1174.1 亿元，而 2013 年这个数字是 606.8 亿元，现已增长了 93.5%，市场前景不言而喻，而业内人士也普遍认为，云计算将在中国催生出下一个万亿级市场。

另一方面，很多成熟的大公司也在面临互联网转型，对于他们而言，在“新常态”下，他们何尝不是面对二次创业，而创新必然是二次创业的基础。

对于跨国企业微软来讲，正在向云计算全面转型，微软也在像初创企业一样，通过不断创新来实现转型。在中国市场耕耘了 20 多年的微软在“互联网+”的大生态圈中，能为创业和创新做点什么？

据了解，作为第一个将国际品质的公有云服务引入中国的企业。在中国正式商用不到一年的时间里，微软云 Azure 已经拥有了 20000 余个企业用户。微软云 Azure 也为企业尤其是创业者带来了更多的附加价值。微软在全球拥有 19

个数据中心，同时也是唯一一家可以为中国企业提供既包括在中国本地，也包括在全球范围内云服务的公司。

在李克强总理的报告中，指出希望引导国内互联网企业拓展国际市场。微软 Azure 云服务具备的国际化运营经验，正可以让这些企业缩短拓展海外市场的时间，并将精力放在核心业务上，而无须为云服务拖累过多。

在中国，微软将很多工作都集中在为创业者服务上。不仅在微软云上提供开放的平台环境，还通过 Windows 免费授权等形式，与深圳的近 20 家传统制造业代工合作伙伴，共同推出了 80 多款全新产品，帮助他们打造自己的品牌。在中国，微软通过云加速器计划深入创业生态链，悉心帮助初创企业寻找市场和用户，甚至微软自身也非常愿意成为创业企业的第一批用户。

创业者是创新的新鲜血液，他们的成长会对“互联网+”起到黏合剂的作用。微软对中国创业群体的投入，也实现了“与中国共创造”的承诺。

2.9 浪潮云，开启任性扩张模式

在 2015 年，浪潮集团在北京对外发布了 2015 年“浪潮云”全新战略，表示将基于自己多年的中国政府、行业、企业信息化的实践经验，联合合作伙伴为区域政府、行业部委和大型企业转型升级提供支撑，并为“互联网+”、“中国制造 2025 规划”和“一带一路”等重大的国家发展战略提供基础支持力量。

同时，浪潮宣布将浪潮云作为独立品牌运营，并将投资 100 亿元完成全国云中心的布局，这包括建设 7 大核心云计算数据中心和 50 个地级市云计算中心，为全国 200 个区域政府、40 个行业部委、200 个大型企业提供云服务。

雄厚的实力

从云计算的角度讲，浪潮有几个独特的优势：一是多年来形成的软硬件一体化的优势；二是在行业应用上的经验沉淀，对客户需求的把握、方案呈现和实施能力上都具有独特的优势；三是较早布局了云计算，在技术平台和专业标准上都具有先入优势。

多年来，浪潮一直服务于地方政府、行业部委和大型企业。根据资料，目前 27 个省份的 800 多个区县是由浪潮提供的一体化云计算解决方案；15 个部委的规划是由浪潮牵头的；中央企业，国务院国资委 38%的企业，500 强中有 26%都是由浪潮提供多年服务的。

可以说，浪潮是最理解目标客户的业务现状的，最知道他们的应用架构和原有的技术情况，以及下一步业务发展趋势的厂家。实力不可谓不雄厚。

靠谱的战略

浪潮把自己的云战略用“4321”进行概括。即要打造安全云、行业云、服务云三方面的能力，并以此支撑中国云的对外输出，通过“打造全国云计算中心布局、整合全球资源加大技术创新、打造完善的生态环境”三个举措，恪守面向客户和面向合作伙伴的两个原则，实现为 200 个区域政府、 40 个行业部委和 200 个大型企业提供全面服务的阶段性目标。

这里面，安全云和行业云都体现了浪潮多年来实践经验的沉淀，是浪潮区别于其他云服务提供商的竞争优势。

值得注意的是服务云。服务云可以看出浪潮以客户为导向的产品思路，浪潮反复强调他们要交给客户的不只是硬件设备或资源池，而是从整个咨询到实施全过程的服务，是一种更好地帮助客户升级或转型的经验，希望能给客户最大的帮助。

在举措方面，投资 100 亿元打造全国云计算中心布局的工作已经开始进行，现在已经完成北京、济南核心云计算数据中心和 14 个地级市云数据中心的建设；创新上，云海平台和 K1 都体现了浪潮强大的研发能力，2014 年，浪潮申请专利 2500 项，其中 82%和云相关，浪潮云专利云标准数量在中国排首位；生态方面，浪潮正在推动组建包括云安全联盟的各种合作组织，并将浪潮云独立出来，邀请各路精英加入。

浪潮集团董事长兼 CEO 孙丕恕说，“经过很多年的实践，浪潮形成了自己一整套的方法论”，也找到了从产品供应商、方案供应转型成服务商的路径。在几乎每个公司在战略发布会上都只是畅想目标，推介产品，能像浪潮这样在发布会上这么认真地进行自我剖析，并真正从客户的角度来阐述公司产品和服务的设计初衷的公司可谓不多。可以说，很靠谱。

清晰的定位

首先，浪潮云定位在政府、部委和大型企业，而非小企业和个人用户。这一下就与现有的其他大多数云服务提供商有了明显区分，也体现出浪潮精准的目标群体定位思路。

按国内某位云计算专家的话说，云计算解决的就是大数据、大系统和大用户的问题，对以私有云或混合云为主要形式的浪潮行业云来说，政府、部委和大型企业正是具有这三“大”问题的典型用户，再加上多年来政府和行业的经验积累和关系积累，浪潮在政府和相关行业中已经有了很大的市场占有率和市场接受度，从产品向服务的转型会非常自然顺利，也自然是政府和行业客户的首选服务提供商。

其次，浪潮云服务公司的定位是提供平台，在应用层面，与浪潮软件，浪潮国际其他的应用软件开发商都能结成良好的合作伙伴关系，这样就能带动整个生态一起打造更加完善、安全可控的云服务平台，为客户提供服务。

会刺激到谁的神经

随着企业用户对云计算的接受度日渐提高，越来越多公有云服务提供商也开始转向企业市场，如阿里云、青云等，但由于和浪潮的产品层级不同，所以双方虽然也会有竞争，但更多情况下可能会以合作的方式对外提供服务，所以浪潮任性扩展的模式会引起他们的重视，但至少不会显得太刺激。

倒是华为、曙光、IBM 这些原本的竞争对手，可能会开始紧张起来；毕竟，中国的云计算市场正蓬勃发展，行动的迟缓就意味着市场的丧失，现在浪潮已经迈开了奔跑的步伐，其他企业应该也快了吧。

2.10 宝德云：一朵小而美的技术云

常常被问起宝德云的特点，可以这么说：宝德是硬件服务器厂家中，云计算做得最好的；在云计算服务厂家中，独有硬件研发能力和自建机房的。这种玩笑话可以褒贬两说。

我们且看且说。

以公有云为切入口

与友商不同，一开始切入云计算行业时，宝德就认为云计算的最大价值是在互联网行业。公有云对租户隔离、网络、安全、性能、成本等方面都有严苛的要求，可以说经历了公有云业务的考验才算是真正拥有云计算服务能力。所以，宝德做云的切入口是公有云。

稍微介绍一下背景。宝德集团包括了很多子公司，子公司又分别包括了不同业务模块的子公司。比如：网络发行公司中青宝包括游戏发行、游戏研发、开发者社区等游戏行业各个链条；英宝通包括广告、微软软件分销等业务；宝通集团拥有 Intel 等 IT 产品全球分销业务；宝德控股包括了房地产投资、创投、基金等业务。宝德控股投资了很多互联网公司包括专注大数据业务的公司：宝腾互联、速必拓、宝德计算机和宝德软件，这些公司专注 IDC、CDN 机房建设、运营、硬件研发和软件研发。

基本上，宝德云是为宝德生态体系提供稳定可靠的各类云服务而生的。而做云计算平台的宝德软件成立于 2008 年，历经数年研发、反复立项，数次开发、测试之后，最后选择了 OpenStack 开源云计算技术架构。在集团互联网公司宝德网络的业务支持下，于 2012 年，宝德软件基于 OpenStack 云计算架构的公有云达到万台虚机规模。

紧接着，宝德在软件定义网络（SDN）、软件定义存储（SDS）等研究方向上大力投入，结合各种软件技术于 2014 年推出“大数据一体机”、“云计算一体机”；2015 年，宝德云基于计算存储超融合架构，设计全新的融合一体机 (Cloud In Box)，为广大企业级客户提供基于超融合架构的混合云服务。

这样，宝德整体云架构和产品基本完善。

以超融合和开源软件为契机

超融合一体机 2015 年很火，它是开源软件与硬件研发相互融合，互为驱动的成功典范产品。软硬的融合度越深，一体机的性能就越高；传统的一体机是把交换机、KVM 定制服务器打包到机柜简单封装而成一体，而软硬深度融合的超融合一体机，存储与计算节点可以互为灾备，基于容器技术的超融合一体机更灵动智能。

关于应用市场，宝德云曾在两个方向上做过尝试，硬件超融合一体机和基于容器技术。

最后宝德云选择与容器厂商一起共建应用市场。一方面让用户能够很方便地在宝德云上直接使用第三方服务。另外通过镜像帮助用户实现一键部署，降低用户运维的难度。将第三方的应用和企业技术所需的软件和 IT 服务聚集实现企业级的 IT 服务平台。所以，我们看到，随着云计算技术在各行业的应用，开源技术与硬件研发深度融合带来较多创新的机会，特别是传统企业用户的 IT 架构陈旧，技术水平相对较低，这也是为什么在 2015 年，超融合一体机概念火热的原因之一。

宝德借助这个机会，推出了支持多 GPU 的服务器，并积极研发一系列安全产品。同时，基于超融合这类新技术，宝德紧紧抓住开源的机遇，与各方开源技术厂商携手合作，领域包括容器技术，分布式存储技术等。整体策略如下：

1. 整合容器，广泛支持 PaaS 与 IaaS 的整合方式；

2. 推出容器一体机计划，精简部署、开箱即用；

3. 容器、软件定义基础设施、标准硬件紧密结合，开发以用户应用为中心的行业解决方案。

4. 利用容器技术实现公有云平台应用市场及混合云。

在这一系列活动中，宝德积极支持和参与开发者社区活动。2015 在 Ceph 北京、上海的开发者社区活动上，宝德云技术团队分享了 OpenStack 整合容器与分布式存储技术的经验。

私有云项目快速落地

传统企业相对于互联网公司来说更保守，对于新技术的接受程度相对较慢，技术水平也相对较低，他们更习惯依赖熟悉多年的供应服务商，对数据的安全也更谨慎。

宝德的用户在接触云概念之后，想要上云，通常先在宝德公有云平台上进行测试，然后选择由宝德云团队专门定制的私有云解决方案。如此一来，通过私有云项目对云技术有了进一步了解之后，大多数的客户选择的路径是：一些对资源弹性扩张要求较高的业务可以放到公有云中，然后与私有云打通，形成混合云。宝德基于 OpenStack 开源云计算技术架构能很好地做到这一点。

目前宝德私有云已落地政务行业如江苏国税、视频业务如安徽广电、还有教育行业等。另外在高能物理、深度学习、生命科学等科研领域也都有项目正在沟通或实施。

做 PaaS 生态

开放宝德云应用市场，培育 PaaS 生态，实现容器技术混合云。

企业的技术人员可以通过宝德云 IT 服务平台，购买其所需的软件和 IT 服务，并基于宝德云的 IaaS 服务实现快速部署；而 ISV、PaaS/SaaS 服务商都可以借助 PaaS 市场快速获得更多用户。而 PaaS 类型的服务，通常来说是一些大数据分析类的软件集群服务，这样的服务提供商会在自己的账户里部署大的集群，集群要能够自动伸缩、弹性扩张，每个用户可以有各自独立的账户，这样用户可以通过内网直接访问 PaaS 资源，得到非常好的用户体验。

宝德云 IT 服务平台也可以跨云、跨网实现容器化应用在公有云、私有云的灵活交付。

做生态系统

宝德的自有业务生态也携手合作伙伴共建业务生态融合，形成独有格局的生态体系。当前做得较多的是与各类孵化器的合作。

深圳作为创新前先锋城市，前海、深圳湾大街、软件基地、各科技园区都在朝着孵化器方向转型，一些创股基金甚至自行运作独立的孵化器，各孵化器定位各有小异，科技园区一般是提供完整的企业服务，如工商财务法律加创业辅导，但像前海、深圳湾大街的孵化器更注重创投基金的引入。宝德云与孵化器的合作主要是从以下几个方面来开展。

- 携手伙伴组建创新企业服务联盟，为联盟伙伴和联盟伙伴的客户群提供完整的云服务；
- 携手各联盟伙伴定期在各孵化器或科技园区进行不同主题的活动；
- 开放公有云镜像市场，招募合作伙伴，培育行业 PaaS 生态；
- 集合集团公司力量与孵化器共同推广创客文化，服务创业者。

总体来说，面对万众创新的互联网初创企业，面对传统企业转型，宝德云将聚拢合作伙伴和集团兄弟公司的力量，向各行业纵深领域发展。宝德开源软件技术能力和硬件研发能力互为驱动，不断创新产品，提升技术服务，发挥全国销售网络和集团生态圈作用，达成愿景。宝德云的愿景是携手各行业上下游，共建良性云生态，与合作伙伴共同做大做强中国的云计算产业，实现“中国云 · 宝德云”的战略目标。

第 3 章

云计算改变科技格局

云计算，正在改变世界。

中国云准备鏖战国际，海外云企图豪取中国市场。

传统科技格局，因云而变。

他们的出路在哪里？

3.1 中国公有云海外鏖战，进军北美意义重大

中国公有云出海，在 2015 年开始进入实质阶段，先有阿里云进军北美，随后腾讯云也开启了进军北美的步伐。

2015 年 3 月 4 日，先是阿里云宣布开放其在北美的数据中心，该数据中心位于美国硅谷，这是继杭州、青岛、北京、香港、深圳之后，阿里云在全球的第 6 个数据中心。随后，阿里云登陆北美的消息被渲染成中国公有云服务“出海”，其意义甚至拿来与微软云和亚马逊 AWS 入华相提并论。

公有云是全球化的选择题

先从一个大趋势：全球化的角度来看一看。

如今，中国有非常多的创新型世界一流的公司，他们的品牌在世界范围内都是很有影响力的。

越来越多的中国企业正在走出去，这也意味着他们将面临全球范围的竞争，他们的 IT 架构和业务需要能够适应越来越大的业务需求，同时也适应全球性竞争所提出的诸多规范。

尤其是，全球化的运营能力。

用中国的游戏企业来举例，这是一批正在迅速全球化的群体，这种扩张的速度甚至是几何级数的。有数据显示，中国自主研发网络游戏海外市场实际销售收入，在 2012 年仅为 5.7 亿美元，但是到了 2013 年竟然增长到了 18.2 亿美元，而到了 2014 年，这个数字已经达到了惊人的 30.76 亿美元。

在传统行业国际化的路线步履维艰的时候，游戏产业已经迅速实现了走出去，用数据和海外用户量换外汇，而不是我们熟悉的输入生产力，这是第一个趋势。

在游戏产业中，还有第二个趋势需要注意，就是现在的游戏越来越“Online”化，迭代的速度也越来越快，因此游戏行业已经表现出很强的去 IDC 趋势，公

有云成为他们的首要选择。

和游戏产业类似，中国的科技企业、互联网企业，甚至贸易型的创新企业都在寻找全球化的路径，中国的企业不仅了解中国的情况，也了解世界发生的变化，加之他们所面对的巨大竞争压力，中国企业会成为“工业 4.0”非常强有力和快速的采纳者。

而作为全球化最重要的阵地，北美市场是中国企业都想征服的市场。所以腾讯云进军北美，是恰逢其时，更是用户的选择。

另一方面，国内企业正在“互联网+”的热潮中寻找下一个机遇。尤其对于传统行业而言，他们随着中国经济的腾飞，最终步入全球化之路是迟早的事，而“互联网+”能够以最快的速度打开国际市场之门。

对于中国传统行业而言，他们的全球化之路，就是“互联网+”的海外之路，这需要中国的公有云企业在海外支撑他们未来的业务拓展，腾讯云已经占领先机。

在 AWS 的主战场如何发挥实力

当然，在北美，我们都不能忽视一个问题，这里是 AWS 的大本营。

没错，AWS 确实是公有云领域最敏锐的猎手。2014 年，AWS 副总裁 Ariel Kelman 就已宣称，在诸多中国企业的海外扩张版图上，AWS 的云计算服务起到了重要作用。他认为，中国企业在全球化发展进程中遇到的首要问题是全球运营能力，而 AWS 能够在海外提供这样的能力。

可是，我们知道公有云在一定程度上是数据驱动的经济，中国政府在面对海外云计算公司和安全公司在国内本土化时，表现出极大的谨慎。在北美，中国的企业也必然会遇到双重标准的待遇。从这个角度上，中国的企业更应该选择本土的云服务商进行合作。

其次，AWS 在中国本土化的进度相当缓慢。换言之，成熟的中国企业在国内多数并没有采用 AWS 的服务。那么在国内和国外，采用两套不同的云服务模式，也是需要磨合期的。互联网时代，时间不等人，如果说过去北美市场没有落地的中国云服务商可以选择，那么如今腾讯云已经正式进入北美，何不降低企业在云服务商的风险呢？

最后，从 AWS 自身的角度，其实在北美也并非铁板一块。云计算正处于传统企业的转型初期，尚未进入黄金期，很多北美企业还是第一次接触云服务，市场空间还足够大。

另外，亚马逊在招聘和薪资方面对股票也是十分依赖的。他们支付低于市场水平的薪资，签约支付前两年的奖金后，之后的收益与股票价格水平挂钩。每当这部分奖金要兑现的时候，你会看到满大街都是亚马逊人的简历。AWS 如果不能从亚马逊独立，人才的流失将会在 AWS 未来的成长中变成最大的阻力。

当然，在 Gartner 有关云计算竞争力的魔力象限中，AWS 还是其中最有力的竞争者。但是，在北美市场，国内的腾讯云和阿里云已经相继登陆，仗要一场一场地打，小胜累积为大胜的时候，就是正式挑战 AWS 的时候。

在海外市场上接二连三的动作，是腾讯云国际化的战略一步，在未来腾讯云应该会随着客户群的全球化，加速自身全球化的进程。

去北美，海外架构支持吗

首先从腾讯云在国内数据中心的能力说起。腾讯位于天津的数据中心，在 2008 年投入建设，2010 年正式投入运行，共计 8 万平方米，约 20 万台服务器，是亚洲最大的数据中心。

在这里，能够体会到腾讯云的最新的能力。比如腾讯第三代数据中心，完全由腾讯标准定制的微模块构成。每一个模块都由 12 个微模块构成。腾讯的每一个微模块仅占地 15 平方米，但却相当于原来传统意义的一个数据中心。在供电方面，腾讯第三代数据中心采用的高压直流供电模式完全替代了传统的 UPS。该数据中心具有高密度的整机架，其中一台相当于 80 台服务器。

由此可见，在技术上腾讯云已经完全具备了向外扩展的基础。那么海外架构的情况呢？

2014 年 7 月，腾讯云开放了其在中国香港地区的数据中心，这也是腾讯云出海的第一站。腾讯云在中国香港地区的数据中心采用国际 BGP 线路，主要提供面向亚太市场的中国主机和面向欧美地区的美国主机。至此，香港成为了腾讯业务拓展至全球的重要阵地。

目前，腾讯云在中国香港地区已运营快两年，这种本地化的感受获取方式是不可替代的。尤其，在腾讯云不仅提供云技术产品，也会结合客户的需求，提供针对性的服务和优质的整体解决方案。这种尝试，为腾讯云在海外市场提供本地化服务积累了经验。

一切的基础和架构已经具备，那么腾讯云去北美，到底要干什么？

其实，因为腾讯自己的 QQ 和微信等业务需要，腾讯早在 2011 年就在北美建立了机房。据了解，这个机房已经为北美用户提供了强有力的支持和服务。该数据中心也发挥了腾讯大公司全平台服务的优势，与北美多家运营商互联，减少了在网络中转中出现时间延迟和故障问题，服务范围覆盖整个北美洲。

从腾讯的业务组成来看，相比阿里云，腾讯在北美拥有更大的客户群，考虑到阿里云的北美数据中心达到了超 Tier-3 的水准，那么大胆预测腾讯云将开发的北美机房水准会超过阿里云，将无限接近 Tier-4。

换句话说，经过腾讯公司多年的运营，和腾讯云新的数据中心运营理念，数据中心开放不过是只欠东风而已。现在我们要做的就是坐等以上的分析成为现实。

最后，在“互联网+”的背景下，云计算作为整个国家战略落地的重要手段，中国的公有云服务商，就是中国互联网企业推向海外市场的跳板，珍惜这样的机会吧。

3.2 阿里云挑战 AWS，马云的梦想显然更大

AWS 用 10 年时间成长为亚马逊的最大血牛。阿里云则用 6 年时间走到了 AWS 的面前。

早在 2013 年，亚马逊创始人贝索斯就曾表示：“阿里云将是亚马逊 AWS 最大的竞争对手”。那时的贝索斯，未曾料到今天 AWS 的成长超乎了当时的想象，他更想不到，阿里云能够如此快地走到他的面前。

阿里云在 2015 年正式宣布要向世界第一发起冲击。以今日之视野，去看未来的公有云格局，阿里云的胜算会有几重呢？

从亚马逊财报的相似性看阿里云的未来

2015年4月，亚马逊发布的2014年全年的财报，产生了令人震惊的效果。2014年全年，独立核算的AWS，全年收入额达到了51.6亿美元。在亚马逊业务整体平淡甚至亏损的背景下，作为亚马逊云计算业务的AWS，成为了亚马逊整个公司少有的亮点。

尤其是，AWS在亚马逊的重重拖累下，仍然在不断增长。

亚马逊在收入报告中指出，2015年第一个季度中AWS从15.6亿美元的经营收入中盈利2.65亿美元，年同比增长49%。这意味着，2015年全年，AWS的收入至少会达到62.6亿美元。在亚马逊公布的2015年Q2财报中，AWS更是超乎预期地达到了18.24亿美元的收入，增长81%，利润达到了3.91亿美元。

为什么要花这么长时间来描述亚马逊AWS？

因为AWS之于亚马逊，和阿里云之于阿里巴巴，有类似的发展曲线。2006年诞生于亚马逊的AWS，开始一直是默默无闻的幕后角色，跟阿里云一样，在诞生初期始终只作为阿里很多业务背后的技术推手。

直到2015年，AWS在亚马逊整体业务占比仍不足8%。相比而言，更年轻的阿里云在阿里巴巴集团业务中的占比更加微不足道。

可是，要知道，AWS以不足8%的业务占比，却为亚马逊贡献了36.4%的利润。相似的经历和业务属性，证明了阿里云在阿里巴巴未来业务中的潜能远远不止于今天的数字。

其次，从2015年AWS和阿里云的成长曲线上看，两者之间也有非常近似的地方。这个季度阿里云以106%的成长率超过了AWS的81%，他们都是各自集团中成长最快的业务，也都被看作面向未来的业务。

2015年底，阿里巴巴宣布了60亿人民币投入阿里云业务的计划。种种迹象都表明，阿里云将成为阿里巴巴未来业务的重头戏，阿里财报与亚马逊的相似性，显然已经从侧面证明了这一点。

先从市场的角度来看阿里云的空间。

据IDC预计，中国公有云市场规模在未来几年内将保持高速增长，到2018

年中国云计算市场将达到 20 亿美元。2014 年阿里云在中国公有云市场份额排名第一，市场占有率达 29.7%，超过亚马逊、微软和 IBM 在中国市场的份额总和。

但笔者认为，IDC 对中国公有云市场规模的预期过于保守。在市场面对公有云的判断一片乐观，公有云创业比比皆是的状态下，在 2018 年达到的 25 亿元的市场规模，也是很有可能的。

如果按照 SunTrust 分析师的预测，到 2018 年，阿里巴巴云计算业务收入将达 12 亿美元。那么阿里云的市场占有率还有可能进一步提高。

回到阿里巴巴本身，阿里是一个正在全球化的中国企业。但是，电商等产品走出国门，抢占国外市场的成本是非常高的。而技术和服务，则是走出去很好的敲门砖。阿里云，完全可以立足国内市场，通过海外布局，成为阿里巴巴全球化的前站。这一点也与亚马逊类似，贝索斯的电商帝国扩张的速度，跟 AWS 成功登陆各大洲是密不可分的。

再从技术面上来看，阿里云在 2015 年的云栖大会上，刚刚推出了一系列的新产品，阿里云推出的各项产品和服务正在逐渐成熟。过去对比 AWS 和阿里云时，我们常说阿里云的产品主要集中在基础服务，而 AWS 在功能上完胜。今天，阿里云提供的服务已经丰富多了。尤其是阿里云计算类产品 ECS 持续保持了强劲增长，同时存储、安全、大数据类产品也表现出良好的势头。

从阿里的财报看到了阿里云与 AWS 的相似性，并以此判断阿里云的未来会向 AWS 慢慢接近。其实，笔者更愿意看到阿里云在不久的将来对 AWS 实现全面超越。因为阿里巴巴相比亚马逊有更丰富的产品组合，背靠中国的互联网成长，也有更强的现金流。在这个背景下，阿里云的成长路线在中前期会接近 AWS，但在后期则会走出跟 AWS 不同的路。

比野心，阿里云赢在未来视野

马云 2015 年在美国接受采访时，曾对亚马逊有过这样的评价，“亚马逊只是个购物网站，而阿里巴巴则是一种生活方式”。这种看似调侃的论调，实际上是两个公司视野的对碰。

阿里云总裁胡晓明，明确提出阿里云将在未来的三四年内，完成对 AWS

的超越。尽管，在 Gartner 有关云计算竞争力的魔力象限中，亚马逊高居榜首。但胡晓明相信，阿里云的成长和野心会驱动阿里云在不久的将来实现超越。

其实，在亚马逊 2015 年第二次公开的财报中，只占公司整体营业总额不足 8%的 AWS，却为公司利润大盘贡献 36.4%的利润。AWS 对亚马逊来讲变得越来越重要，这到底是好事还是坏事？

一直以来，AWS 将从亚马逊分拆的消息不断。因为亚马逊陈旧的商业模式和人才机制在一定程度上会限制 AWS 的发展空间。随着公有云服务在全球范围的迅速启动，AWS 借助先发者的优势，一度一骑绝尘，并迅速成为亚马逊公司的造血机。

可是，如果亚马逊坚持不让 AWS 单飞，则 AWS 仍然会受限于亚马逊的管理体系，难以突破。如果贝索斯的视野足够宽，也许 2014 年的 AWS 就已经具备了单飞的可能。这是一个公司的视野决定的。

反观阿里巴巴，马云曾多次为阿里云站台，并将阿里云作为阿里未来的核心业务之一。在马云理想中的 DT 世界构架中，阿里云承担重要的角色，作为数据运算的驱动力，阿里云正努力让云计算成为世界的能力。

可见，从发展的眼光看，AWS 还徘徊在拆与不拆，而阿里云的目标却已经非常明确。从野心的角度，马云稍胜贝索斯一筹。同理，阿里云未来的落脚点首先就比 AWS 要高。

对标落地，AWS 输在本地化

一定程度上，我们可以把云服务的落地看成杀出去或走进来的重要标准。

阿里云的国际化和 AWS 的中国本地化，这两者之间的对比，也许能够判断这两家公司在公有云服务的全球化拓展上的步调。

早在 2013 年，AWS 就准备在中国实现本土化运营，当时 AWS 的前店后厂模式掀起轩然大波，令国内云服务厂家胆战心惊。可是，当时间过渡到 2015 年，我们却发现，所谓“后厂”的西部云基地，仍然毫无踪影。

针对此事，据说有很多媒体同行都对 AWS 进行过询问，但 AWS 并未给出圆满的答案。这不得不令人感到可惜。这两年，是中国移动互联网发展最为迅猛的两年。两年，中国市场已经足够诞生几十个估值上亿美元的互联网公司，可谓时间不等人。

反观阿里云，胡晓明说，“阿里云的云计算中心已经迁到全世界 5 个地方，我们从中国内地走向世界，在中国香港地区、美国建立自己的云计算数据中心。”尤其，在 2015 年阿里云宣布第一个开放的北美数据中心落户硅谷。这种主动出击的方式，除了宣告自己的技术和服务已经足以成熟到在北美与 AWS 短兵相接，另一方面也是全球化战略的迅速落地。

在云栖大会上，胡晓明更宣布，阿里云将在北美开放第二个数据中心，同时，阿里云的数据中心全球化路线图，还包含了欧洲、印度和中东等地。中国移动互联网产业正在蓬勃发展，海外市场，尤其是成熟的北美市场是业务走出国门的首选，这需要本土的云服务提供商在北美提供本地化的支持。尽管，北美是 AWS 的家门口，但显然对于国内企业来说，中国本土的服务商更值得信任。而发展北美用户，则是在 AWS 的虎口夺食，哪怕一点点份额都是一次大的胜利。

由此可见，阿里云将在全球范围内向 AWS 发起挑战，而在国内市场，AWS 对阿里云的威胁，甚至不如一些国内的云创业公司要来的凶猛。以今天的视野来看待未来的市场争夺，逆水行舟，不进则退。AWS 的中国本地化，显然输给了阿里云的快速全球化。

大生态阿里云的路线图更丰富

当年，从技术的角度看，IBM 才是最有理由成为公有云市场领导者的公司，但因为当初的亚马逊敏锐地意识到这个市场的存在，第一个投身到公有云市场，并造就了今天的 AWS。

所以，分析亚马逊在公有云市场的主要优势，是集中在时间沉淀方面，以先入者优势取胜。而作为后来者的阿里云，却是以生态取胜的。无论是各种类型的合作伙伴，还是对开发者和创业者生态的建设，阿里云都是走得比较靠前的。

而在阿里云首次披露的阿里云生态全貌中，阿里云全球合作伙伴发线图清晰地描绘了 10 大类 IT 服务商 DT 世界转型的路径。

其中一个最大的变化是，未来三年，阿里云计划通过 2000 家大型合作伙伴，输出 500 个行业解决方案。按照生态路线图的规划，阿里云将继续专注于云计算基础设施的研发，为客户提供公共云服务、混合云服务、专有云服务三种部署模式。合作伙伴基于阿里云计算和大数据能力，直接向客户提供行业云、行业应用、行业解决方案、硬件等服务。

阿里云业务总经理刘松认为，只有生态的力量，才能满足纷繁复杂的客户需求。云服务是下一个万亿级市场，在阿里云上一定会诞生比阿里云更大的云服务商。这也是，阿里云所表达的，未来会支持诞生一万个阿里的信心所在。

换言之，做大一个企业，不如做大一个生态，所谓的“阿里云＋”的生态战略，其实就像一个云计算的“大淘宝”模式，所以与淘宝一样，阿里云会变成一个平台模式，所有行业应用、IT 人工服务与客户化服务的服务空间都留给合作伙伴，并以此做大整个生态。

总而言之，阿里云一方面既有马云征服世界的野心，承担着迈向 DT 世界的驱动力；另一方面，在实际的战略落地和生态建设上，也并没有束缚手脚，动力十足。而 AWS，在承担了亚马逊的血牛角色之后，长期定位值得怀疑，而在中国本地化和生态建设上，只能算延续先入者的优势，相比阿里云实在是落了下风。

未来充满变数，但在迈向未来的路上，阿里云的加速度显然更快，在与 AWS 争锋的路上，一切皆有可能。

3.3 把技术看成长跑，百度开放云来得并不晚

看待一个市场进入者的早和晚，是可以完全依照时间顺序来判定吗？就像如今大家对百度开放云的评价一样，“市场的后来者”。这种判断是否真的合理呢？

从百度正式推出开放云的时间来看，2015 年 4 月，这相比开放了 9 年的阿里云，和已经进军北美的腾讯云确实晚了，即便相比云创业公司 UCloud 和青云，也要晚上不少。

但是，云计算是一个要求长期技术积累的行业，从公有云市场上最强大的 AWS 和微软，到国内的阿里云，都是先有了云计算的应用和理解，通过自己的私有云技术积累，才走到了公有云的开放服务。可见，他们目前的市场地位，一方面是由市场先入决定的，而另一个重要的方面，则是由技术的积累决定的。

再来看，业界对国内互联网三巨头“BAT”产生的共识：阿里的运营，腾讯的产品，百度的技术。也就是说，百度在技术上的实力是受到广泛认可的，如果把技术看成长跑，那么百度开放云到底来得晚不晚？

开放云，始于百度技术的延续

百度是一家崇尚技术的公司，这从百度开放云负责人刘炀身上就能得到最直接的感受。简单，随意，朴实的风格，语言毫无修饰，绝不夸张，很标准的技术风。

刘炀说，“百度是一家以技术为核心的公司，是中国第一个建数据中心的互联网公司。在全国有很强大的数据中心建设，云计算是一个前期投入较大，并且需要长期技术积累的领域。百度在 2015 年 4 月才开放云服务，并不代表百度是 2015 才做云计算，相反百度公司从刚刚成立时，就是一家以云计算和大数据作为核心竞争力的公司。”

说到这里，必须要提一下百度私有云。业界对于百度云业务的认知，多数停留着百度云存储部分，至于这两点之间的区别，已经在第 2 章 2.3 节中有了详细论述，此处并不过多展开。

其实，百度在多年前，就已经开始了云计算的试水。目前强大的百度私有云架构正在支撑百度社区平台和企业平台的发展，支撑大量用户过亿的产品，同时支撑上百万企业客户的不同业务需求。目前百度私有云技术支撑了百度总计近千 PB 的容量，而且还在以每日 800TB 的速度增长。

正是百度在私有云方面的长期耕耘，才让百度在进入到开放公有云时有了足够的底气。刘炀说，“目前，百度已经建成了数十个 IDC，满足近 50 万服务器大规模集群部署，并构建了遍布全国的 CDN 分发网络。同时在整机柜、自研万兆交换机与 SSD、高温耐腐服务器等方面不断进行创新。”

据了解，百度在阳泉的云数据中心是目前国内最大的 IDC，总容量达 16 万台服务器，年均 PUE 低于 1.3，我们知道，公有云服务主要以 Iaas 层面的资源虚拟化配置为主，而硬件的规模决定了业务规模弹性的上限。从这个意义上看，百度开放云至少在 Iaas 层上的能力已经是业界最强的。

其实，很多人对百度有一定的误解，觉得百度除了搜索一无是处，但如果从技术的角度来看，这种认知可以说是无知的。

天蝎计划，在 2011 年由百度作为主要发起方诞生至今，已经打造了一个开放的技术标准，形成了定制化的整机柜服务器解决方案，几乎颠覆了传统的数据中心。

大规模计算，百度有数千台服务器规模的全国最大的 Spark 集群。对于大数据的存储、大数据的算法，通过人工智能进行展现，并通过集成语音和图像识别以及强大的 DNN 模型服务，已经应用在百度大脑。更不要说，百度通过搜索业务积累的数据分析服务能力。

总之，云计算是一个需要长期技术投入的领域，更是一场长跑，不仅需要跑得快，更要跑得稳，跑得久。从百度长期专注于技术的角度看，百度开放云来得并不晚。

大数据中心起步就在制高点

当然，如果我们仅从百度技术延续的角度，就对百度开放云的前景表示乐观，这也许并不能够完全说明问题。那就从起步点来看。

刘炀为百度的云数据中心下了个定义：大数据中心。这里面有两层含义：第一，是硬件的规模够大，比如前文所提到的阳泉云数据中心的规模，是全国最大的；第二，是百度对大数据存储和分析技术的开放。

所以，仅从百度开放的云数据中心的布点来看，数量并不是很多，但每一个开放的数据中心的规模都足够大。刘炀说，百度也会陆续开放各地的数据中心，从华北、华南再到西部，其中中国香港地区的数据中心已在 2015 年下半年开放。

大数据中心的价值在哪里呢？

更大规模的数据处理，超大规模的弹性，资源空间的最大化。要知道，今天的互联网公司的成长速度都是几何速度，大数据中心对应的就是大应用，是对业务飞速发展的一种预判。

而且，相比而言，大数据中心因为规模效应，更有价格优势。这是一些云创业公司所不具备的能力。

再看大数据，每一个互联网公司，都是数据流量处理公司，大数据的压力和需求时刻都在增长。在大数据能力的开放上，百度开放云的 Hadoop 平台，构建了开放的大数据能力。同时，因为多年的搜索业务，大数据的存储能力和处理能力也足够强。

总之，百度可以提供数据的完整生命周期和价值链上的所有服务。这是其他同类的云服务商所不具备的。

从百度联盟到新云生态

每个云公司都是一个云生态的打造者，百度开放云又有什么优势呢？

百度创始人李彦宏曾经在 2015 年的百度联盟峰会上提到，百度将全面升级作为百度一大发展引擎的百度联盟，其中百度云业务、互联网金融和创投等方向将会是百度未来投入的重点。

所以，以百度联盟作为百度开放云的起步点，这个起点并不低。

据了解，百度开放云平台是百度实现闭环生态的基础，通过内部资源整合，百度旨在为开放云用户提供良好的生态服务环境。

分开来看，针对行业，百度开放云推出百度生态领域的行业解决方案，如在线教育解决方案等。

针对网站站长，提供集成化的建站组件和技术能力，帮助站长简单便捷地实现站点优化、无线建站等工作，未来，百度开放云还将整合百度推广及大数据生态资源，通过各类产品线的联动服务，助力百度生态客户 ROI 的提升。

针对创业者，百度开放云会集成及开放百度大量的大数据和人工智能的技术，使得客户及合作伙伴可以充分利用百度的这些能力，充分利用这些会思考的能力把业务做大做强。

刘炀说，百度未来将主要投入在 Iaas 和 PaaS 层，而 SaaS 层，希望能够和合作伙伴一同打造一个全新的云生态环境，让百度开放云可以全面帮助行业用户实现业务理想。

综合来看，百度开放云尽管在时间上看，是云计算市场的新人，但从百度的技术积累和多年来的云计算软硬件布局上看，百度开放云应该可以在不远的将来跻身云巨头行列。

3.4 Google 发力企业级云计算意欲何为

Google 又有新的大动向了，在 2014 年 Google 成立了一家子公司，整合了所有云端服务，包括企业产品部门 Google for Work、Cloud Platform 和 Google Apps。为了更好地管理这个刚成立的云公司，还特意请来了前 VMWare CEO 兼共同创办人 Diane Greene，来担任老板。新的云计算公司可以提供企业级的产品、开发、推广和销售，看来是要做完整的企业级云服务解决方案的节奏。

分拆、合作、收购

还记得 2015 年 8 月份时候，Google 联合创始人拉里·佩奇（Larry Page）宣布，已创立新的控股公司 Alphabet，Alphabet 将成为原 Google 旗下各项业务的总公司。原 Google 旗下的子公司和项目架构由此发生了一系列变化，包括 Nest、Fiber、Calico 和神秘的 Google X 都分拆成独立的子公司，并与 Google 一起组成 Alphabet 集团。

这是因为拉里·佩奇认为，“科技行业必须迎来革命，不落伍就必须有点不甘于慵懒的精神”。众所周知，Google 公司的搜索引擎和移动操作系统业务已经相当成熟。两位联合创始人拉里·佩奇和谢尔盖·布林下一步想要做的，无非就是将更多激进的解决方案和突破性的技术提升到与 Google Search 和 Android 同样的水平高度。

因此，在 Google 自己还在慢慢“习惯”这个新架构的时候，这个整合云端服务的新公司，也加入到 Alphabet 集团了，并且是进军企业级市场的公司。

那么，都做了哪些

首先，Google 为了帮助云计算业务更好地发展，在请来 VMWare CEO 兼共同创办人 Diane Greene 来担任子公司老板的同时，还收购了 Greene 创立的 Bebop，这个公司也正在建立企业应用程序的开发平台。

Google 透露，60%的世界 500 强公司都在使用付费的 Google 云服务，但其中最多的是邮件与在线文档服务。因此，Google 计划将收购的 Bebop 作为移动和企业客户与开发服务的企业云平台，结合 Google 自己的核心产品，包括 Android、Chrome、Gmail 和在线办公软件 Google Docs 等，做成一体化的解决方案。

其次，Google 挑选出适合企业办公的一系列套件进行推广。

一方面，Google 宣布了一个推荐企业 Google Apps for Work 项目，意思是打算提供给企业级客户一些建议的服务，反馈哪些才是最有效的基于云的第三方应用软件。当然，这也是为了改善企业级 App 的安全和质量。

Google 筛选了五个类别，推荐了八个供应商，包括：

- CRM 领域：ProsperWorks
- 电话领域：Ringcentral、Switch
- 项目管理：SmartSheet
- 文档管理：AODocs、 Powertools
- 身份和访问管理：Ping Identity、Okta

另一方面，Google 还在加强自己的 App 生态系统。Google 表示，已经开始测试一种新的方法让移动搜索变得更强大。具体来说，也是基于它的云平台，让用户无须下载应用就可以用流媒体的方式浏览应用内容。比如，当有人通过智能手机在 Google 搜索引擎上进行搜索时，它们的所有内容都可被检索，并可以流媒体的形式浏览内容。到目前为止，已经有 1000 多款应用创建了 1000 多亿个“深度链接”，包括 Facebook、Pinterest 及 Instagram 等。

除此之外，Google 在优化云服务上也加快了合作步伐。Google 与全球最大的分布式 CDN 平台运营商 Akamai 进行合作，为了优化网络质量，提高内容交付速度，并将其作为 Google 互联计划（Google Interconnect Program）的一部分。具体来说，Akamai 开放更多的管道给 Google 的云平台，这样二者共同的客户能够将流量从 Google 云平台直接传输至 Akamai CDN，这也将使 Google 云平台提供更具响应性的云服务。

未来前景如何

Google 一连串的整合云端业务、加强合作，以及收购的动作，很明显是瞄准了企业级云服务市场，要玩场大的。

正如 Forrester Research 在 2015 年发布预测，云计算在 2016 年将会加速发展。2015 年以来，亚马逊、微软等企业云市场的高速增长情况已给出了证明。

但 Google 与强敌亚马逊高调报告了 2015 年第三季度业绩，对比鲜明的是，没有公布云计算业务的营收，该业务营收被归类至“其他营收”中。

AWS 该季度营收为 21 亿美元，同比增长 78%；而 Google 第三季度其他营收同比增长 11%，至 18.9 亿美元。另据 The Information 网站报道，Google 的云计算业务 2015 年全年营收为 4 亿美元。

Forrester Research 同样认为，尽管 Google 具备很优秀的技术和规模，但是在企业级云服务领域，2016 年才会爆发增长。

但 Google 本身显然很有动力来做这个事情。Google 还透露，未来还会有更多的云计算部门出现。

3.5 AWS 从亚马逊剥离是必然选择

企业级云计算市场发展迅猛，AWS 是云计算市场的领导者，我们的问题是，AWS 如果继续作为亚马逊的一部分的话，对于 AWS 在市场上的发展是利大还是弊大？

亚马逊成功构想、培育并建立了今天的 AWS。我们很难想象传统 IT 供应商能做到这点，有这种意愿花那么多钱这么做。

因为 AWS 持续创新并能很好地贯彻执行，所以近期和中期的成功也就理所当然了。问题是 AWS 抓住这次发展机遇的能力有多强，能否在 IBM 和微软云存在的市场中取得霸主地位？早期的领先优势又将发生什么变化？从属于亚马逊对 AWS 来说自然有好处，但也有弊端，因为受到现金流和不良文化因素的竞争，所以难以集中精力。

增长速度为 42%，高于亚马逊整体 20%

虽然 AWS 的规模已经很大了，但是它也只是亚马逊的一小部分。2014 年在亚马逊整体 890 亿美元的营收中，AWS 只贡献了 56 亿美元，只占 6%。然而，AWS 42%的增长速度远超过亚马逊整体 20%的增速。

与惯于说“NO”的苹果不一样，当新的机遇出现的时候亚马逊总是迫不及待地说“Yes”。当然这有时候也是要付出代价的，比如就有令人失望的 KindleFire、惨败的 FirePhone、Fire Diaper 等。

可以看到亚马逊不善于抑制冲动，它在多个前沿地带进行的探索必定会在广泛的范围内占用到资金和人才方面的资源。亚马逊是个非常有意思的公司，它素来有“被人误解的意愿”，不畏惧批评，也从不在取得成功前给出积极的暗示。这种做法或许在产品市场（Product-market）还比较适合，但是 AWS 需要的远不止于此。

继续花钱，投入基础建设

云计算可不是省油的灯，需要大量的资金在世界各地建立数据中心，堆积数百万台服务器。

亚马逊在 15 000 台机器人和 10 个物流中心上的资本输出超过了在电子商务分发中心上的投入。Google 和微软都在架构研究上投入巨大，不同的是，Google 还在 Youtube、汽车、远洋、航空和航天汽车舰队，甚至太空电梯等研究上有投入。

2015年亚马逊在成长上表现垫底，它只有174亿美元的流动资产，Google则有644亿美元，微软也有902亿美元流动资产。Google想把亚马逊拍在经济压力的案板上，比尔盖茨说过："绝对不要跟比你有钱的人打价格战"。亚马逊显然没有了先前打价格战的热情，转而开始抱怨Google和微软在基础设施方面的优势。

亚马逊究竟是如何在花费更少成本的基础上服务了比微软和Google更多的云计算客户，还建立了数据中心和物流中心的？我们只能假设亚马逊的架构非常合理或亚马逊的云就是特别高效。

不过最近我们了解到，亚马逊使用了借贷资本，以此来充实数十亿美元的现金流。所以他们的资本开销比报道中的大概要多出一倍，这意味着现金流、一些投资指标都在下滑，不禁让广大投资者发愁。

对于低利润的零售商来说，"你的保证金是我的机会"，但是你还需要为数据中心付钱。只要把一块钱花在半熟的消费级硬件、随机电视节目或大型分发中心上，那么花在AWS上的钱就少一块钱，而亚马逊又必须继续在核心的电子商务上进行更多投资。

让人不喜欢的文化

至少对西雅图和顶尖的科技公司来说这是个公开的秘密，"没多少人喜欢在亚马逊工作"。许多公司来到北部开公司，比如DropBox、Facebook，他们都是为了便于从微软吸收人才。除极个别的以外，大多数公司都会把公司开在"亚马逊大学"附近。

亚马逊在招聘和薪资方面对股票也十分依赖。他们支付低于市场水平的薪资，签约支付前两年的奖金后，之后的收益与股票价格水平挂钩。每当这部分奖金要兑现的时候，你会看到满大街都是亚马逊人的简历。

亚马逊的股票价格大致能反映出市场对其预期。这是一家市场价值被高估的无盈利能力的公司。过去的一两年内一直有言论怀疑亚马逊是不是会走出"投资模式（Investment Mode）"，并且集中在经济回报方面。亚马逊在2015年第四季度迎来了一个意想不到的营收状况，股票上涨了25%，但是交易情况仍低于历史最高水平。

亚马逊提醒投资者要更多关注现金流而不是利润。在最近的电话会议中他们认为有必要利用租赁融资。这些东西在以前都被忽视了，一旦考虑这些的话，你就会发现现金流的画面在幅度和趋势上会有很大不同。现金流这么低是因为现在前所未有的低利率，这不可能持续太久的。

AWS 正在迅速成长，需要快速地加强人力支持来追逐市场目标。信任亚马逊的股票和华尔街给出的利润指标，增加了他们招聘和保留人才的风险。AWS 还需要建立一种能够满足企业客户期望的文化，这肯定与亚马逊现在的文化大有不同。

亚马逊的保密做法增加了用户对于 AWS 的不信任，影响到了长期发展路线。因为遮遮掩掩的企业文化疏远了 AWS 的员工。此外，亚马逊零售商无法理解作为一个平台式公司的意义。AWS 已经体面地做出了精品路线，但培育一个生态系统才是 AWS 成功的关键。

让 AWS 自由

综合分析，笔者觉得 AWS 脱离了亚马逊之后会变得更好。

AWS 完全脱离亚马逊或像 WMware 那样进行一个局部 IPO 的话，AWS 作为一个独立的公司个体，有了自己的文化，有了自己的补偿模型，从而可以全心全意地达成既定目标。亚马逊可以持这家新公司的股份来参与到追逐万亿市场的目标。另一方面，亚马逊也可以帮助 AWS 扩展用户（比如会有一些大型的零售商），随着亚马逊的扩张，这些影响也会对 AWS 进入媒体、消费类产品和别的行业带来积极影响。

AWS 的分拆或许已经正在进行了，亚马逊宣布将在未来公布一些数据，这或许就是第一步。这些数据会经过多方审查，最终呈现出来的会比较好看。我们可以发现 AWS 在改变资本支出（Capex）的庞大局面，开始使之走向轻资产化。也有观点建议 AWS 把关注点从关键产品设计移开，要更多地关注在亚马逊上。

AWS 在未来一年会脱离亚马逊吗？

3.6 京东云结合云计算和“互联网+”双重价值

“互联网+”，并不是空口白话，高屋建瓴。

一切缺乏底层架构的“互联网+”，都是妄谈。就像我们早期谈云计算，缺乏应用层支撑的、无法落地的云计算，也都是虚幻。

“互联网+”的意义，是以互联网的技术连接传统行业，使传统企业通过互联网化，实现转型和产业升级。而云计算，最直接的意义就是降低成本、使企业快速进入市场、提高效率。

如果从字面上简单理解，这两者似乎具有相同的转型价值。“互联网+”是企业转型的指导思想，云计算是企业转型的解决方案。

可是，如果把企业的范围进行细分，会发现它们的 IT 建设水平分布在信息化的不同阶段。它们的技术水平参差不齐，它们对互联网的理解相差极大。这种情况下，单纯的云计算并不能解决所有问题，甚至可能适得其反。

就如京东集团副总裁何刚所说，“‘互联网+’时代的企业需要的不仅是云计算的技术能力，它们还需要业务咨询、战略规划、资源输出等相关的服务。这是京东云与其他云计算服务商最大的不同，也是我常说的不止于云计算的真正含义。”

所以，京东认为，企业互联网化需要内外一致，全盘互联网化，而云计算则要服务于企业走向互联网化的不同阶段。京东云找到了什么样的结合点，又有哪些秘密武器帮助企业实现转型呢？

“互联网+”与云计算结合，结合点源于经验

内外一致，全盘互联网化，又谈何容易呢！

尽管“互联网+”已经成为整个行业转型方向的指引，但其实很多企业对互联网的理解，还处于比较初级的阶段。

何刚说："最初级的企业互联网形态，就像建个网站，投两个广告一样肤浅。"确实如此，过去，互联网仅被看成一个技术，一个传播渠道、手段，一些企业只是在现有工作流程基础之上，增加一个互联网的传播通路，以获得锦上添花的作用。

这其实就是企业互联化在外部的一种表现形式。而内部的互联网化，就是企业信息化的延伸。再进一步，就是产品的互联网化，从产品的制造到流通环节，全盘应用互联网的手段进行变革。这才称得上是内外一致的全盘互联网化。

以京东为例，京东就是一个全盘互联网化的公司，从企业的管理和文化，到产品和业务流程的打造，都融入了互联网思维和互联网技术。

所以，京东依赖自身对互联网化的理解，积累了足够的"互联网+"经验。这是其一。

其二，京东经历了 12 年的技术积累，京东云计算就是在这种沉淀之后的能力释放。京东庞大而复杂的技术体系，就是在这样的高速扩张中建立起来的，何刚说："京东实际上打造了整个电商全产业链的信息系统，经过内部几千名研发人员积累的十多年的信息系统建设经验，形成了以最终实践演变成的今天的京东云，并对外提供给我们的客户。"

在这个意义上，京东云还有两个主要的特点。首先，是完全的云化，京东自己的信息系统完全在京东云上运行，这等于对所有的京东合作伙伴做出了承诺，所谓命运一体。

其次，京东云更重视多种能力的输出，京东云除了计算的能力之外，还有电商运营能力、设计能力、咨询能力，实际上帮助行业的客户从业务开始，甚至从电商化转型开始，从无到有的系统建设，都可以给出实际的解决方案。

可见，京东对云计算和互联网化的追求都是经过沉淀的，不仅内外一致，也包含了针对企业不同成长阶段的研究成果。可以说，京东就是在自身的经验积累中，找到了"互联网+"和云计算的结合点。

如今，京东云开始将这些经验再次开放。京东云，又能为企业互联网转型提供多少能力呢？

京东云，能为企业互联网化提供多少能力

企业在“互联网+”时代，对云计算的需求，到底是不是一台虚拟服务器？

答案显然是否定的。这并不是云计算要解决的根本问题。云的方式，未来的变革是立体化的，在IT架构上更开放，在业务流程上更便捷。所以，这应该是涉及业务的顶层设计到运营和培训的一种全方位的系统升级。

何刚说：“京东的角色不是一个集成商，也不是软件销售商，我们的理念，是帮助我们的企业真正做一次转型，因为京东做得到。”所以，他希望能够和所有的合作伙伴做深度的战略合作，一起携手，共担风险，共享利益。

那么，京东云能够提供哪些能力呢？

简单来说，应该包含电商云、数据云和基础云。

第一，京东电商云。最初是京东内部各种电商资源和能力的云化，所以京东的云计算也可以称之为京东电商云。京东电商云包括B2B、B2C、O2O和咨询培训，主要是电商业务信息系统，提供软件、物流、运营、金融服务，包涵从营销到客服完整的电商运营环节。

第二，京东数据云。基于京东大数据，整合行业内数据的集合，并将帮助传统企业完成对数据的收集、存储、分析再到运用，通过系统建设、云计算专家、数据建模专家和开发者共同构成一个体系，形成一个大数据生态圈。

基于京东数据云，京东可以为传统企业提供可直接应用于业务中的、端到端的数据分析服务。很多行业用户都可以从销售信息、用户行为、供应链效率、客户满意度和财务数据上进行数据采集、挖掘及可视化分析。例如，2015年上半年对外推出的万象数据。这种权威数据的全行业数据开放交易平台，在国内应该是首例。

第三，京东基础云。其实，在京东的内部实际上并不分公有云、私有云，统称为京东云。这就是所谓的京东基础云。

京东基础云由私有云和公有云两部分组成。京东私有云的云存储系统稳定地支持了主站商品图片、订单、物流等200多个系统的运行。京东公有云服务

中的云主机服务、对象存储服务（云存储）通过了我国唯一针对云服务可信性的权威认证体系，最终获得了可信云年度电商云服务奖。

京东云电商云事业部总经理任成元表示，“京东基础云、电商云和数据云已经成为解决传统企业转型的重要利器。京东将以公有云、私有云和混合云的形式，把这些成熟的云计算、大数据和基础技术对外开放，为企业、政府、科研机构提供云服务。”

京东云，“互联网+”战略到底价值几何

在笔者看来，京东云“互联网+”战略的核心价值有三个方面。

第一，京东云不完全是云，或者说不止于云的真正意义，它超越了 IT 资源的范畴。我们知道，云计算就是一种 IT 资源服务。而京东云除了 IT 资源服务，还可以提供真正的物理资源服务，如仓储和物流。这是京东的优势所在。

第二，京东敢于完全云化。一方面，这是京东的态度，和对自身技术能力的信心，另一方面，用户和合作伙伴跑在和京东完全相同的平台上，可以不再有什么顾虑。很多云服务商还做不到这一点。

第三，京东是自营平台。也就是说，京东的电商基础数据来源，在商业的层面上，比第三方平台更严谨，虽然说很多大数据分析的数据也都源自电商平台或云平台，但数据样本的优劣，基本决定了大数据最终输出的结果。

从这几个意义上来看，京东云的“互联网+”战略，更像一次宣示，我在了，你还在等什么？

3.7 华为企业云的机会何在

有人说，公有云市场就像《中国好声音》，初期的格局是经过了一番划分的。但互联网巨头中的百度开放云，才刚刚启动，云解决方案提供商华为的公有云，还没有正式发布。公有云这个舞台上正不乏新玩家登台，四个导师，也并没有全部转身，余下的出线席位，也许还需要经过一番厮杀。

公有云生态正面对最好的时代

实际上，中国的公有云生态还远未到爆发期。

调研公司 IDC，在 2015 年初发布的中国公有云市场规模报告称：2015 年到 2018 年，公有云市场的年复合增长率将达到 33.2%。这个调研结果是根据过去几年公有云服务的增长，并结合行业的发展进行的预测。

笔者认为，公有云在国内实际的增长还会高于这个数字。为什么这么说呢？

首先，2015 年两会上，李克强总理在政府工作报告中指出要把“大众创业、万众创新”打造成推动中国经济继续前行的“双引擎”之一。

近几年来，各地的孵化器、创业园开始密集出现。2014 年上半年，仅中关村新创办的科技型企业就已经超过 9000 家。代表着科技创业圈子的 3W 咖啡，也是每天人满为患。这表示，当今这个时代的主旋律就是创业，更细分来讲，应该是科技和互联网创业。

而科技创业的显著特征就是云化。因为公有云服务，正在降低创业者的门槛。现在的创业模式完全不同于以前，人们对传统 IT 资源的依赖性越来越小，但云端工具的依赖性却变得越来越大，这些工具可以帮助他们将脑中的想法快速变成现实、转换为成功的创业模式。

这是公有云发展面对的第一个利好消息。

那么，第二个利好则是“互联网+”。2015 年 3 月 5 日，李克强总理在政府工作报告中提出国家要制定“互联网+”战略，首次将互联网建设上升到国家层面。经过几个月的解读，我们已经了解到“互联网+”的核心，是让互联网的技术对传统行业的流程进行改造。

其实，从现阶段所有对传统行业产生的颠覆的互联网模式来看，几乎没有一个不是通过云服务来实现的。互联网金融对银行业的颠覆，电商对传统零售业的颠覆，打车应用对传统用车业的颠覆，从大行业到小行业，选择了云服务的方式，就等于选择了高扩展、高弹性。

基于以上两点，可以下结论了。这个时代，就是公有云最好的时代，没有之一。

不同流派相同方向

最早将公有云发扬光大的，是美国的 AWS，基于互联网的商业模式，将冗余的资源和自身技术的积累向外界进行输出。这就产生了第一种公有云的流派——互联网派。

国内的阿里云，腾讯云，包括京东云都属于这个流派。他们的特点是有比较雄厚的资源积累，既包括云计算设施资源，也包括用户资源。同时，他们具有较强的技术和应变性，当然，互联网的模式本身就符合云服务的基本特性，即高速响应和随时随地。

因此，互联网公司提供云服务，就成了顺理成章的事。他们不仅拥有成熟的 IaaS 服务，更有根据业务原型提供的强大 PaaS 平台，基于互联网开放的生态，在 SaaS 层面也有很好的介入。以互联网公司为代表的公有云服务商，目前是国内最强的一个群体。

其次，是传统电信基础设施运营商，包括中国移动、中国联通和中国电信。他们的优势在于基础设施比较成熟，在 IaaS 方面，有先天优势。同时，所有的运营商，都在打服务牌。发展 PaaS 能力和 SaaS 能力，逐步走向规模化商用道路，是运营商在未来公有云市场上选择的角色。

再有，就是云创业公司，最近两年，各种云创业公司成为资本市场的宠儿。例如，UCloud 融资 1 亿美元，华云融资 1 亿美元，青云融资 2000 万美元等。云创业公司的特征是主要基于 IaaS 领域来提供服务，他们不轻易进入到 PaaS，但为了有别于其他竞争对手，其中的部分公司也在逐渐向 PaaS 过渡。

总体来看，目前公有云市场争夺的焦点，主要在 IaaS 市场。IDC 的预测认为，IaaS 在整体公有云服务市场中的占比将由 2013 年的 44%上升至 2018 年的 61.3%，成为公有云服务市场的最大子市场。

从这个角度看，虽然公有云服务商有很多不同的流派，但大家殊途同归，在未来几年里，焦点还会落在 IaaS 上。无论从互联网公司还是运营商来看，IaaS 服务仍然是立身之本，因为过渡到 PaaS 和 SaaS 以后，竞争者会相应增多，比如软件公司在 PaaS 和 SaaS 服务上有先天的优势，再比如很多互联网创业公司集中在 SaaS 服务上做文章。

所以，公有云巨头的未来战场，会主要集中在IaaS领域。那么问题来了，IaaS服务，其实是基础设施服务，换句话说，又比较像圈地运动。那么对于基础设施的提供商，华为、联想和浪潮等，是不是也有机会在公有云市场分一杯羹呢？

华为那些与公有云有关的往事

如果我们分析华为从2008年开始的云业务演变，就会发现，其实华为并非为了公有云而公有云，而是将公有云作为了整个企业云当中最后一个落地，从而形成云闭环。

2008年，华为推出了第一款桌面云产品，但那时，这个产品属于实验室，并未直接推向市场。这是华为的首个云产品。

直到2010年，华为才首次发布云计算战略，正式宣布进军云计算领域。它在云计算领域，算是一个后来者。尽管如此，华为却收获了一起成长的用户，比如克拉玛依服务项目。

克拉玛依市长张红彦在“迈向云端——克拉玛依转型的探索”演讲中说到，“我市与华为在2012年签署云服务战略合作协议，并成为华为全球首个云战略的合作城市，华为也是第一个在克拉玛依云计算产业园落地的企业。共同的战略发展目标，让双方的合作不断深入，我市不仅全面支持了克拉玛依华为云服务数据中心的建设，同时也借助华为的多方面支持加快智慧城市建设及城市转型步伐。”

如果我们细细分析，就会发现很多巧合。2010年，克拉玛依市刚刚提出了打造“世界石油城”的发展战略，信息产业被确定为城市转型发展的重点之一。同年，华为正式发布云计算战略。

2012年，克拉玛依市云服务战略正式立项，而在这一年，华为发布云平台，公有云服务开始提供服务，同时，华为公有云第一个自建节点上线。

克拉玛依云计算产业园于2013年5月19日破土动工，并吸引了华为云服务数据中心在此落户。同年，华为公有云服务推出，弹性计算云、对象存储产品上线，并上线了华东、华南公有云节点。

当然，这些并不都是巧合。而是华为在通过实际用户的云计算项目，积累的经验，反馈到了自己的公有云建设中。在 2014 年，华为的云操作系统已经进入 Gartner 挑战者象限。然而这些细节，并没有经过媒体大量发酵，所以才出现华为直到 2015 年 7 月才有了公有云的错觉。

华为正式发布企业云服务战略，公有云在企业云战略中实现全面混合云的闭环。

企业云，华为独有的云模式

长期以来，华为的竞争力一直建立在持续、高强度、战略性的研发投入之上，据华为轮值 CEO 徐直军介绍，截至 2014 年底，华为在 IT 领域已拥有 3000 多项专利，并广泛参与到开源和标准领域，是中国唯一一家拥有全套自主知识产权的软硬件产品和完整运营体系的云服务商。华为企业云也是国内首家通过 CSTAR 云安全认证及首批通过国家可信云认证的云服务提供商。

徐直军说："云服务模式正在成为企业 IT 的新模式，这已经成为产业界的共识。为了满足企业市场客户与合作伙伴在网络时代的新需要，同时也为了提供更贴近用户的云计算解决方案，华为决定推出企业云服务，这是华为 ICT 产品和解决方案的自然延伸，是实现华为在 ICT 领域投资回报的新商业模式。华为企业云服务聚焦云基础设施，坚持被集成战略，开放合作，支持我们的合作伙伴更好地完成行业应用开发、市场拓展和客户服务，支持我们的合作伙伴与华为一起共赢云时代的未来。"

其实，随着整个企业级 IT 市场都在走向云化，企业客户对于私有云、公有云都会有旺盛的需求，同时混合云将成为未来云服务产业发展的一大方向。因此，基于对客户需求的一种理解和判断，华为在其企业云业务中，能够同时提供私有云、公有云和混合云。

华为官方的数据也显示，华为企业云服务采用一个架构支持私有云和公有云，具备开放的混合云架构，便于客户无缝地跨云部署业务。换句话说，华为企业云采用开放式的技术架构，能够快速实现客户业务在多云之间的平滑迁移。

长期以来，华为一直持续关注云计算的研发和投入，在全球部署了 5 个专注于云计算的研发中心，研发人员超过 10 000 人，并且通过技术创新，打造拥有高弹性、低时延、高可靠性等特性的企业级 IaaS 能力。目前，华为企业云已在金融、城市及公共服务、媒资、园区等多个领域取得重大进展，其中华为襄阳云计算中心已于 2015 年 7 月开始试运营。

云生态坚持被集成

华为企业云服务总裁杨瑞凯表示："华为企业云坚持'被集成'的商业模式，开放合作，与伙伴一起为企业客户提供完整的垂直行业解决方案。"

在行业解决方案合作领域，华为公司分别与北明软件、太极计算机、万国数据等多家行业领先企业达成战略伙伴关系。

其中，华为公司与北明软件有限公司达成战略伙伴关系，通过北明软件在行业领域的系统集成、软件开发的优势，推动电力、能源等企业合作伙伴的云转型。

在政府、大企业及垂直行业上，华为与太极计算机股份有限公司达成战略合作，在智慧城市领域进行深度合作。双方将结合自身优势共同打造"智慧城市云"，围绕电子政务、智慧城市等业务开展全方位的合作，促进智慧城市领域的创新和持续健康发展。

华为公司通过与万国数据围绕打造高可用金融云、ISV 合作生态拓展和数据中心资源合作共享等方面展开战略合作。华为希望通过与行业解决方案合作向客户提供端到端的解决方案，提升客户体验。

由此可见，华为企业云仍然会坚持"被集成"的商业模式，开放合作，支持合作伙伴更好地完成行业应用开发、市场拓展和客户服务。

3.8 从 HCC 看华为云生态落地

云计算是未来方向，是 ICT 厂商的必争之地。自从华为在 2015 年 7 月宣布进军云市场以来，备受业内关注。焦点：第一，华为都做云了，那么它和运营商之间的关系如何界定？第二，同互联网公司的公有云相比，华为做云有哪些优势和劣势？第三，对华为苦心经营的 IT 产品线来说，正式宣布做云之后，整个战略中心是否发生转移？

在 HCC2015 大会中，华为基于云战略正式提出“云生态”，其核心词有两个：商业成功和产业成功。那么，华为为何提出“云生态”，具体的做法是什么，为何要说是“痛苦的事情”，其背后隐藏何种焦虑？

HCC 见证成长

在阐述“云生态”之前，大概介绍一下背景，这样才能了解“云生态”对华为的意义。

从两条线看。

第一条线是华为 IT 的成长，透过 HCC 这个窗口来看。华为没做 IT 产品线之前，业内知道华为是电信运营商领域的服务商，而在行业之外，“华为？抱歉，没听过。”

早在 2010 年，任正非在北京召开小范围的会议，正式宣布华为要做 IT 产品线，看准的是云计算、大数据的机会。当然，还有华为在传统电信业务下滑的危机意识。

2010 年，HCC 预演，掌门人吹响号角。

2011 年，HCC 正式启动，拉开华为 IT 产品线进军云计算的大幕，产品线悉数亮相。

2012 年，HCC 移师上海，初具规模。

2013 年，HCC 发布“融合”战略，“被集成”、“聚焦”成为主旋律，坚定 IT 目标。这算是华为对自家产品的全面梳理，并有重大产品发布。

2014 年，HCC 首次举办万人大会，立足本土，面向全球，一跃成为 IT 产业盛会。除了对“融合”系列产品升级之外，开源产品、行业解决方案等都有亮相。

2015 年，正式宣布“云生态”。

这一条线，基本可以看作华为 IT 这个产品线从无到有、从小到大、从部门级到跨部门级融合，成为集团重要业务线的纵向视觉。这条线，也可以认为华为 IT 产品线的成熟过程，如果要发展壮大，势必会做出战略调整。

第二条线是从产业角度看，云计算这个增量市场正在落地，电信运营商、互联网企业、传统 IT 巨头，甚至是原有的 IDC 都在转向云市场。公有云、私有云、混合云、XX 云概念遍地飞。市场巨大，以及用户逐步转向云有关产品，华为岂能错过这个机会？

这两条线汇聚在一起的核心点是“云计算”，华为要做云，是战略发生变化，不再“单打独斗”，要“众行”。那么，华为会怎样构建生态圈呢？

聚焦和开放

华为强调要聚焦在 IT 基础设施，围绕软件平台和企业云服务，构建云生态。什么是“云生态”？按照华为的官方说法，就是“坚持以商业合作为核心，以技术合作和人才培养为支撑，共同打造华为云生态，使合作伙伴共同做大产业，实现共赢。”

用大白话说就是，围绕云计算市场，华为贡献自己的力量，发动各层合作伙伴，构建生态圈。

华为战略 Marketing 总裁徐文伟把华为的“云生态”细分为几个层面，核心是“商业成功”和“产业成功”。他认为在这个生态圈中，华为在界定边界。“告诉业界华为能做什么，战略是什么；什么是边界，什么是产业链，只有这样，才能打消合作伙伴的疑问。”

换句话说，华为不是要“一统天下”，从能力上来说这也不可能。“华为是能力有限的公司，不是所有的事情都要做。”这个段子在大会后被广泛流传。

在这个界定范围之内，华为聚焦 IaaS 层，使能 PaaS 层，聚合 SaaS 层。

其次，在基础架构之上，华为要让所有的硬件“盒子”更简单，平台更开放。在开放的平台上，华为不遗余力地参与到开源架构和社区中。

第三，在生态系统中，华为上不做应用，下不碰数据。这不仅是由于在应用层行业复杂多变的原因，还在于华为能够自我约束，让战略更聚焦。

这是华为做云生态的真实想法。

团结一切合作伙伴

由于云生态很庞大，华为又该如何构建各种联盟，以及如何推进各种合作伙伴共同成长呢？

徐文伟将面向合作伙伴的方式分为如下几个层面。

华为提供“硬件盒子”和平台解决方案，坚持“被集成”战略和“聚焦”，行业解决方案则是由第三方（包括行业解决方案上）面向用户提交，坚定不移地聚焦 IaaS 层。

利用苏州全球解决方案中心等各类创新中心，吸引各类合作伙伴共同开发解决方案，包括在 2015 年 10 月中旬召开的“华为首届开发者大会”，这算是华为开放能力的一种表现。

聚集各联盟的合作伙伴，共同繁荣。包括聚集微软、SAP、英特尔这样的巨头，共同开发。

强调开放的平台，比如华为的公有云平台采用 OpenStack 架构。顺便说一下，OpenStack 能做到如此大规模的商用化，这恐怕是全球第一家。这种开放的策略促使华为大力气投入在开源社区。

再往下细分，华为做公有云，但主要做私有云。从用户的角度来说，业务将部署在公有云和私有云之上，为了满足这种需求，华为不能只做私有云而要兼顾做公有云。“华为的云概念偏向行业属性，当前聚焦在媒资、金融、政府等行业，也叫企业云，这就是华为云与其他云的差异性。”

说到这里，必须要说一下华为和电信运营商之间的关系。华为特别在乎这一点，毕竟是从电信领域出生，而且当前在电信领域还有诸多生意。不但小徐总（华为轮值 CEO 徐直军）在大会中说，大徐总（徐文伟）在采访中也反复强调这一点。

“华为做公有云并不是和电信运营商竞争，两者是相互支撑的关系。例如，在德国电信的案例中，华为提供云数据中心的基础架构，德国电信做运营和面向企业的服务。这种模式正在和中国电信运营商磨合。”

用商业价值和技术影响力说话

说得这么细致，无非是想说明，对于云生态，华为想得很清楚。这个清楚是指，华为对自己要做什么和定位清楚；对经营生态圈的方法和策略清楚。

如果放到华为IT的成长来看，云生态是华为战略的又一次升级，或者用“转型”也可以。这一次升级，华为聚焦IT基础架构，开放IT能力，偏向行业用户，团结一切可以团结的IT力量，借助各种形式的联盟，包括系统开放商、联盟合作伙伴、咨询机构等，提供整体解决方案，让用户把精力放在业务中，而非IT中。

这也是华为一直强调的“精简IT，敏捷商道”的含义。

那么，问题来了，华为IT已经如此强势，合作伙伴会不会买账，或者是不是愿意进入华为的生态圈？毕竟，产业中有各种联盟，有官方背景的联盟，有芯片厂商，有软件开发商，有系统集成商，还有诸多硬件提供商、开源组织等。

徐文伟说，是否能形成生态圈关键看这个是不是未来趋势，对于华为这个云生态而言，有两点。

第一，华为做IT是否有前途，是否能与合作者共同成长，这是吸引合作伙伴的关键点。

第二，是否具有品牌影响力和技术影响力。

这个靠行政命令推广不起作用，最终考验的是生态圈的技术影响力和商业价值。如果没有商业价值和行业影响力，很难吸引合作伙伴参与。“建立联盟是非常痛苦也是非常长远的事情，要花很多精力。”

最痛苦的是不被认可

要说痛苦，谁知道华为IT（包括企业业务）刚成立时候的痛苦？经历了这种痛苦，再面向未来看生态圈建设，可能就会觉得，未来的“痛苦”不一定是“痛苦”。

徐文伟说，在刚刚成立IT产品线时，业内所有的合作伙伴都不太相信华为能将这件事做好。“对我们将信将疑，没人相信华为能做好IT，或者成为领先者，毕竟华为是做通讯信的。”

怎么在这种痛苦中煎熬过来？

华为的做法是，一点点改变。首先是从自己改变，毕竟运营商业务和IT业务的商业模式不一样。运营商业务相对封闭，服务的客户有限，是直销的方式，而IT市场则是行业需求千差万别，必须以合作伙伴的形式或联盟的方式进行。华为从人才结构、商业模式、技术等方面做出改变。

“最大的挑战是不被认可。”徐文伟说，CT市场有标准，而IT市场的标准不一样，还要寻找实现方法。由于华为在CT上有技术积累，反而在融合IT的时候能够做到领先。“真正成为比较领先的IT公司，还是取决于公司的基础实力和业务能力。”

不以财务指标为导向

从长远看，华为IT按照自我节奏一步步夯实基础，一步步扩大影响力。在执行的过程中，华为很少“左顾右盼”，业务频繁调整。基本沿着主航道走下去，采用“聚焦”的战略，强压式投入，这才有了“云生态”的布局。

这可能是下一个五年中的重要战略。

要在整个产业背景下看华为的云战略，就会觉得特别有意思。产业格局在发生变化，传统的IT公司正努力抓住云计算和大数据的机会，但要平衡财务利润和新业务的关系，很难既保持固有盈利水平，又大力投入发展新业务。

徐文伟说：“华为不是一个以财务指标为导向的公司，虽然现在的经营业绩很好，盈利能力也有，但不会对外承诺每股收入要多少，当然，我们也还是要利润的。”

他认为，单纯地强调每股收益的增长，那是短期行为，首先影响的是核心竞争力，以及在技术、人才等其他方面的投入。对于华为来说，“不以财务指标为导向的公司，是具有长远战略目标的公司。这种目标基于客户需求。只要我们看到方向，就会持续投入，坚定地走下去。”

怎么评论华为的战略

首先要明确，战略并无好坏之分，战略只是与当时的大环境有关，更与IT

厂商的自身情况有关。如果战略目空一切，不顾技术、人才、团队、市场等，那无异于空中楼阁，痴人说梦。这就是说，未来在哪里，谁都看得到，但是该怎么实现就特别困难。如果每一家企业的战略都能够落地和实现，那么，世界上怎么还会有这么多被淘汰的公司呢？

战略的规划与眼光有关。现在看到新一轮的技术变革，引起社会结构、经济模型、商业模式，甚至是政治体制等发生变化。整个 IT 产业也处于动荡时期，诸多想不到的事情在发生。尤其是互联网思想带来更多的变化，让人直呼“看不懂”，一夜成名、一夜暴富的案例比比皆是，真让人羡慕嫉妒恨。

这关系到企业的长远发展。战略目光要多远才叫“战略”？做“基业常青”的公司？做“门口的野蛮人”，还是谋求其他发展？

关于华为的分析文章很多了，最强烈的感觉就是华为的“危机”意识。还记得《华为的冬天》这篇雄文和《华为还能走多远》这本书吗？生于忧患，死于安乐。

同样，华为做 IT 也是出于忧患意识，一步步走得很稳，快速发展壮大，这才有实力做生态圈。假如华为能够将生态圈做大，这并不奇怪。考验华为的另一种玩法，是否真的足够开放——开放的心态、开放的架构、开放的技术实力及利益共享。

除了判断公司的战略是否符合自身之外，还有一个重要的判断依据——是否符合趋势，符合用户价值。这恐怕是最根本的立足点。

3.9 从微软财报看传统科技巨头的云转型

从硅谷科技巨头的财报来分析传统科技公司，这对于企业研究企业向云计算转型的方向和效果是十分必要的，尤其是微软这样的超级巨头。

微软财报显示了什么方向

从微软公司在 2015 年第四季度财报来看，截至 2015 年 6 月 30 日（微软财年第四季度），毛利润达到 147 亿美元，运营亏损为 21 亿美元。

看似不佳的报告背后，其实有很多细节需要注意。并购诺基亚产生的重组计划支出，是微软本季度亏损的主要来源，单纯从业务的角度，运营收入可达到 64 亿美元。同时，本季度微软以股票回购和分红的形式向股东返还 67 亿美元。

从全年的业绩看，与 2014 年 868.33 亿美元的全年总收入比较而言，2015 年总收入为 936 亿美元，应该可以算是实现了战略转型期的过渡和增长。

相比传统业务的相对放缓，微软的商用云业务是整个成绩单上的亮点。2015 年第四季度，商用云业务总收入达到 80 亿美元，在微软商用业务总收入中占比近 60%，成为微软商用业务的支柱。2014 年同期，这一数字则分别为 44 亿美元和 33%。

这表示，微软 CEO 纳德拉在上任之初所倡导的“移动为先，云为先”战略效果，是得到了体现的。微软在向云转型的步调是比较清晰和有所成效的。

其实，这两年来，传统科技巨头正在整齐划一地向云转型。甲骨文在微软提出“云为先”一年多之后也提出了同样的口号；IBM，则通过业务和人员的重组向云和大数据转型；思科和 EMC 也分别在网络领域和存储领域喊出全面向云转型的口号。

可见，向云转型，是科技巨头们在当前这个时代，做出的一致选择。他们的判断，也可以从市场的角度得到验证。在全球经济放缓的背景下，科技和互联网成为唯一的亮点，而云则代表了更经济的生产力。无论是传统行业转型，还是基于互联网的新业务模式塑造，每一个新的商业模式都与云计算息息相关。

由此可见，在这样一条向云奔跑的路上，巨头们的思路出奇得一致。当然，所谓船大难调头，向云转型也有先后之分，更有轻重的不同。微软，处在什么位置呢？

三个问题看微软的云转型

通常来说，看一个企业的转型程度，要从三个方面看起。首先，决策者选择的方向是不是符合行业大趋势；其次，业务和产品的组成，是不是能够支撑转型；第三，团队在转型上的落地，是否能够按步骤实现。

先解决了这三个问题，才能对微软的云转型下结论。

那么，第一点，决策层在方向上是可以明确的。2014 年 2 月，微软新 CEO 纳德拉履新后，为微软开启了一个新的时代。这位 1992 年就加入微软的老兵，曾经负责过微软全球的云业务，所以他对云计算的熟悉程度，恐怕超过历任微软 CEO。所以，他将微软定位成一个“移动为先，云为先”的生产力与平台提供商。

由此可见，微软在决策层面和战略层面都会以云作为一个最主要的发展方向。自纳德拉上任一年多以来，微软云业务的迅猛发展也体现出微软正在进行的基于云的战略转型。

其次，从产品和业务的角度看，微软在尽可能地将更多的产品和服务进行云化。在 2015 年的 WPC 上，微软表示将把“云解决方案供应商计划”拓展到全球 131 个市场。此外，Azure 和 CRMOnline 也将加入进来，与 Office365、WindowsIntune 和企业移动套件（EMS）一道，成为云解决方案供应商的可选服务。

对此，微软首席运营官凯文·特纳（KevinTurner）表示，微软在企业及商用业务上会继续将产品组合转化为云解决方案，现在已经有 7.5 万名合作伙伴加入微软云体系了。

第三，从云计算落地的角度看，微软的努力也没有白费。在 Gatner 发布的公有云魔力象限中，微软是领导者象限中仅有的两家科技企业之一，这说明，微软在技术、市场和产品策略上都处于较为领先的地位。

同时，在中国，微软云业务也得到了快速发展。由世纪互联负责运营的 WindowsAzure 公有云服务正式商用一年多以来，已经有超过 50 000 个用户部署了微软云服务。

总体而言，科技巨头们，正集中在向云转型的路上狂奔，而微软则奔跑于相对有利的位置上。

3.10 曙光云：城市云平台内置，数据价值前移

聂华，从 2013 年接手曙光云计算公司以来，并没有想过 2015 年的曙光，会在云计算的路上走得如此之快。

这位曙光公司高级副总裁，曙光云计算公司总裁，在 2015 年 3 月，经历了曙光数据中国大战略的发布，城市云和行业云被提到策略高度，又在 10 月见证了 VMware 公司与曙光成立云计算合资公司。

“其实，很多人将曙光定义成传统的基础设施供应商，这并不准确。曙光从 2009 年开始就在成都建立了国内第一个云计算中心，7 年来，曙光尝试了很多，也积累了很多，数据中国是曙光对云计算策略的一个总结，同样也是升华。”聂华说。

和业界很多云计算的企业不同的是，曙光的思维可谓另辟蹊径，并没有将云计算战略直接摆在台面上。数据中国，进一步强调了数据价值，和转型数据服务商的方向。而战略中的城市云则内置，成为大数据平台的底层平台，最终服务于数据应用。

这就是曙光云计算的真谛：城市云平台内置，数据价值前移。

以点破面，曙光为城市云走了多少路

2015 年 3 月曙光在数据中国发布，当提到百城百行时很多人觉得有点不可思议。以曙光公司的体量，在中国要如何做到百城百行？

回顾曙光对云计算投入的历程。早在 2008 年，曙光云计算技术有限公司就已经正式成立，是曙光在云计算领域提供服务的运营主体。曙光公司历军总裁曾说，希望这家公司能不背包袱，轻装前进，摸索出一条符合国情与市场的云计算服务模式。

聂华说，“曙光是一家技术先导的企业，把主要精力放在探索市场，而很少去宣传自己”。作为中国最早的云计算探索者，在 2009 年，云计算概念刚

刚提出的时候，曙光就在全国首创了“城市云”概念并注册商标，提出建设专属于一座城市、一个区域的“专有云模式”。

根据这一模型，同一年，曙光的国内第一个云计算中心在成都建成。时至今日，这个云计算中心已经建设了电子政务云服务平台、公共计算服务平台、企业创新服务平台和物联网数据处理平台。

由此可见，数据中国并不是曙光在 2015 年才“想”出来的策略，而是从 2008 年开始试水云计算开始，一步步走出来的。

据了解，2011 年，无锡城市云计算中心成立，创新性地提出“城市云”概念，得到了国家多部委的认可，并进入了发改委“国家云计算应用示范工程的首批项目”名单。2012 年以来，随着曙光云计算业务的不断拓展，曙光开始深入参与无锡、盘锦、宜昌、宁波等多个地区的智慧城市顶层设计和规划工作。

截至 2015 年，曙光已经在全国成功部署了 16 座云计算中心。经过事实证明，曙光的城市云服务与运营模式切实符合我国信息化建设国情，满足区域政府智慧城市建设需求的目的，在各地信息化建设中发挥着不可替代的作用。

“曙光在很多省市已经布局了城市云业务，在成都、无锡、南京、包头、哈尔滨、宜昌、乌鲁木齐等地建设、运营多个城市云计算中心，2015 年以来，我们整个云计算业务的开拓速度大幅度加快，下半年已经陆续有超过 10 个城市开始建设城市云计算中心。”聂华说。

可见，曙光对云计算的布局，是以点带面的。而“数据中国”恰恰是随着曙光城市云布点越来越多，曙光的着眼点不局限于城市，而扩展至整个国家的一种集中体现。若将各地云计算中心比喻为人体经脉上的神经元，那么只有打通了各个神经元才能串联、通畅经脉网络。同理，各个城市数据汇集才能构筑中国的数据网络。这就是曙光“数据中国”战略的真实目的。

曙光一直都不是一家市场主导的公司，并不会大开大合地去投入市场。这是一家醉心于技术的公司，面对市场时，更加稳健。在 2009 年成都的云计算中心取得成功后，才逐渐将成熟的经验向全国复制。

但中国的城市建设，何尝没有安全和稳妥的考虑？往往一个成熟可见的案例，更能够打动城市管理者的内心。所以，曙光的举动，不仅仅是以点带面，更是以点破面。

智慧城市的大视野，城市云得以内置

有了以点破面的曙光云计算，可以将视野放得更远：智慧城市。

智慧城市和城市云之间，是什么关系呢？先来看看城市云的定义。

城市云，是面向政府、企业和公众的城市综合信息服务体系，它以城市云为主要载体，统筹建设和整合区域内分散的硬件、软件和数据资源，并以一种更加智慧的方法实现资源共享和业务协同，能够显著提高城市管理和公共服务的能力。

这显然和智慧城市所要实现的目标有很多相似之处。

聂华说，曙光在此基础上提出了“1+2+3”的智慧城市建设模式，即以“1”套城市信息化建设顶层设计理念，搭建以云计算中心和大数据平台为基础的物理与数据“2”层平台，构建以“民情流水线、城市生命线和经济补给线”为代表的“3”类应用，实现城市信息化建设统一协调发展的智慧城市建设方法。

可见，在这个模型当中，城市云不会再是一个独立的策略，而是与大数据平台共同组成了一个完整的平台层，作为智慧城市的一个技术中枢，最终形成能高效支撑城市业务应用、提高城市管理水平、改善市民生活质量的城市信息化服务枢纽。

“什么是真正的云计算？如何让云计算中心成为一个智慧城市的大脑？能成为智慧城市的一个支撑，我认为这才是真正的云计算。”聂华认为，这就是曙光与一些传统 IDC 和云计算企业的不同，云计算应该具有更高的含义，而不仅是基础设施。

聂华认为，云计算应该有一些关键性的支撑技术，云操作系统层或者虚拟层的技术非常关键。2011 年，曙光自主研发了全国首个云计算操作平台“Cloudview”，目前已经在公安、医疗、教育、军工等各个行业部署并安全、稳定运行多年。

作为曙光自研的“Cloudview”云计算操作系统，它可以充分考虑云计算中心的资源分配、业务运行和运维服务等各种管理要素，实现云计算中心的软硬件平台资源的管理整合。

而与 VMWare 宣布成立合资公司，则有望促进“Cloudview”在曙光城市云计算中心的发展。

聂华说，今天，90%以上的生产系统，全都部署了 VMWare 虚拟化技术，VMWare 一定程度上已经形成了标准，与 VMWare 达成合作后，“Cloudview”平台将全面引入 VMWare 在服务器虚拟化领域的先进技术，包括 vSphere/vCenter 服务器虚拟化管理平台、VSAN 存储虚拟化、NSX 网络虚拟化等，并强化“Cloudview”在上层管理平台的优势，最终将“Cloudview”打造为面向大规模、分布式私有云中心快速、敏捷、高效的构建、运维和服务交付的综合性云计算管理。

另外，为达到安全可控的目的，曙光与 VMWare 成立的新公司将推出集合两方顶级优势的全新云计算操作系统“Cloudview”，并接受源代码级审查。既加快了国内同类技术的发展速度，少走弯路，又能更有效、更安全的满足国内云计算市场发展需求。

可见，有了智慧城市的大视野，城市云变成了这个大体系中的一个平台，就像云计算内置一样。而有了 VMWare 的合资，曙光在城市云计算中心操作系统层面又迈出了一步。为真正实现百城百行，打下了基础。

数据价值前移，这是不是云计算的最佳路线

在过去，云计算圈地运动中，各地兴建了大量的数据中心，被诟病为空城计划。

其中，最主要的一个问题就在于，云计算到底是由什么驱动的？毫无疑问，合理的流程是应用驱动的，但很多地方云计算发展呈现了本末倒置的形态，不考虑应用，先搭建基础设施平台。

目前，曙光在全国部署的云计算中心已经多达 16 座。值得关注的是，与众多同类厂商或软件企业的解决方案（或项目形式）的服务模式不同，曙光坚持走自主投资，企业经营运维、政府采购的模式。

这种模式的好处是，避免政府信息化建设反复多次投资，可为当地政府节省硬件投入、团队建设等投资，同时可以缩短一项政务应用的上线时间。这“一增一减”就是云计算在智慧城市中发挥的价值。

对此，聂华表示，“曙光的云计算中心为什么作为智慧城市的一部分，而没有独立运行。问题就在于，曙光要做应用驱动，我们要帮助地方政府解决很多民生和政务方面的应用。”

所以，曙光的城市云得以后置，而面向应用端的大数据解决方案走到了台前。

聂华举了一个例子，“比如，社会治理应用。这种应用是各委办局数据的综合体，我借助一个社会治理，可以把数据汇集起来，搭建这个平台。这个平台更像一个大脑，只有让里边的数据在应用中发挥价值，这才是智慧城市。”

这是一个很准确的形容。无论是云计算还是大数据，最终的根本还是处理数据，挖掘数据的价值，并将之形成价值。

如今，曙光城市云已经在各个城市信息化发展中扮演重要角色，再加上曙光自身全新 PaaS 平台各产品的优势技术，可以说曙光在云计算领域自下往上地掌握了所有核心技术，突破了云计算发展的重要壁垒，真正走出了符合国情的云计算发展之路。

我们不禁要问，什么是云计算的最佳路线？搭建云计算中心，分布式管理云计算的资源，提供云计算的服务，但最终目的，一定是体现在数据价值上。没有应用驱动的云计算，难称为云计算。没有数据价值的云计算，毫无价值。

这就是曙光的云战略，城市云平台内置，数据价值前移的真正含义。

3.11 浪潮的云战略不走寻常路

浪潮的云计算策略，在两年一届的浪潮“Inspur World 2014”中透露无疑，浪潮的云战略是如何不走寻常路的呢？

要做三件事

总体感觉，浪潮想做的是三件事：继续抓住新技术（主要是云计算和大数据）带来的机会；构建融合体系，发展生态圈；渗透到行业做解决方案。

这两年的外部环境是有利于浪潮的，比如股票基本翻番。这里的浪潮包括浪潮信息和浪潮软件这两家上市公司，一个以硬件为主，一个以软件为主，不包括浪潮集团下的其他业务。

市场环境主要来自对“国产化，安全可控，自主创新”的呼声。浪潮也加大投入力量，搞了一系列眼花缭乱的市场活动，积极响应市场变化。

从营收、核心产品、知名度以及市场占有率来看，浪潮与国际厂商相差太远。短板在于没有软件平台、没有硬件通用平台，没有一流的技术储备。

好在浪潮的优势在于，深耕本土市场 20 多年，了解用户，与行业（尤其是政府）的关系良好。在这两年的环境导向中，浪潮采用以“单个产品”突破的做法，取得“跨越式”发展，代表产品以“K1”以及天蝎整机柜服务器为主。

浪潮需要弥补的是，如何在大环境下，避开技术短板，不断构建自己的生态圈，增加自己在 IT 中的核心价值点，让更多用户认可，这恐怕才是浪潮想表达的，也是它正在做的事情。

云海的四个层面

浪潮集团董事长兼 CEO 孙丕恕把战略定位在“云海”，包括四个层面：云中心、云服务、云安全、云伙伴。浪潮的“云海”融合了云和大数据，包括云环境的构建，以及围绕数据产生的应用价值。

安全并不是浪潮的优势所在。但浪潮一定要对安全发声，这还是对市场环境的积极反馈。同时，这次大会的主要合作伙伴也是安全厂商——奇虎 360。

孙丕恕希望把现有占营收 5%的云计算扩大到 25%～30%。他描绘了未来的应用场景：用户的业务都跑在云上，随后进行数据整合，最后是基于数据产生业务创新。这“三步法”的另一层含义是：用户需要构建统一的数据平台、梳理数据，利用数据，让数据产生价值。

未来，浪潮可能在数据上做更多的文章，毕竟这才是最有价值的，也是未来的趋势。

浪潮发布的战略并无特别之处，也没有明显偏离业内方向。云计算的确让所有厂商处在了同一起跑线，不过有的厂商选择了构建硬件 IT 基础架构，继续卖盒子；有的厂商走得更远，寻找数据的价值；还有些厂商提供各种整合解决方案，就像卖各种工具的。

架构融合

所有 IT 厂商围绕 IT 基础架构的融合大做文章，希望能够控制价值点。浪潮也不例外。

浪潮集团执行总裁兼首席科学家王恩东认为“硬件重构+软件定义”是趋势，并划出“融合架构”的三个阶段。第一阶段是非 IT 资源部分的集中化和模块化，手段是虚拟化技术；第二阶段是重构 I/O 模块，实现计算、存储、网络的初步融合和池化，采用软件定义的局部来满足业务需求；第三阶段则是所有 IT 资源池化，硬件上随意组合，系统能够自动感知业务，实现业务自动化。

硬件上，浪潮产品线齐全，有海量存储、高性能计算、天梭 K1 系统、面向互联网行业的 SmartRack 产品以及普通的四路、八路服务器。

王恩东认为现在第二阶段中期，要实现第三阶段还需要若干年，浪潮正在着手准备，并有对应的产品和解决方案。未雨绸缪，为未来做准备。

浪潮没有网络和相关产品，也没有其上的整体解决方案，这是硬件产品线的不足。

浪潮的布局是，服务器高端以 K1 为核心，逐渐建立生态圈，抢夺 IBM、HP 的小型机市场。如此一来就能避开联想收购 IBM 服务器之后的低端市场；同时，将互联网行业做透，继续抓住互联网高速增长的红利，不断巩固和扩大 40%的市场份额。

围绕 K1 构建产业链

有了核心产品，浪潮就能构建自己的产业链。最明显的是围绕 K1 建立的产业链。

SAP 数据库、IBM DB2 数据库与 WebSphere 中间件、红帽等均和浪潮展开合作。浪潮做底层架构，芯片、操作系统、中间件、数据库、应用软件交给合作伙伴来做，从而形成完整的解决方案。

浪潮搞的国产主机联盟体系从最早的 20 家、38 家，发展到今天超过 60 家。浪潮顺势建立了主机技术标准认证体系，已经有 130 种国内外基础软件、100 种 ISV 应用软件通过了天梭 K1 的技术认证。

另一个产业链围绕互联网行业的 SmartRack 整机柜服务器。该服务器是为互联网行业定制而生的。浪潮也是“天蝎计划”技术规范的主要参与者，浪潮不但要死守该行业，还对该行业的快速发展寄予厚望。

2015 年 9 月在广州召开的互联网大会，明确显示出浪潮全速发力互联网企业，客户已有苏宁、酷派、我买网。在产品技术端，浪潮继续和百度、阿里巴巴、腾讯等巨型互联网企业更深一步定制更先进的整机柜服务器，也开始为网易、搜狐、360 等互联网企业提供个性化的定制单品。

还有一条线是浪潮软件的产业链。这是专注智慧城市建设创新应用领域的“浪潮云智联盟”，共有 37 家知名 IT 企业参与。浪潮软件宣传，这对建立“中国智慧城市创新应用典范”具有重要作用。

有了联盟，浪潮可以聚焦在产品的标准中，牢牢控制产品链中最核心的价值点。

危机来自未来

产品和技术。浪潮在融合中有些产品缺失，譬如网络、虚拟化、计算能力、中间件。这些是“融合”IT 基础架构的关键点所在。并不是说浪潮一定要拥有这些产品，而是说，在这种趋势下，浪潮该如何选择自己的战略？仅仅提出“云海”战略是不够的。

平台价值。如何夯实在产业链中的价值，构建生态圈？这个产业链的核心是软件平台、硬件平台或者芯片。浪潮在 K1 和天蝎服务器中领先，怎么牢牢控制这个产业链的走向，还需要下功夫。

软件价值。浪潮怎么将数据抓在手里？尽管浪潮的战略中包括挖掘数据价值，但这需要积淀核，软件产品影响力还需要观察。浪潮会不会收购、兼并或者投资此类数据公司，很难说。

行业理解能力。浪潮提出“行业云”已有多年，但一直感觉是浅层次的，而非针对行业特定需求的，比起用友、东软、中软等友商，差距不是一点。

组织架构的价值。浪潮目前的组织架构以产品为导向，并非以客户为导向，这就造成内部沟通的成本，以及不必要的内耗。如何形成矩阵式的联动方式，建立以用户为中心的组织架构，这对浪潮也是一个极大考验。

3.12 探讨 Redhat 的开源“成功之道”

开源领域已经出现了好几十年，并不是什么新鲜事。但是，对开源的关注程度，以及近两年开源在大众中的影响力，没有比当前更多的了。开源的种类更多、社区更活跃、所撬动的整个信息产业产值更大。更重要的是，开源构成了未来几大主流趋势的技术推动力。正是在这个背景下，很多国内的公司也非常重视开源，并把它提到了战略高度，亲身参与到开源的浪潮之中。

笔者通过对红帽的一些初步研究，分享些自己对开源领域的一些认识。

成立了 20 年，年营收 20 亿美元

Redhat 是 1995 年成立的软件公司，成立之初就专注于 Linux 软件的研发和服务业务，在开源 Linux 基础上，重金投入研发，不断地发布 Redhat Linux 新版本。到目前为止，占整个 Linux 企业市场 60%的市场份额，全球共计 6500 名员工，年营收 20 亿美元左右。

从 Linux 市场占有率来讲，Redhat 是一家无可争议的领头羊，无论是 Ubuntu 还是 SUSE 等 Linux 发行版都无法和 Redhat 相竞争。

但是，如果看营收来说，年仅 20 亿美元，且已经成立 20 年的企业，实在无法和其他那些大型商业软件公司相比较。微软、Oracle、SAP 都是几百亿美元的级别，Redhat 在其细分领域确实没有其项背者。从整个信息产业来看，其收入金额和其获得的声誉及影响力不相符。

Redhat 在 Linux 领域的技术革新和进步方面，基本上是以开源社区为创新

中心，通过开源社区的运作，扩大红帽Linux的影响力和生态圈，既向社区贡献力量，也从社区吸取能量，从而逐步改进商业版本，社区是一个试验田也是一个创新中心。

红帽对于Linux的商业化推广起了巨大的作用，无须软件许可费用，仅仅收取“订阅费”是其主要的收入来源。这种模式可以说是它独创的，也可以说和商业软件公司的服务费商业模式类似。

这种模式对于Redhat公司自身的收入来说，其实是不利的，因为它天然地放弃了另外一个更大的收入来源——软件License费用，相当于一条腿走路。所以从整体收入上来看，同主要的商业软件公司不在一个量级。但是，这正是红帽这样的开源公司的生存之道。

Redhat这一类的开源软件公司和Google、Facebook等公司，其实是基于软件开源市场的不同商业模式的构建方式。相对于大概同时期成立的其他一些软件公司如Google、Facebook、Salesforce等，Redhat的商业成功其实相对来说是比较小的。业务方向投入的不同，造成了企业发展速度和空间的不同。

Redhat本身定位就是一家软件服务公司，所以，就目前的情况来看，以开源为核心提供服务的软件服务公司是很难成长为未来的IT领域巨人的。姑且还不论未来随着云服务的发展，它将会逐步侵蚀软件服务业的市场。目前Redhat也在积极转型，具体成绩拭目以待。

优质的服务是制胜法宝

红帽为何会在开源领域做得如此成功。答案只有一个，深厚的技术积累基础上提供优质的服务。Redhat在Linux上面的投入相信是全球最多、最深入的，在这个Linux平台上，技术的深度和企业应用领域探索的广度，很难有企业能够超过它，从而奠定了其优势地位。就好像商业化软件，永远是原厂最了解，原厂服务最让人放心一样，Redhat也做到了在Linux领域的这种口碑效果。

那么，在最初的市场推广阶段，Redhat是如何赢得市场的？那个时候对客户来说，真相只有一个：优质的服务、低廉的使用成本。在Linux这个市场上，初期的商业推广是很艰难的，产品可靠性、知名度、认知度等问题都是企业销售时面临的困难。

最初在中国推广的困难阶段，优质的服务和不断的坚持是最终能够立足和发展的关键因素。那个时候 Redhat 无论怎么喊，再优质的服务也只能是一个口号，因为客户没有经验没有亲身体会，真的是一个一个的客户慢慢积累出的口碑。交流中多次提到红帽的成功真没什么特别的诀窍，只有坚持提供优质的服务赢得客户这一条经验。

从具体服务模式上来说红帽的服务和 IBM、Oracle 等公司的服务也都类似，优势主要体现在一些细节，例如：响应速度方面更快、全球资源的调动更方便。红帽的真正专家是遍布全球的，也是由开源领域的特点造成的。像 IBM、Oracle 等公司最核心的专家都是在总部的研发相关部门，而红帽这样的公司，其核心文化就是开放，所以造成了其最核心的专家可能来自于世界任何地方。这样一股个体强大、地域分散的力量，使得红帽在服务相应方面有了一些优势。

当然，红帽的服务相对其他大的公司也有不足的地方，人员规模有限，很难提供大厂商那种长期驻场服务。更多的是通过远程响应以及与合作伙伴的协同工作来完成服务。

红帽成功的核心就在于企业把“提供优质的服务放在核心的地位”，整体的企业运营都围绕这一核心来进行，所以造就了红帽的服务优势，也带来了市场上的成功。这种成功不是一天建成的，是通过 20 年的不断坚持和积累造就的，所以弄明白了红帽的成功之道时，就得到了一个价值连城，却又显而易见的答案。长时间的坚持和探索如何在市场上成功，最终造就并发现“优质的服务”就是最核心的成功因素。

前景光明，生存不易

开源的生态环境非常繁荣，从底层的硬件开源、虚拟化、操作系统、云管理平台、数据库、大数据、中间件，到上层的软件应用、行业软件等开源应有尽有，然而，在这个红红火火的开源领域之中，很多主业做开源的公司活得并不容易，大量以开源服务为核心的公司被收购或者转行做其他领域。

开源对于整个信息产业的进步以及创新的推动，确实能产生很大的助力；另一方面开源也主动降低了收费门槛，松散的组织形式以及主动放弃的专利权利，使得以开源服务为核心业务公司，在收入上处于中下游水平。

目前，越来越多的 IT 产业巨头加入到开源的盛宴中，然而，其在开源中的投入和索取都是为了其商业战略所服务的。无论这些巨头们在开源运动中承担了什么样的角色：推动者、主动参与者、被动参与者、阻碍者等，开源都是这些巨头实现商业目的的工具和途径之一。而对于 Redhat 这样的公司来说，开源差不多就是其全部了。

寄望于“云”的新机遇

谈及 Redhat 的未来，我们都觉得基于红帽原有的业务（Linux 以及 JBoss 为核心的服务）出现爆炸性增长的可能性几乎没有，这个市场是比较平稳增长的一个市场。伴随着 x86 架构的快速发展，以及从 UNIX 上迁移到 Linux 上的客户需求驱动，这个市场将来还会有比较好的增长速度。

Redhat 目前的主要转型方向是以“云”为核心的解决方案及相关服务，特别是 OpenStack 方面的投资比较大。几个开源 Linux 厂商中，Ubuntu Linux 进入 OpenStack 较早，面对这个领域 Redhat 利用自己在 Linux、KVM 虚拟化以及上层中间件的整体优势，逐步推进在云领域解决方案的完善和市场销售。

在中国市场，随着“国产化”以及去 IOE 运动的深入发展，很多国外厂商及其产品受到了影响。在这方面 Redhat 基本没有受到太多阻力和抵触，反到加强了和国内硬件厂商的合作，例如：和浪潮公司的战略合作等。从 2013 年下半年开始，一些 IT 类外企由于在中国的业务受阻，逐渐有裁员、关闭办公室等动作，Redhat 的业务反倒做得不错，人员也在稳步扩张。

能否出现另外一个“红帽”

Peter Levine 曾写过一篇文章《Why There Will Never Be Another RedHat: The Economics Of Open Source》，他是原 XenSource 的 CEO，这篇文章核心观点是开源这个生态系统，未来很难再孕育出 Redhat 这样一个成功的开源公司了。

首先，他对红帽公司在开源领域的商业成功评价很高，其次，他认为现在的开源生态环境尽管很繁荣，可惜主流的应用方式，是把开源技术应用在企业业务支撑领域。把开源相关服务作为核心生意的公司，他们面临的市场空间有限，并且还会受到未来公有云发展趋势的挤压。

初步看来，在 Cloud 以及 BigData 相关领域的开源公司很多，能够发展成为百亿美元营收的公司却很少，甚至 10 亿美元的也极少。对于红帽公司自己的业务发展，尽管已经向云领域的方案和服务转型，然而，各种迹象表明，很难获得超高速的发展机遇，所以红帽的未来发展速度，很可能还是像过去那样，约 15%～20%的年增长速度。

就目前在开源领域的众多参与者来说，如果仅仅把自己看作一个小公司，利用开源兴起的浪潮，提供相关的技术和服务，或许可以活得不错。

但是，如果仅仅固守在开源领域，是很难创造或者做成大生意的，IT 毕竟是众多生意的一小块，开源也还只是其中之一。总体来看，把开源作为低成本、快速获得 IT 能力的手段，用于支撑企业的核心业务目标，应该是开源带来的更大价值。在这个过程中，对于 Redhat 这样的基于开源进行服务的公司，也会有更多的业务和收入，达到一个相互促进的效果。

所以，笔者认为，对开源生态的培育，的确是会影响到市场上对 ICT 能力获取的选择，这个过程是大家拾柴火焰高的过程，蛋糕会做得更大，最终所有在开源领域的参与者都会受益，只是大家分到“蛋糕”的多少有所不同。

最终，新的开源领域还是会孕育出很多成功的公司，可惜以开源技术服务为核心的这个领域，整体上并没有处在风口上，很难有哪头“猪”，被快速吹起来。大家都是羊，都是慢慢吃草，才能慢慢成长起来，能否成长为另外一个 Redhat 是不确定的。

3.13 鲜为人知的富士通云计算

富士通是世界第四大 IT 服务厂商，日本第一大 ICT 厂商。这个“大”，不仅指体量，也指营收。2014 年富士通的财报为 460 亿美元，它的前面有 IBM 和惠普几家公司。

那么，在这个移动、云计算的时代，在这个崇尚跨界，号称随时“颠覆”

的时代，富士通在做什么？它的云计算和其他厂商有什么不一样的地方，会不会让人大吃一惊？

富士通的理念是什么

借助 2015 年富士通亚洲峰会的机会，富士通日本总部来了不少大老板。毕竟，中国是最大的市场之一。

顺便说一下，每一年富士通都会在中国举办大型的展览会和论坛，都在上海。因为富士通中国的总部就在上海。也有媒体说，因为在上海，加上日企的做事风格，所以富士通和所有日企一样，都低调。这个理由比较牵强。

富士通这两年的定位是“shaping tomorrow with you”，主题也紧扣“以人为本的智能社会”。在各国召开的大型展览会中，一直在强调。

这个论点的理由是：物联网将联接万事万物，这张大网相互交织，新的服务涌现。其次是新技术，比如大数据、移动互联、云计算的出现。不过，富士通把这个叫做“创意掀起创新的浪潮”。最后是一个面临的机遇，包括信息安全、隐私等。

怎么保持竞争优势？富士通的答案是“人”。

怎么看未来趋势

那么，富士通怎么围绕“人”提供整体的解决方案？

要说整体的解决方案，富士通是“大而全”，有外设、笔记本、PC 等消费类产品，也有服务器、存储等企业级市场，还有行业解决方案等垂直领域的 ICT 能力。这种大而全的模式，全球能够提供的厂商寥寥无几。

富士通的观点是，以人为本，能够因地制宜、因时制宜地为人们提供技术帮忙，让人类将各种技术结合起来，这被描绘成“以人为本的智能社会”。

在这个理念下，富士通实践创新的因素是“人、信息和基础架构”。人具有创意，人和组织之间的关系在发生变化，成为创新的源泉；信息则是从数据中挖掘价值，创造价值；这有些像“以后都是数据企业”的另一种说法。而基础架构则是 ICT 的基础，各类硬件盒子和解决方案。

富士通把大数据、数据安全、云服务、整合计算基础、基于软件定义的互联基础架构、移动性、资源整合等当作是“人、信息、基础架构”的外围。这种分类方法比较有趣，并没有按照传统的行业、产品等来划分，也没有按照领域划分。

富士通对中国有多重视

富士通全球有 17 万员工，在 100 多个国家开展业务，也是一个巨无霸公司。亚洲就有 107 家公司，其中中国有 46 家公司，员工将近 2 万人，包括内地 41 家、香港 4 家、台湾 1 家，涉及投资、研发、解决方案、电子部件等多个单独的公司。这里我们主要讨论的是涉及 ICT 的公司。

富士通在 1996 年进入中国，成立解决方案事业部（如果要按照合作开始，富士通于 1974 年进入中国市场，开展中日海底电缆导入工作。所以标题的 19 年是按照 1996 年计算，而非按照 1974 年计算的）。在华核心企业富士通（中国）信息系统公司主营 ICT 业务，拥有员工超过 600 人，独资。

按照战略划分，富士通提供现代化改革：解决的是系统问题；商业改革，解决的是行业商业问题；社会改革，解决的是各种社会问题，核心还是 ICT 的能力。

说到根本，富士通认为自身竞争力在于，日本在快速发展时期碰到的问题，如今中国都碰到了，如老龄化、城镇化、环境问题、能源问题等。富士通可以利用在日本的经验帮助中国解决这些问题；同时，富士通是一个全球公司，可以为一些跨国企业服务。最重要的是，富士通进入中国较早，理解客户需求，能为客户量身定制一些企业解决方案。

行业解决方案为何“小而美”

翻看富士通的案例集，有一些有趣的案例。不过这些案例并没有像 IT 行业高大上的“解决方案”，而是“小而美”，立意在解决一个个现实问题，也许单个项目规模不大，但是实用。可能，这就是日企和欧美企业做 IT 的差别。以下例举一些好玩的案例。

服装行业。富士通利用智能手机对某个服装店导购行为数值化之后发现：优秀营业员的导购次数更多，且导购时间更长，是普通营业员的 1.5～2 倍，所以销售业绩也更好。也发现优秀营业员在等候客人到来时，通常站在能够将卖场一览无遗的位置上，并且其活动区域以该位置为中心，广泛辐射到卖场各个角落。这个解决方案还在实验中，可以在屏幕中看到一个个点，这就是导购员被可视化后的结果。

农业。在日本永旺农场内的传感器及摄影镜头定时测试温湿度、现场影像及日照量等，纪录农户生产过程、培育、每天耕作情况及作物生长等信息，将数据收集至云端数据库，据此可达到质量、信息及成本的信息统计。这个不是概念，而是已经实现的业务，富士通的农业用户已经达到 160 家。

森林保护方面。富士通开发了一种用于森林监控的自动烟火检测技术，可以实时、有效地检测到烟和火，并在森林火灾发生的初期及时提供报警信息，大大降低其危害。

古籍保护方面。富士通的技术可以能够应对大型文件、古籍、厚书等文件扫描，并生成平整的图像，再也不需要剪裁，拆卸。

重点的产品有哪些？

如果只看销售排名，富士通的硬件产品并不靠前，这可能与销售方式、市场环境、渠道等密切相关。但是，富士通的服务器、存储和一体机是有技术含量的，比如超级计算机“京”系统就出自富士通之手。

富士通中国此次重点推荐了全新 x86 服务器、大规模横向扩展存储和一体机集成系统。

PRIMERGY M1 服务器：采用至强 E5-2600 v3 系列产品以及 DDR4 内存技术，应用性能提高 56%；采用全新动态 LoM 技术，能够单独适应当前的服务器网络且灵活满足未来要求。全新的四位数字命名规则，以适应丰富的机型选择，简化记忆。

ETERNUS CD10000 存储产品：大规模横向扩展存储，CD 系列的新架构是面向 IT 第三平台软硬结合的最佳实践，模块化、分布式的架构设计，可以解决海量数据爆发式增长所带来扩展性、易用性和高性能三方面的要求；CD10000 与 ETERNUS DX 系列关键业务存储一起，极大丰富了富士通存储家族阵营和适应面。

PRIMEFLEX 集成系统家族：则有 PRIMEFLEX for SAP HANA、for Hadoop、for Cloud Iaas/PaaS/VDI 多个规格的一体机系统，产品首批在中国市场上市。

由于此次是面对用户的大会，并没有涉及产业层面的事情。出来发言的要么是总裁，多谈理念；要么是产品经理，多谈技术；并没有涉及中国某个产品的市场竞争格局、拓展思路、渠道等。所以，本文无法披露更多的信息。看下次能不能逮着富士通的高管问一问业绩。

云计算怎么落地

富士通在 100 多个国家都有数据中心，并正在向全球各个国家和地区提供 IaaS、PaaS、SaaS 等云服务。由于政策原因，富士通的云服务在中国仍在寻求最佳业务模式。

当前富士通已经具备提供公有云、私有云和混合云等多种云服务模式的能力。既能提供可匹配较高客户安全级别的虚拟私有云，也能提供相对资源利用率和成本更优化的公有云。

不过目前阶段在中国，富士通还是以提供从评估咨询，到实施整合，再到基础架构运维等，涵盖业务整套生命周期的集成服务为主。富士通希望通过云项目实践经验和技术，来满足各个行业的不同特性客户业务需求，并提供高可信度和可靠性的云集成服务。

不过，仍旧提醒富士通的是，技术归技术，市场归市场，尤其是在中国，竞争如此残酷的 IT 市场环境中，只有更完全地了解本地客户的需求，进一步重视渠道构建和解决方案的落地，未来才会走得更宽广。

3.14 从数据中心托管到更多的业务交付

万国数据助力企业玩转混合云 IT 时代

企业的 IT 环境正变得越来越复杂，业务对 IT 的要求越来越多，要求响应越来越快，企业在保证既有 IT 基础设施正常运转的基础上，公司不断地添加新的基础设施部件以支持更多的应用，同时又需要不断节省 IT 投资，加快业务部署时间。随着云计算的不断成熟，企业已经接受部分业务以云服务的方式来部署。然而，并不是所有的工作负载都可置于云端，企业有些核心业务还需要采用原有的架构和模式，企业需要跨传统数据中心、私有云和公有云三种服务的管理控制可视性，而随着云技术进一步的成熟，企业对数据中心的需求必须支持混合 IT 环境。

从目前的企业级需求来看，公有云在安全、性能、可用性、数据私密性等方面并不能完全满足客户的云化需求。这使得混合架构显示出更强的生命力，企业正逐步从私有云过渡到“私有环境+公有云”的混合架构中，这种企业级服务的组合正是实现企业 IT 系统在成本与效率之间最佳平衡的有效路径。在向企业级混合架构过渡的过程中，用户需要逐步推进混合架构的部署，并关注服务和软件定义数据中心在混合架构演进中起到的融合作用。具体来说，对于大中型企业来说，可以将安全性、敏感度要求不高、需要快速部署的应用放在公有云上，将那些企业传统核心应用，或者安全性需求较高的应用放在私有环境或者私有云中；而对于中小型企业而言，他们可以更加便利地利用公有云，并将安全级别较高的核心数据放在私有云或传统架构中。

在部分应用上公有云后，私有环境与公有云上的应用系统的网络延时、不同应用的整体 SLA 保证、整体安全性都是摆在企业面前的难题。业务驱动已然成为每个企业的信仰，企业不希望花费大量的财力和精力去“打理内务”，把更多的心思放在交付服务上。作为国内领先的高等级数据中心服务提供商，万国数据紧跟混合云大势，为用户提供与企业级数据中心相关的 IT 服务，帮助企业管理复杂的混合环境，定制跨云平台的数据中心方案，帮助企业将工作负载分配在最合适的架构上，让企业能最经济、最有效地获得 IT

的基础设施支持，在最大化企业现有 IT 投资收益的同时，高效地利用公有云资源（如图 3-1 所示）。

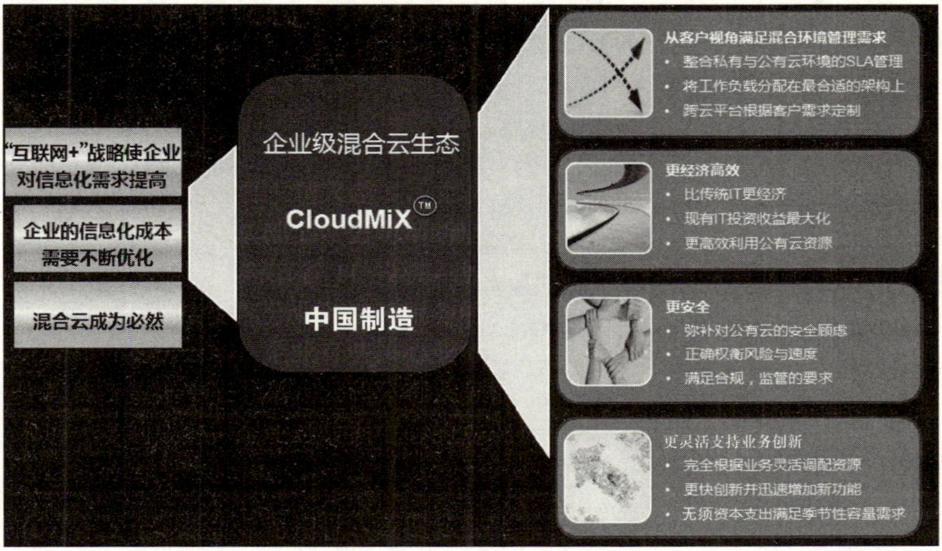

图 3-1　万国数据重构企业级 IT 服务生态

混云大势下，万国数据混合云数据中心开启全新企业级云服务模式

自 2001 年公司成立，万国数据已经走过了 15 个年头并历经三个重要阶段：2001 年万国数据创建伊始，公司借助第三方数据中心，以 IT 服务为中心，业务涉及 IT 服务，灾备及金融等领域。2007 年，万国数据全国数据中心建设启动，开始大力发展自建数据中心，万国数据上海一号数据中心、万国数据昆山一号数据中心、万国数据深圳一号数据中心、万国数据成都一号数据中心等自有数据中心相继开业。随着混合云的大热，万国数据在 2015 年开启 3.0 时代，将服务覆盖国内核心经济区域，计划在未来两年内将自建数据中心的面积扩大一倍，在全国部署混合云数据中心，帮助企业级用户建立起新一代混合云架构，构建面向未来的云服务交付平台。

万国数据的新一代混合云数据中心，将整合企业和公有云互联网对数据中心不同的安全性和灵活性的要求，并提供入住企业与公有云节点的高速连接，同时基于混合云数据中心提供一体化的管理和服务交付平台，让客户可以在私有环境和公有云环境间整合管理，一站式满足企业IT需求。

万国数据认为，新一代的数据中心需要顺应三大发展趋势：第一，整合专业。数据中心承载着企业的核心运营，对可靠性和可用性的要求日益增高，数据中心正在往专业化、整合化的趋势发展，越来越多的企业不再自建数据中心，而是选择专业的数据中心服务提供商。第二，更节能更高效。数据中心正在采取更节能更高效的技术，数据中心整体PUE逐年降低，专业的数据中心服务商已经开始在数据中心运维时发出能耗管理合同，发改委等已开始组织编制数据中心单位能耗限额和评估规范，小数据中心的节能挑战会更大。第三，软件定义、自动化管理。云计算全新的服务方式为企业用户和个人用户带来了革命性的体验，未来数据中心将更多地通过软件定义，人工智能、机器人等技术手段将会更多地用到数据中心的自动化管理上。

而万国数据也正是基于上述三大趋势来部署其产品与服务，致力于为企业IT赋予更强大的转型和提升能力，实现端到端的价值增值。

高可用数据中心服务和综合企业服务（流程、监控、大数据等增值服务），即数据中心托管服务以及基于托管服务之上的一些IT增值服务，是万国数据原有的优势业务。作为国内领先的高等级数据中心服务提供商，万国数据将以北京、上海、深圳为核心，辐射华北、华东、华南三大重点经济核心区域，并在西南、香港等区域开拓布局，且在2016年全面部署混合云数据中心。目前，万国数据在全国重点城市运营着7座自建数据中心，总建筑面积达130 000平方米，在建数据中心建筑面积达160 000平方米。万国数据的全国性数据中心平台设计的出发点结合了传统基础架构的需求，并更面向未来云技术的拓展需要。

CloudMiX是万国数据的企业级混合云服务品牌，它也将成为万国数据提供混合云数据中心服务的基点。与传统的云服务相比，CloudMiX最大的优势在于对不同云资源的全面支持。CloudMiX是万国数据基于高等级云数据中心平台推出的面向大中型企业的企业级IT服务平台，提供了对多种云资源的全面支持能力，实现了对公有云、私有云、混合云的一体化即时整合管理，可通过资源能力和服务能力两方面的支撑，帮助企业降低向云计算转型的难度，同时降低成本和风险。CloudMiX已经实现了对众多全球领先的公有云服务提供商的云资源支持，并提供了相应的平台工具，如图3-2所示，CloudMiX开启了一种全新的企业级云服务中国模式，为企业级用户提供混合云数据中心、混合云解决方案及混合云服务，重构企业级 IT 服务云生态。

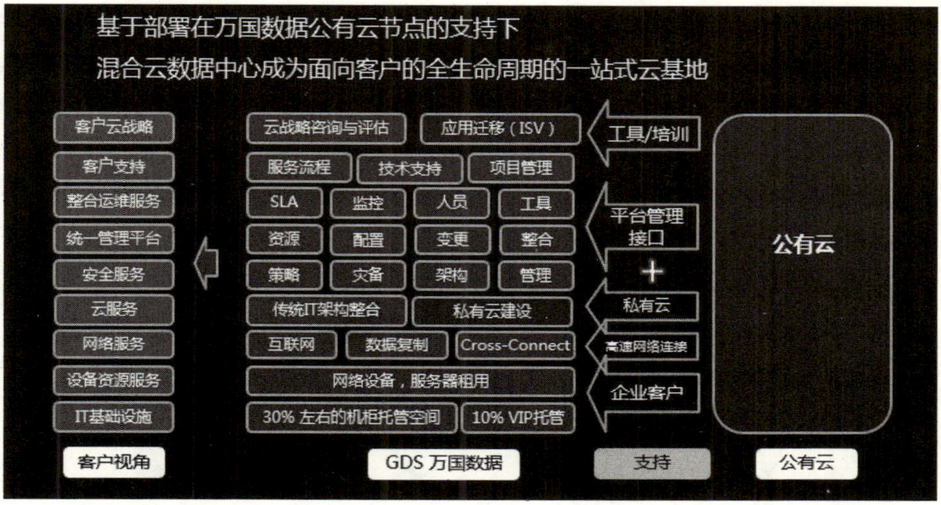

图 3-2　万国数据领先的混合云服务架构

万国数据始终从客户视角满足混合环境管理需求，以更加经济、高效、安全、灵活的方式支持企业业务创新。万国数据提供的是基于数据中心的混合云管理，而不是卖产品和理念。

携手合作伙伴，共赢企业级混合云市场

万国数据凭借其超过 15 年的专业、安全、可靠的高可用数据中心运营及管理服务经验，持续深耕包括金融、政府、公共事业、互联网、制造、物流、零售、服务等在内的重点产业，旨在为企业提供业界领先的高可用数据中心、综合企业和云管理平台等服务及体验，并发挥万国数据企业级服务的特长，逐渐成为各行业顶级企业可信赖的业务伙伴。与此同时，万国数据构建的全方位开放合作机制，还为合作伙伴提供了一个可以共同为市场创造价值的生态系统，通过陆续与不同类型的合作伙伴紧密合作，最佳配置形成各种资源组合，与合作伙伴一同为企业客户提供 IT 基础设施服务最高效、最安全的生态环境。

2015 年 12 月，万国数据与国内领先公有云服务提供商联合宣布达成战略

合作，共同开发万国数据混合云平台 CloudMiX。万国数据作为一个统一的服务接口，将已有的云管理平台与合作伙伴提供的公共云平台全面结合，再用统一的服务标准和服务保证，为企业用户提供最佳的企业级混合云解决方案，打造最完备的企业级混合云计算中心，最终实现一站式混合云管理服务。这次的成功合作，开启了一种全新的企业级云服务中国模式，势必将重构企业级云生态。同时，这次合作也为万国数据未来与更多公有云服务提供商的合作打下了坚实的基础。万国数据将继续积极地联合更多公有云服务提供商，通过资源共享、优势互补，撬动混合云与企业级云服务市场，共同拓展企业级混合云服务市场，让混合云在国内更快、更好地落地，为客户提供专业、安全、高可用的数据中心及云计算服务，保障客户从数据中心建立到托管服务，云计算平台以致业务拓展的全面服务流程，以独特的优势助力客户实现最大价值。

第 4 章

云计算改变行业

4

云计算与“互联网+”碰撞，又能激发什么样的变革？

颠覆还是改变？

这一切是如何发生的？

我们看到金融、电信、媒体、财务市场正在改变，

改变会有多彻底？

4.1 金融业：与云碰撞后走向“互联网+”

互联网金融既来，银行又该作何选择？

“互联网+”既来，传统金融业是应该顺流而下，还是逆流而上？

看起来，顺流是顺应潮流，但在互联网大潮下，颠覆有可能伴随着风险；逆流则是放弃思考，固守城池，金融业到底要如何在“颠覆”中寻找结合点？

也许金融服务上云是一个不错的选择，但这一定是一条走进“互联网+”的快速路吗？

那些颠覆和选择

其实，互联网金融并不能完全取代传统金融，但互联网金融的兴起及发展极大地改变了我国的金融生态，也给传统金融业带来巨大的转型压力。

这些压力表现在几个方面。

第一，模式颠覆。传统金融模式，因为金融垄断，非金融部门不得从事金融业务，导致缺乏产品创新，金融服务往往手续繁琐，用户体验很差。而互联网金融，面向互联网支付、P2P 网络借贷、第三方支付等服务具有较强的便利性。

第二，意识颠覆。传统金融业的特征是统一和严谨，并以此造成了只有统一管理才能安全的意识。但随着互联网金融的深入，这种意识正在被打破，从阿里的互联网支付破冰开始，P2P 小额信贷的崛起开始真正给传统金融业造成了压力。

第三，技术颠覆。这几年来，“去 IOE”的风潮愈演愈烈，过去的银行体系，习惯的是一种“IOE”的架构，宽泛地讲是以 IBM 的小型机、ORCLE 的数据库、EMC 的存储为代表的传统 IT 架构。而互联网金融则是采取 x86 的开放技术架构，并将很多金融服务直接托管在云端，在应用端，具有弹性敏捷扩展性强的特点。

面对这些压力，金融业曾一片恐慌。仿佛，云计算带给他们的是头顶的一团乌云。在“互联网+”的时代，互联网金融意味着什么？

首先，用户对金融服务的认可度正在变得越来越高。金融服务从过去的被动接受，转变为主动选择。传统金融业必须通过服务才能赢回用户的信任。

其次，新的技术趋势，云计算、大数据和移动互联网已经逐渐成熟，传统金融业完全有理由，通过这些技术的创新，去拥抱金融服务。

什么才是最佳通路

互联网对金融业的意义，实际上是创造一个连接和新的交互模式。

从这个意义上讲，互联网金融使得金融回归了本质。金融的本质就是连接和交易，而云计算则使得这种连接变得无处不在，这是对金融服务的促进。

但是，云计算带给金融业的一切，就一定是好的吗？

我们理性地分析来看。

第一，金融体系的IT架构，是经过了历史考验的。尽管有一定的封闭性，但稳定，安全，可控。虽然云计算代表了新的趋势，但数据隐私保护和服务的可信性、可靠性等问题还没有完全有效解决。世界上最大的公有云提供商AWS的云计算中心也曾发生崩溃，造成亚马逊云服务连续中断4天。

因为金融业务涉及资金、交易、用户隐私信息等敏感数据，对数据和隐私保护有更高的安全要求，针对金融业务云化，势必不可能一步到位，也不能追求快速迁移。

第二，云计算的核心价值，在于弹性的计算能力。传统架构和云计算架构的最主要差别是数据存储的物理位置在哪里。比如私有云，就是存储在自建的数据中心，而公有云则是存储在云服务商的数据中心。

不能否认，很多金融数据还是要存储在安全级别更高的位置，以避免不可预防的天灾和人祸。

所以，我们可以很清楚地看到，金融云服务应该走的路在哪里。

首先，金融业原有的稳定的核心系统，在所有的技术问题和安全问题没有得到解决的前提下，不要轻易谈云。

其次，为了适应互联网金融的大趋势和新的金融业务，可以考虑直接通过云服务的架构进行扩展。为了安全起见，新的系统可以独立运营，在解决了连接和安全问题之后，再接入到核心系统。

最后，私有云或是公有云，都不会是金融业入云的最佳解决方案。混合云的模式，必然将是金融业迈向互联网金融的最佳云化途径。

释放金融云服务势能

是的，从前文总结可见，从传统金融业过渡到互联网金融云服务，是需要渐进的过程。不要妄谈颠覆，选择适合的混合云解决方案去提供云服务。从这些出发点看，对目前的金融云服务解决方案，有哪些启示呢？

就在几天前，UCloud 推出金融行业云计算解决方案。该解决方案融合了混合云架构、高可用和高安全方案，是一个金融行业一站式的 IT 解决方案。

这个解决方案有几个特点，非常值得关注。

第一，应用了混合云的架构，面向互联网金融用户。前文已经提到，金融行业用户，有原有的基于 IOE 的系统架构，同时有面向互联网金融服务的需求。那么，UCloud 提供的混合云架构，不需要去颠覆传统，而把两者做一个结合。即用公有云+物理云主机+托管云的混合云模式，去满足客户设备云托管，并实现客户公有云和托管云直接对接。

第二，数据中心选址很有想法。前文也提到了，对于金融行业而言，数据资产的保护不单纯是云端，也包括了物理保护。金融行业对数据中心的能力和位置，都有严格的要求。

所以，UCloud 金融云专用机房选址中国金融中心——上海。一方面，位于保税区高标准数据中心，符合国家 A 级机房标准和“Tier3+”级标准；另一方面，1.4 千瓦/平米供电能力及 36 小时油备，拥有多家运营商充足带宽及严格的安全控制系统。

在硬件层面 UCloud 提供单云主机 32 核心、128GB 内存、10Gb 内网带宽的高性能主机，支持 GPU 加速，以满足金融业高并发和 Oracle 数据库对性能的较高要求。

第三，对金融云安全体系的建设足够。我们知道，金融业上云的最大顾虑就是安全性。UCloud 把安全体系扩展到了三个维度：管理体系，运行体系和技术体系。

分别在组织架构、合规认证和权限管理三方面建立管理体系，确保高效管理、流程合规、信息安全；在客户自主监控，平台精细化监控、恶意攻击追踪和事件告警四方面建立运行体系，确保系统运行中风险及时预警、监控数据准确、事件通知及时；在主机、网络和数据中心三方面建立技术治理体系，确保系统稳定运行。

通过 UCloud 这些主要特点，金融机构可在不改变自身已有架构和数据中心的基础上接入 UCloud 金融云，一方面降低企业对基础架构的投入，另一方面混合架构满足了企业对于安全、性能、扩展性的多种需求。

简评

“互联网+”正在改变我们的生活模式，从这个角度上看，互联网金融颠覆的并不仅仅是金融行业，而是我们的生活本身。

而互联网金融所应用的云计算和大数据等手段，真正将行业的需求由过去的被动接受，变成了主动选择。用户真正成为了金融行业变革的驱动力，云计算在其间形成了双向的连接效应，并持续地放大这种效应。

所以，金融业的转型是大势所趋，势不可逆。唯一要做的就是如何安全、平滑，甚至润物细无声地转变，而不是颠覆和打破重建。云计算，则提供了这样的解决方案，让这种改变来得不那么迅猛和难以接受。

而 UCloud 提出的混合云架构，则在技术上满足了金融行业传统架构的要求，以及传统架构与云之间连接的难题。这种解决方案，应该会在未来的一段时间里，成为互联网金融在 IT 系统升级和新业务探索中的一个主要方向。

4.2 媒体云：紧紧抓住融媒体变革

社交时代，媒体存在的必要性还有多大？

过去，这是一个伪命题，今天，这个命题似乎正在朝着更可怕的方向运行。

我国网民规模已经超过6亿，其中手机网民规模达5亿。微博、微信、移动客户端等互联网新兴媒体的迅猛发展，不仅极大改变了新闻传播和新闻生产方式，也深刻改变着媒体格局。

可是，真正颠覆媒体的并不是社交，也不是移动，而是媒体本身。在面对媒体大环境的转变，选择无动于衷，还是迅速转型，将会是传统媒体未来的分水岭。

用户对信息的获取方式，变得多样化，多媒体融合的趋势，产生了融媒体这样的发展趋势。对于身处变革中心的传统媒体而言，融媒体转型，是机遇还是挑战？

融媒体转型最难的是价值观认同

美国书籍《消失的报纸》中，有这样一个预言：按照目前的发展态势，地球上最后一位读者阅读最后一份报纸，将发生在2040年4月。当然，任何预言都只存在参考的价值。但以纸质媒体为代表的传统媒体全球化萎缩和衰落，却已是不争的事实。

与之相反的是，新媒体的快速崛起。新媒体环境下的受众普遍希望从多样化的渠道实时获取信息，而以互联网为代表的新媒体基本上可以满足受众24小时全方位、立体化的新闻信息需求，并到达最大范围的受众。移动社交，又产生了自媒体，再小的个体也是品牌的自媒体，把我们每一个人变成了媒体。

但我们也必须承认，传统媒体与新兴媒体“尺有所短，寸有所长”，二者并非一定“此消彼长”。新与旧的融合，未尝不是媒体未来的发展趋势，这就有了融媒体方向的诞生。

其实，融媒体，并不是一项简单的工作，它也是产业融合的形式之一。传统媒体在新技术的介入下发展壮大的同时，也诞生了新的媒体，新旧媒体之间相互作用，不断碰撞、交叉最终走向融合。

有一个典型的融媒体案例，发生在美国佛罗里达州的坦帕新闻中心。这个中心是由《坦帕论坛报》、坦帕电视8频道和 www.TBO.com 新闻网站组成，这三家媒体同属于 Media General 公司，在同一写字楼同一平台上办公，有各自独立的人员、办公区域和运作机制，但实行资源共享。这样，信息在同一个指挥中心就能够实现价值的最大化。

在国内，光明日报也是融媒体转型的积极实践者。光明日报社总编辑何东平在 2015 年 9 月的光明日报融媒体成果汇报会上，阐述了光明日报在媒体融合发展工程建设中的理念，并表示，在融媒体发展的道路上，“不要问互联网能够做什么，要问互联网暂时还不能做什么，而这就是我们的发展方向”。

一年来，光明日报融媒体建设取得了不错的成果，包括“光明云媒 3.0 版”等在内的一系列创新产品。光明日报社副总编辑、融媒体中心主任陆先高表示，当下的媒体融合，最大的困难就是传统媒体对新媒体的价值认同的过程。媒体融合提供了一个契机，打造新的产品来把传统媒体的价值和新媒体的特质结合起来，使得媒体融合后的产品传播形态比原先传统媒体的更有影响力。

技术将决定成败

笔者发现，光明日报在向融媒体转型的过程中，选择了很多的科技企业进行合作。比如，光明网和联想签署战略合作协议，决定在 IDC 机房中心建设公有云/私有云/混合云支撑服务，建立全面合作，共同推进光明媒体云平台建设。

这里面到底有什么意义呢？

先来分析一下，融媒体转型给传统媒体带来哪些挑战。

第一，融媒体转型，从平台融合的角度看，是通过三网融合建立三方跨平台的服务，这就需要一套严谨的规则，以此来协调三方的利益。

第二，媒体融合，在底层结构是技术的融合。这需要云计算的技术，和新形态的 IT 架构来满足不断扩张的用户需求。跨平台的技术支持，也是关键。

第三，随着融媒体对技术和互联网的广泛应用，新的安全问题将会被放大。三网融合是电信网、互联网、计算机网在相互作用中功能逐渐趋于一致，安全将成为未来很大的挑战。

第四，融媒体产业链的发展亟待成熟。内容作为新媒体发展的一个重要支撑点，对产业链的健全和发展有着至关重要的意义。

从这些角度看，融媒体转型将首先面对技术的挑战。融媒体转型，更像是一个次传统媒体的互联网再创业。技术的能力，尤其是在运用云计算和大数据方面，通过互联网的形态实现媒体融合的价值，成为融媒体转型的最大挑战。

简而言之，技术能力，就是未来融媒体转型路上成败的关键。所以，光明网在融媒体转型之路上，选择了很多优秀的技术合作伙伴来支撑自身的技术架构。

比如光明媒体云平台，这是光明日报融媒体建设的重点产品之一，致力于打造面向媒体行业、安全可靠的高性能云平台。联想将在媒体云方案设计、设备采购和行业推广方面，和光明网建立全面的合作，共同为媒体行业的融合发展提供技术支撑。

在未来，像光明网一样走向融媒体技术转型的传统媒体集团，会越来越多，它们也会遭遇相似的挑战。光明网和联想的合作，也许可以为整个行业带来一个启示，在融媒体转型过程中，媒体可以专注于内容，而技术就交给最合适的技术合作伙伴，这才是最直接有效的转型方式。

4.3 财务云：看畅捷通在云上做管理

2015 年，互联网巨头阿里的“云栖大会”很热闹，很多合作伙伴前来助威。用友旗下企业畅捷通受邀参展，并在论坛上介绍自己的小微企业财务及管理服务平台，该平台将直面行业痛点，为小微企业提供靠谱的财务服务。

这有一个新的概念。各类行业云蓬勃发展，财务行业是否上云？这是一个有趣的话题。一方面，国家政策的开明、公共云的发展及市场空间的需求推动，让 SaaS、PaaS 领域有了更多的想象空间。另一方面，则是在阿里云的平台上，汇聚了很多这样的企业。那么，作为已在香港上市的畅捷通，是什么原因加入这个生态圈，又怎么创建自己的财务云呢？换句话说，在这个圈子里看到了什么机会，两者接下来会怎么合作？

竞合的生态圈

大家可以看到的是，云计算市场的体量非常大。尤其在小微企业领域，有较多操作空间。在这种情况下，企业间更多的是思考如何合作、结盟。

因此，二者的合作背景是：在 2015 年 7 月 29 日，用友网络科技股份有限公司与阿里巴巴在北京签署全面战略合作协议，构建 B2B2C 企业互联网复合生态，共同创新企业互联网服务。而作为用友旗下企业的畅捷通也在同期与阿里巴巴达成多项合作。

其中就包括畅捷通“T+”在阿里云上的成功部署，据畅捷通执行董事兼总裁曾志勇介绍，目前包括阿里平台的电商企业，都可通过阿里云享受“T+”提供的专业财务管理服务。

而在财务服务方面，在畅捷通最新上线的财务服务平台上，将为小微企业成长提供全面的财务服务。

“畅捷通和阿里 DNA 相似度 99%”，都是服务于小微企业群体，在合作上来说，可以更顺畅地对接双方规模的生态资源。比如这次的云栖大会，依托这个平台，畅捷通可以吸引到更多的创业者加入到自己的财务服务平台中。

“互联网+”践行者

畅捷通从以前做企业信息化服务应用层，到现在走向 O2O 平台层，是看到了“互联网＋财务服务”的确可以让行业发生化学反应。

但这个转变绝不是盲从“+互联网”。

据悉，通过对行业市场份额重新分析，畅捷通发现，信息化服务软件虽然每年都有增长，但已经成熟，处于饱和状态。

因此，畅捷通两年前开始做云计算，最近重新分析市场。目前全国有近 6000 万市场主体，其中只有 2000 万是企业法人，而采用信息化服务软件的只占 20%，即其实只有 400 万～500 万的用户市场。通过数据也会发现，另外的 40%是通过代账机构服务，还有 40%是通过寻找熟人会计理账，而这块市场管理混乱无序，亟须以互联网的方式革新。

因此，畅捷通针对这块市场搭建了小微企业财务服务平台，目标在于打造“小微企业服务生态体系”。通过与各种专业服务机构及个人、ISV 的对接和合作，共同为小微企业提供从创业到成长各个阶段的一站式服务。

一句话描述这个策略就是：做提供财务服务的公司，但是没有一个会计。对，这是大家都明白的 Uber 模式。而方向也很明确：将财务服务互联网化。

曾志勇感慨地说："现在就像 20 世纪 90 年代用友做会计电算化的时候一样，革新了手抄账的时代，如今又让畅捷通很激动，因为这么做，可能会给财务互联网化带来根本的变革。"

财务管理上云靠谱吗

畅捷通的优势明显，就是懂管理，尤其是财务管理。所以向平台化发展从专业性来说，这并不难。

分析如今的市场趋势，有需求但是也有难点：一方面是创业团队众多。目前来看，每年已经有几百万个企业需要财务管理服务，这个增量市场非常大，会快速做起来。

另一方面，对于存量市场（引入之前的用户），除了常规的财务管理能力，也可以配合其他产品，比如做 P2P 等金融服务。

而难点就是，虽然财务管理是微小企业尤其是初创企业的刚需，可是目前代账机构的市场没有统一的规章制度，价格混乱；社会上约有 1000 多万个有资格的会计，且每年都在不断洗牌，有的甚至坑骗客户，让客户蒙受经济损失。

因此，畅捷通对接二者，并汇聚两者到这个平台，首先要做社群：目前已经汇聚了 100 多万个会计，自发组织活动。还要引入客户评分、打分机制，服务更公开化。并且把这些零散的代账会计挂靠到财务机构上，使之正规化。

通过这个财务管理平台，可以让流程透明化，让信息安全、用户信任。

不过财务管理是专业的具有特殊性的领域，前期投入成本很大，并且安全至关重要，为了保证企业客户安全，畅捷通会承担赔付风险，且保证用户数据永远存在于这个平台上，不会导致个体的会计抢走用户。

此外，曾志勇对小微企业成长的关键节点做出了四个阶段的划分。包括：初创阶段、成长阶段、发展阶段和成熟阶段，平台提供不同阶段的服务。

如此一来，畅捷通这样的财务管理平台的未来想象空间很大。

4.4 第一朵新闻融合云是如何诞生的

谈起云不容易。各个厂商都在宣称自己才是云，但这对业务有什么促进作用？华为和合作伙伴索贝数码、深圳广电集团号称是全国第一个实现全媒体融合生产全流程、第一个 100%应用云计算构架的全台网生产平台，也被称为融合媒体云。

那么，这个云是什么样的，这个项目能改变广电行业的生产方式吗？

再不转型就被抛弃

先从业务说起。

由于这是媒体行业，和笔者从事的行业密切相关。虽然电视媒体与平面媒体（还惦记平面媒体呢）的内容和载体、播放方式和渠道并不一样，但总体来说都属于传播领域，介质不同，理念相同。

根据专家的阐述，才明白广电行业的信息化也是如此薄弱，被现在的新媒体（或者叫全媒体也好）搞得七上八下，再加上体制、资金、人才等种种因素，要跟上时代节奏不容易。

想想也是。现在的媒体平台如此多，人人都是摄像师，随便抓个热门新闻放在土豆优酷、腾讯视频中，再加上公众号传播和微博转发，分分钟就完成了传播。如果这背后有各种推手，出动段子手和文案狗，加上大 V 营销，还和电视台有何关系？这就是互联网时代的媒体困境。

第二呢，媒体强调资本运作，大而全，结果搞了多个独立的业务部门，按照介质可分电视、网站、点播、广播、户外、平媒等。本来以为这些部门能“小而美”独立发展，自由竞争，结果单兵作战不如集团作战有优势，力量薄弱，资源分散，不利于发挥整体优势。

如果细分，这里面又可以分为内部的生产和协作、信息采集和传播、信息的互动等。这就是所有媒体面临的挑战，该怎么变？

听华为企业 BG Marketing 与解决方案销售部总裁何达炳的意思是，媒体行业要从“单一渠道采集、封闭式生产、点对面单向传播”向“多媒体采集、多平台生产、多渠道分发”转变。

这就是“融合云”的核心，驱使业务变革。

融合云怎么产生的

那么，何达炳说的“融合云”是什么意思？

还是从业务角度分析，深圳广电最想干的事情就是变成全媒体，整合资源，发挥最大的集团优势。比如，以前是线性工作，记者采访拍摄片子，带回来编辑剪辑，然后审核通过，播放，一条新闻完成。

现在按照互联网的玩法，人人都是采编，在大马路上也能采集信息，录制节目之后立即丢到云平台中，让编辑挑选。这个资源池面对所有传播介质和部门，打通了部门的“烟囱”条块，共享资源。在传播中，栏目负责人按需挑选和定制，并可以根据栏目与观众的互动来选择节目源，甚至是让观众参与到制作者中（各类真人秀节目就是如此）。何达炳说，这就是在电视台内搭建高码流编辑的私有云系统，台外构建了具备云编辑、合成、渲染的视频公有云平台，记者可以随采随编随发，极大优化内容生产模式。

同时，公有云和私有云之间业务高效协同，并可充分利用大数据分析技术，对海量内容资产进行深度挖掘，实现精准传播，有效支撑传统媒体向全媒体转型。

好吧，要做到私有云已经很不容易了，还要做基于大数据的深度挖掘，这估计是未来的前景，也是第二步工作。

搭建云为何不容易？因为在这样的项目中，难点在于视频的传输速率、解码处理和存储，都占用大量的资源。

为此，华为、索贝数码和深圳广电联合共建基于 ALL IP 架构、弹性计算资源池、媒资存储资源池的混合云全媒体解决方案，还开发了专用的传输协议，确保视频在整个流程中顺畅。

“BDII”是成功的关键

华为不是专注搞基础建设的，怎么做起了媒资行业，还拿下了几个大单？比如 2014 年和凤凰卫视的合作在分布式数据中心；2015 年则进一步做融合云。

按照华为最近的“BDII”行动纲领看，要做“以业务为驱动的 ICT 基础架构”，重要的是与合作伙伴联合创新。这里还有华为“聚焦”和“被集成”战略，略过不谈。

在深圳广电 IT 采购中，华为先是外围硬件产品供应商，后来才逐步成为主流的供应商。在多次磨合之后，与合作伙伴拿下了融合云项目。

为什么能拿下？关键是业务驱动，三方配合，各自专注擅长的领域。广电做未来规划，在组织架构和商业模式中做出调整，然后才有 IT 需求和采购。索贝数码是行业“隐形冠军”，长期与传媒集团合作，了解客户需求，定制解决方案。而华为则构建底层基础架构，以技术支撑业务，解决 IT 难点。

只有这样，以“业务为驱动”才能够发挥三方的价值。

据悉，深圳广电体系构造的融合云在全国也属于前列。关键是这个融合云让私有云和公有云根据业务需求而划分，为深圳广电系统的“新闻中心”以及未来的转型奠定了极好的 IT 基础。

后记：注重技术才能变革

抛开具体的业务，小编对本次会议最大的感受是对媒体行业的看法。尽管未来趋势“人尽皆知”，但要落地难上加难。大到一个集团，小到一个部门，面临变革总有各种考虑。除了机制、利益等需要协调之外，最重要的是技术支撑。

比如在具体业务中，什么是一个平台，多个渠道分发？网络和技术能否支撑，能否做到智能化？在未来高清、超清、4K 等趋势来临之后，这个基础架构能否适应？这都是需要考虑的问题，而不仅仅只有概念，没有落地。

这次华为谈了不少技术细节，如开发了专有协议，让网络传输更快；有专门的视频解码解决方案，还有大容量高性能智能融合存储、专业级视频处理云计算平台、无丢包承载网络、分布式数据中心等。没有技术做支撑的转型，总觉心里不踏实，无法落地。

所以，媒体不易，转型不易，技术必须加以考虑。

4.5 通信云：小应用解决最后一公里

不知不觉，互联网的商业模式已经走过了两次浪潮，即将迎来第三次变革。

我们知道，让互联网真正从规模走向商业的两次大的浪潮，第一次是网络游戏，解决了互联网与大众娱乐的对接。第二次是电子商务，解决了互联网与生活购物的对接。当下，这两大互联网商业生态已经日趋成熟。

第三次互联网变革会诞生在哪里？开始的时候，有人说是 LBS。基于精准的位置提供服务。可是，随着互联网改变了用车，改变了外卖，一个新的定义出现了，那就是 O2O。O2O 被看作是有望成为下一个过万亿级的线上市场。

当下移动互联网和电子支付变得普及，通过线上到线下资源的整合，完成产品或服务是 O2O 存在的使命。究其核心，就是要完成产品或服务的“最后一公里”。

但是，所谓的“最后一公里”，为用户带来了太多的困惑，成为了 O2O 走向真正成熟的痛点。所以，我们看到了太多的 O2O 公司，却很难看到真正的 O2O 巨头。

被质疑的最后一公里

笔者认为，互联网之所以能够颠覆传统行业，最主要的原因在于互联网是真正基于用户的需求出现的。而真正的基于人群，就一定要有人文环境。尤其是 O2O 在最后一公里的服务，即最直接的人与服务连接。O2O 必须要对互联网的人文环境负起责任。

事实上，互联网并不是一片净土。我们在互联网时代所遭遇的各种骚扰和隐私泄露，都超过以往的任何一个时代。

比如，我们使用互联网打车服务，在高峰期会遭遇车主加价，或者退单。当我们按照流程进行投诉之后，却有可能因为电话号码的公开，被车主打电话辱骂甚至威胁。这种情况，已经不止一次发生了。

再比如一些互联网服务，如医疗线上咨询，在咨询过后，因为个人电话信息的泄露，电话会时常受到销售骚扰，时而还会伴随着各种垃圾信息。

当然，除了用户层面，O2O 造成的信息泄露，让企业遭受的损失更为明显。最近，我们看到市场正在展开新一轮 O2O 的租房大战，可是一旦在服务上无法解决通话的加密问题，跳单和飞单就会变成常态。

有时候，客户与房主发生了直接的通话后，就绕过了房产中介，让中介服务变得形同虚设。有时候，在意向初期，部分中介销售获得了客户和房主的信息后，会存在私下交易，绕过公司的可能。

无论哪种问题发生，都是公司的巨大损失。久而久之，则对公司的整体竞争力产生影响。

可见，O2O 造成了隐私泄露，用户在享受到了 O2O 的便利后，也同时感受到了幸福的烦恼；与此同时，企业面临 O2O 的机遇时，也遭遇到跳单与飞单的困扰。

通话，是很多 O2O 模式的最后一公里，有什么办法能在通话的机制上，改善 O2O 的人文环境。创造新的模式吗？

“电话回拨”，提出了一种积极的办法

可以看到，几乎所有的 O2O 最后一公里的问题，都发生在通话环节。

为什么呢？因为所有的 O2O 服务的最后一步都是以电话号码为依据的。从最常见的快递服务，到外卖、用车、咨询和各种上门服务等。所以，实际发生的信息泄露核心就是：电话号码。

问题分析到现在，很显然，解决最后通话的双向隐私泄露，就是对 O2O 人文环境建设的一大应对方案。

笔者关注到，神州专车和易到用车这些互联网用车 O2O 服务，都使用了一种叫“电话回拨”的解决方案，来解决这个问题。

什么是“电话回拨”

简单地说，这也是一种云服务，即用户通过终端发起通话请求，由服务器给主、被叫双方拨打电话，双方接听后进行通话。它最主要的一个好处就是保护双方号码的隐私。

从用户价值来看，通过“电话回拨”，易到用车就可以防止乘客对司机给差评后，司机对乘客进行骚扰的问题。

从企业价值来看，神州专车通过使用“电话回拨”，避免让司机与乘客在成交前有直接沟通，也避免了专车司机在为乘客提供一次服务后就自己联系乘客。

以此类推，房地产中介的 O2O 也可以通过“电话回拨”，来避免客户与销售之间、客户与房主之间形成私下交易，避免跳单及飞单。

这一看似简单的服务本身，产生的却是一个杀手级的应用。通过对 O2O 最后一公里的通话环节进行加密控制，来避免隐私泄露。笔者认为，它会成为未来，很多的服务型 O2O 的标准配置。

是否值得信任

当然，很多人，也许有类似的顾虑。“电话回拨”解决方案的提供者是谁，这种模式是否值得信任？又有什么特色呢？

首先，“电话回拨”是容联云通讯提供的一种通信互联网解决方案。

不同于目前大多数虚拟运营商所提供的“卖卡号”等简单的电信增值服务，容联云通讯的增值电信服务具有一定的专业电信技术专家、行业积累等资源壁垒。

近年来，随着云计算的普及，容联云通讯把增值业务的核心平台搭建在阿里云上，从而让用户获得最高性价比、方便快捷的增值电信服务。“电话回拨”则是由容联云通讯开发的一个“很轻”的应用。

一方面，它的开发环节极其简化，在网页上实现电话回呼，在 PC 软件、手机 APP 上实现电话回拨，都只须简单调用 API 即可。目前 O2O 的很多公司都是创业型公司，技术能力并不十分雄厚。简化开发，是这个解决方案在 2B 层面的一个特色。

它的另一个特色则是不依赖网络，回拨仅在发起呼叫请求时联网，通话过程使用传统电信线路，不受网速影响、通话质量高。这让人联想到现在政府倡导的“互联网+”。“互联网+电信”的核心，就在于在传统通信解决方案基础上，加一些互联网的方法来提升效率。“电话回拨”不依赖网络的特点，又是 2C 层面的一大特点。

总而言之，在互联网的世界，诸多神奇往往由一些小小的应用引发。互联网第三阶段的 O2O 大潮中，谁知道“电话回拨”不是一个撬动万亿市场的支点呢？

4.6 电信云：公有云是下一个趋势

2015 年西班牙巴塞罗那举办的 MWC2015（世界移动通信大会）吸引了许多人的目光，华为再次以整体形象亮相。除了发布眼花缭乱的消费类产品之外，华为还面向运营商发布了云服务解决方案。

值得注意的是，此次华为与英特尔战略合作，主攻全球运营商提供公有云解决方案，支持运营商采用创新的技术与解决方案发展公有云商业，为企业提供电信级的优质云服务。

华为和英特尔早就是战略合作伙伴，这一次它们为何联手为运营商公有云，联手之后会促进整个行业快速转型吗？

运营商：要么是管道，要么是转型

云计算在各行各业的加速落地正在带来无限商机，但在云计算市场格局中，运营商则是一个耀眼却又尴尬的存在：不像互联网公司那么快那么活，也不像传统 IT 巨头有技术有产品；甚至，今天的运营商越来越沦为流量通道，却没有从流量中获得更多的附加价值。

但不管是计算资源还是带宽资源或者是服务的经验和能力，运营商都有着得天独厚的优势。因此，面临公有云服务，运营商也在遭受来自互联网公司的冲击，转型和创新成为运营商在发展公有云服务上一个迈不过去的坎。

其实，在云计算领域，运营商自身的优势明显，这种优势不仅体现在带宽资源与数据中心的整合上，同行还体现在提供大规模、无中断的信息服务上，这是许多 OTT 云服务商所不具备的。当前，云计算已经成为运营商的未来所在，在这种情况下，谁的转型速度快，谁就能在未来的竞争格局中占据先机。

在运营商迫切向公有云服务方面转型的同时，华为作为运营商的长期小伙伴同样也在快速转变。从 2008 年开始部署云计算发展计划，到 2011 年在首届云计算大会上宣布成立 IT 产品线，华为在过去几年里迅速杀入云计算领域，并快速积累起云计算的服务能力。与此同时，华为也在致力于帮助更多的企业发展云计算，其中，运营商业务作为华为的看家领域，自然是首当其冲。

华为：懂运营商不够，还要懂云服务

俗话说：打铁还要自身硬。运营商要转型，华为作为运营商多年的好伙伴，也要给力才行。观察下来，华为的优势主要集中在四个层面。

懂运营商

华为长期关注电信运营商的发展，在全球电信业二十多年来每一次重大转型中都发挥了积极的作用。当 ICT 大潮涌来时，不管是运营商还是华为，都在迎头赶上，华为更是早在十年前就启动了针对运营商云转型的技术与产品的研发，并整合华为全球的合作生态链，打造帮助运营商提升竞争力的云转型解决方案。

当然，华为这么做也缘于坚信运营商在未来云服务的市场中必成为主导力量：当运营商弥补了与 OTT 云服务商在创新业务使能、运营与流程优化、基础设施 IT 化的差距以后，运营商利用自身高可用的云数据中心、安全可靠的带宽资源可以实现再度领先。

产品技术强

经过近十年的持续研发，华为 IT 在计算虚拟化、存储虚拟化、网络虚拟化，以及基于 OpenStack 的云管理软件等方面有了深厚的积累，并在服务器、存储等产品上实现了持续创新。

其中，华为云平台是云转型在技术上的关键环节，决定了运营商交付云服务的可靠性与竞争力。华为 FusionSphere 云平台拥抱 OpenStack 开放架构，实现了计算、存储、网络等所有 IT 基础设施，以及多样的、异构的数据中心的云化，经过 Vodafone、Telefonica、中国移动等全球 Tier One 运营商的实际部署验证，已经成为电信运营商云转型的首要云平台选项之一。

集成服务能力强

目前，运营商与 OTT 云服务商已经存在一定差距，运营商不仅需要从商业模式、运营管理到基础设施的垂直转型，同样也需要从商业咨询、业务协同到数据中心云化的水平构建。华为在努力推进运营商云转型的历程中，已经参与到 Vodafone、Telefonica、StarHub 等走在全球电信云转型前沿的运营商的成功实践中，这也让华为具备了提供全生命周期的运营商云转型的集成服务能力。

整合能力强

这年头不论什么行业，基本不存在一家通吃的情况，华为支持运营商向云服务转型也是如此。华为基于自身优势，通过整合运营商转型云服务所需要的其他优势资源，一方面可以为运营商提供助力，另一方面也能给整个生态系统中的其他企业带来新的机会。

英特尔：合作全方位

英特尔作为芯片、软件与计算领域的领导者，自然是华为首要考虑的合作伙伴之一。在双方最新签署的公有云合作备忘录中，华为与英特尔将围绕硬件、软件、网络与安全等云服务商关注的焦点开展技术和解决方案上的合作，提供富有竞争力的公有云解决方案，帮助运营商建造云数据中心，把传统数据中心改造成云数据中心，支撑运营商快速部署云业务，提升管理便捷度。

而华为的 FusionSphere 运行在 Intel 的 x86 架构上性能极佳，从而达到有效降低运营商发展公有云服务 TCO 的目的。

从这一点上讲，华为和英特尔的联姻顺其自然。接下来，就看两者要发布何种重量级的产品，如何帮助电信运营商转型云服务。

4.7 政务云：新 IT 之后的成果

既然是政务云市场，首先要从政策层面说，2015 年是“十二五”的收官之年，也是政务云市场赛跑的关键一年，未来政务云的推广速度会非常快。那么，既然市场这么大，如何削尖了脑袋、憋足了劲跑？

政务云也发生了很多变化，联想一直强调的是有与政府部门合作的 30 年经验，那么如何根据变化，以“新 IT”架构帮助政府部门实现云化转型？另一方面，政府部门也有自己的难处，有的缺技术、有的缺资金，因此其在对厂商采购方式和合作模式上也都在发生变化。怎么来做？

顺势而为

首先来看国内政务云市场形势。一方面，国内政务信息化推行了很多年，2015 年在联合国电子政务信息化排名中位居 70 位，与其他国家还有很大的距离，但已经是我国排名最好的一年。另一方面，“证明你妈是你妈”的笑话还在发生，也说明服务公众的政府信息化改变非常迫切，尤其是在推动国内制造业转型中，政府部门有责任做好服务的准备。

在这个形势推动下，政务云市场本身发生了一些变化。其中最大、最直接的变化就是，以前政府以购买设备为主，现在是购买云计算的方式，即购买“计算＋服务”。面对这种变化，联想顺势而为，在政务云领域不断加速创新，努力打造更好的政务云体验。

正如大家都在提的，现在处于创新和变革的趋势下，信息和数据在不断地跨界融合。联想和政府部门打交道这么多年，应对起来也非常迅速，因此联想集团副总裁、中国区大客户事业部销售总经理叶明对应地提出，“数据”和“服务”是两个关键点：

首先，数据方面，联想在安全的基础上对原有数据平台进行整合，一方面利用静态数据和动态数据进行挖掘，从而提供服务。另一方面结合移动互联网的服务思维进行转变，解决政府部分如何把企业支持好，方便地提供创新的孵化和其他支持。

其次，服务方面，提供云到端的基础设备。联想现在已经具备 IaaS 层的支撑能力，继“Open+”战略后，发布了政府新 IT 建设联盟，全方面服务政府部门。比如与软通动力在智慧城市的建设，与东华软件在气象国土方面的合作等，都尽可能地通过与业界伙伴合作的方式全方面进行支撑。并且，合作伙伴本身就是政府的供应商，有自身行业的研究基础，因而在对接中更加高效。

应需而变

但是，对于实际情况不同的政府各个部门，怎么落实是个问题。当新技术来临的时候，信息化中的网络是否需要重新来投资？收集数据的技术越来越多、越来越方便，对终端的挑战自然也更大，怎么解决？

联想应需而变，转变了以前的合作方式，定位为政府的合作伙伴，解决政府部门深度的一些痛点。

比如信息化过程中的一些资金、人才软件方面的问题，可以借助联想的平台，以联盟的方式提供包括合作伙伴的一些资源、解决方案和研发投入。正如叶明所说的，“只要是政府信任，都是可以通过这个平台来提供服务的。”

针对不同政府部分有不同的网络情况及原有硬件的成本问题，联想通过合作伙伴的方式，帮助政府部门通过民间资本实现购买服务的转型。

据联想集团中国区大客户事业部政府行业总监李文科介绍，目前主要有三种模式在尝试，第一种方式是跟业界合作的公司共同打造这个业务，同时帮助政府去运营和支撑这个体系；一种是联想现在提供的模式——PPP 模式，政府自建，联想投入设备，政府要保证未来 5 年采用服务公司的服务；第三种是联想计划在做自己融资租赁公司，去参与一些政府项目的投资。

云化转型

当然，政务云化转型最大的推动是国家简政放权的政策，打通各自割据的系统权限，这是变革的前提。因此，在架构上，联想也提出“新 IT”的思路来做，由以前提供硬件设备，到现在还提供基础架构和云计算，并且联想是唯一一家从后端到前端的硬件支撑服务的公司。

那么，什么叫做“新 IT”，政务系统 IT 架构如何实现云化转型？看看对政府需求很敏感的联想是怎么来做的。据了解，推动政府职能转变的“新 IT”需要具备三个要素：安全是前提、领先和开放。

安全是前提

提到政务云，大家第一反应都是安全怎么来保证。联想在整个过程中，便是把安全看作基础。为了做好，甚至专门成立了新公司——长风公司，其定位是基于国家安全自主可控，打造符合国家信息安全标准的产品服务，服务的对象主要是特种行业（即军工行业、政府涉密的一些部门）。

领先

IT 让政务信息化加速，但是联想一个企业能力有限，因此要想快速度切入政务云市场，还需要不断推动技术创新，实现全球顶尖技术的安全可控，为政府提供从技术、产品、服务到合作模式全方位的最佳 IT 体验。

开放

联想在与政府部门的合作中发现，其涉及多样化的应用需求，即便是独立的政府应用也需要不同类型的服务方式提供给各行各业及不同用户，因此需要打造开放的产业生态圈，聚合更多的业界伙伴资源为政府部门服务。

而联想之所以可以敏锐地抓住政务云市场的变化，得益于其具备与政府合作 30 年的基础，一直聚焦政务云和行业应用，以及可靠的团队来服务。据悉，联想政务云目前发布了三个重要的方案，分别是移动执法、数据采集类方案、移动政务类方案，12 项工程已经做了一期，未来还有二期、三期。

第 5 章 云计算和创业

自从云计算进入星火燎原之势后，这种新型的技术激发了创新市场。

大众创新，万众创业

细分领域涌现出各种云计算的创新公司。

这究竟是资本的狂欢还是技术的革命？

在这一场创业中，能为创业者带来何种启发？

5.1 云时代如何管理

都说创业容易失败，但为什么会失败？是不懂技术还是不懂市场，是没有钱还是没有人？其实，现在创业的问题不是在资源方面，而是不懂互联网社会下的企业本质，也就是不懂管理，何谈带队伍，做产品？

懂管理吗

经常有企业创始人问，为什么自己的公司会失败？他们苦恼说，自己有全球最前沿、最核心的技术；有中国最好的开发人员和产品经理，有巨大的潜在市场，还拿到了几轮风险投资；给员工业内最高的工资，还有种种股权激励，可为什么到了4～5年之后，资金链条短缺，产品卖不出去，员工纷纷离职？

应该反问创始人，你懂管理吗？你懂互联网下的管理应该是什么样的吗？你让你的企业社交了吗？

这就是管理的魅力。你知道它的存在，但你不知道如何入手。它无所不在，又不像资金、战略、人才、市场、产品那样具体。

如果创始人不懂管理，十有八九都会失败。

核心是标准化和流程化

现在所有人一谈管理必称德鲁克，他在业内被誉为“大师中的大师”，备受尊重。

管理的本质是组织资源，达成目标，让企业盈利。这在工业社会的表现就是以调配一切资源为手段。资源是什么，是你的资金、生产材料、人员、时间、研发成本、技术投入、战略研究等。

工业时代管理的核心是流程化和标准化，本质是对资源的争夺和调配，这才产生了丰田的精益管理和各种管理软件。精益管理让企业以最小的资源投入，组织所有的生产活动，产出最大价值。

形象地说，流程化和标准化是卓别林的《摩登时代》，人是制度中的螺丝钉，被物质化，也指单向度的人。人成为机器和制度的奴隶，被奴役。

现在是互联网时代

如果我们脱离时代谈论管理，就犹如拽着自己的头发离开地球，不现实。

顺便说一下，创业者动不动把中国先哲的经典著作搬出来，要么是无知造成的无畏，要么就是新瓶装旧酒，骨子里没有现代管理的思维，更不要谈互联网时代的思维了。现在是互联网时代，或者是信息社会的前沿，很少有人能真正理解本质含义。

这个管理理念是，你怎么管理公司以及你的资源，怎么调动员工的积极性和参与性，并让他们有成就感，最终盈利？

互联网时代的核心是信息，这也决定了企业该怎么管理，也是管理者的职能所在。

不确定性增加，一切在融化

互联网社会的表现如下。

一是以信息为本。信息是核心，构成生产要素。从这个维度看企业的生产、企业的价值和存在的意义。

二是边界在消失，融合加剧。信息让边界消失，模糊性和复杂度增加。你不知道这种消融何时是临界点，何时产生颠覆作用。模糊性表现在，个人空间和公众空间的消融、组织和组织之间的消融、组织和个体之间的消融、行业和行业之间的消融，一切都是动态化的。复杂性是指，需要从多个纬度看问题，并没有一套放之四海而皆准的准则，新的事物大量涌现，很难界定。

三是以人为中心。没有人，任何物体都不会产生价值。人的知识被放大，智慧嵌入到各种物体中。人们不再是“螺丝钉”，而是以个人兴趣爱好来参与活动。

四是任何有形的组织会消亡。随时组建，任务完成之后又消亡。这是一个动态的过程，而非固化的过程。流程是固化的，而组织是动态的。组织变小，变得更灵活。

当然，现象很多，不过要懂得抓住核心。

中国在抓住这轮机会

现在不少中国企业都在瞅准互联网企业下的管理变革，不确定它们是投机还是真正看懂趋势。

如果只说产品，需要提醒大家的是，你只要看看这个产品的核心是什么，是不是站在人——“员工”的角度设计的，是不是以“信息”的流动为核心的，是不是一个开放的平台，是不是一个社交化的产品。

美国的大公司像传统 IT 公司 IBM、微软、思科以及新兴公司和网络公司 Jive、Salesforce 等都有企业社交产品。但由于没有抓住核心问题，有些产品已经没落，很是可惜。

现在看到中国正在兴起新一轮的企业社交网络，也是由传统 IT 公司、网络公司和初创企业领衔。比如中国最大的电商阿里有此类产品。不过，像用友超容的企业空间这样的产品，不知道该把它定位为传统的管理软件厂商的产品还是网络公司或初创公司的产品？从体验上来说，它的设计理念符合互联网下的管理理念，能精准理解“信息”在企业中的作用、发挥的价值，以及围绕“信息”，企业是如何开展工作，并进行社交的。

不过它现在的产品还不够完善，但在某种程度上也代表了中国对互联网思维方式的探索。

视野比情怀重要

要说这些厂商的管理思想和管理软件，实际，视野很重要。

不要以为自己是互联网公司，就以“连接”为目的，试图打造一个平台，能将管理思想反映到流程中。

不要试图以工业思想的规划来做“目标型”的产品，那样还不如一个方法论，它只不过提供了更高效、快捷的产品。

要设计好产品，不仅要产品经理参与，更需要公司的创始人参与。你这个产品的理念是什么，是否符合这个时代的需求？动则以“用户体验”、情怀为由头的，大多是虚假的。关键是要挖掘这背后的逻辑和未来的前景。

互联网时代的产品很难做。一切都是动态的、变化的和不确定的。要多想想趋势性的东西，而不是总想编个故事骗资本市场。掌握了互联网的精髓，就不仅懂管理还懂企业落地，至少能将产品做得八九不离十。

没有视野，哪来情怀呢？

5.2 成为“独角兽”的秘密

现在，我们看到非常多的“BAT”的老人，离职创业，也有很多的创业者没有选择去 BAT 这样的巨头，不是因为水平不够，而是为了追求更高的终点。

笔者曾和一个云创业公司的技术大拿们聊起过，为什么他们不去“BAT”，回答是：第一，互联网创新起点一样，没必要去“BAT”；第二，BAT 已经上过市了，言外之意，所有读到这的人都自然会懂。

可是要怎么理解这种创新的起点是一样的？大公司和小公司的对比，显然无论是品牌效应、资金流、人才的集中度到市场的认知，统统是落后的。要靠什么，才能走到和大公司一样的起跑线，而最终成为一家创业的“独角兽”呢？

值 190 亿美元的 WhatsApp 启迪

通过一个经典的案例，也许我们能以最快的速度找到答案。

当 Facebook 以 190 亿美元收购 WhatsApp 时，没人想到它的工程师团队只有 10 个人，但却能支撑月 4.5 亿活跃用户的访问，平均每日接收 190 亿条消息，发送 400 亿条消息，同时还有 6 亿张图片。

这个故事告诉我们，当你的业务从一开始就放在云上，那么这个梦想就可能会无限放大。

在今天这个时代，传统行业与互联网正在互相博弈，传统行业在艰难地抵御着互联网带来的冲击，从金融这样的大行业到用车和外卖这样的小应用，比比皆是。

造成这种局面的核心不单纯是互联网模式带来的颠覆，更重要的是，所有的互联网创业，都是技术创业，技术创业本身就代表着创新，这种结合点从一开始就注定了要去颠覆。比如，百度创始人李彦宏，在 2015 年 4 月的两会上谈到创业时说，“创业一定要有向前看的眼光，跟风赶潮流，吃到的很可能只是残羹冷炙。”这表示，如今的创业必然是从初期阶段就要考虑个性化和与众不同，这就是颠覆。

任何一个颠覆性的创新都会带来不可预期的放大效应，一夜成名，业务激增成百上千倍并不是神话。这是今天的互联网创业必须依赖云技术的第一个原因：为了应付未来的一切不可预见性。

其次，技术对于创业公司来说，就是核心价值。但是往往这些公司没有过多的资金来锤炼技术，购买技术设备。其实，创业是一个系统工程，一个创业项目从一个想法到产品落地，中间会经历很多环节。相较于大公司，创业公司最大的问题，就是缺少技术和设备的储备，那么如何在短时间内，解决这些技术上的琐事，而把主要精力放在产品打造上呢？

解决办法，仍然是云。通过购买云服务，去解决基础设施和网络方面的需求，而不要花大把的时间精力和资金去做建设自己的数据中心。

换句话说，让创业公司，和大公司在技术创新上，处于同一起跑线的唯一途径，就是通过云服务来实现托管。比如通过百度开放云，任何一个创业公司都可以体验到和大公司一样的基础设施、平台和应用软件。

总结一下，云，就是一种能力，通过对这种能力的获取，创业公司可以跟大公司在同一起跑线上竞逐。有了同一起跑线，才有了挑战大公司，成为独角兽的可能。

把握前所未有之盛世

今天的万众创业，绝不是一个简单的口号。移动社交的机遇，让传播变得简单易行，找到用户的成本前所未有的低。云技术的高速发展，为互联网创业提供了快速又弹性的基础设施。

现在的技术创业环境，可称得上是前所未有之盛世。

首先，是政府的鼓励和扶持，近半年来，各地的孵化器、创业园如雨后春笋般涌现。2014 年上半年，仅中关村新创办的科技型企业就已经超过 9000 家，平均每天诞生 49 家。这个数字比 2013 年的 6000 家高出了 1.5 倍。

其次，是市场的成熟。很多人没有意识到，为什么小小的智能手机，会引来超过 100 家公司竞逐，因为几乎所有与服务相关的行业最终都会变成人与数据的信息交换。而通过移动和社交产生的巨大创业机遇正开始浮现。

最后，是基础设施的成熟，现在的创业绝大多数集中在互联网领域，并通过互联网向用户提供服务。如果按照过去的流程，在产品发布前，创业公司要在基础设施的购买和管理上花费无数时间和成本，很多时候甚至影响到主营业务的进度。

我们知道，技术创业的核心是产品，而产品能够迅速走向市场的核心是快速迭代和专注。现在的百度开放云等公有云提供商，其实为技术创业提供了新的思路，直接选择便宜又可弹性扩展的云服务，把精力留给产品和业务。

另一方面，“互联网+”也正在形成新的创业潮。李彦宏在 2015 年 4 月表示，“互联网和任何一个传统产业进行结合，360 行，甚至 3600 行，每一个行业跟互联网的结合都会有创新出来，都会有很多机会。”

“互联网正在加速淘汰传统产业，如果不去互联网化，如果不去融入到这样一个浪潮，很快就会被淘汰。”其实，李彦宏所表达的核心并不是说，传统行业会消失，而是面临互联网化，这对很多传统行业而言，相当于二次创业。谁说，二次创业的传统企业不会产生“独角兽”，一切皆有可能。

技术创业选择百度

我们知道，业界对国内互联网三巨头“BAT”产生的共识：阿里的运营，腾讯的产品，百度的技术。如果从这个角度看，当创业者选择了不同的合作对象时，他们可以获得的回报也应该是不同的。以百度的技术特征出发，创业者应该可以在这里得到最大程度的技术支持。

分析今天百度在技术上的三大资产。我认为是百度开放云、百度大数据和百度大脑。百度开放云提供了传统的公用云 IaaS 和 PaaS 层的能力；百度大数据，解决了海量异构大数据的存储和分析；最后，通过数据挖掘、机器学习和人工智能等技术形成了百度大脑。这基本形成了百度在技术链条上的核心价值。

从这三大技术资产形成的闭环上，可以明确地看到创业公司在企业发展的每个阶段，所有的技术需求，在百度可以找到他们的答案。

当然，这个链条的形成，完全依赖于百度自己的技术积累。比如，百度开放云，是由百度过去多年在私有云方面的经验汇总而来，目前，百度已经建成了数十个 IDC，满足近 50 万服务器大规模集群部署，并构建了遍布全国的 CDN 分发网络。同时在整机柜、自研万兆交换机与 SSD、高温耐腐服务器等方面不断进行创新。

现在，这些经验，正因为百度开放云的开放，已经变成了创业者可以直接获取的能力。针对创业者，百度开放云会集成及开放百度大量的大数据和人工智能的技术，使得客户及合作伙伴可以充分利用百度的这些能力，充分利用这些会思考的能力，把业务做大做强。

另一方面，在传统行业向互联网转型的过程中，会遭遇到的问题。百度开放云还推出了百度生态领域的行业解决方案，据百度开放云负责人刘炀所说，“行业的解决方案正在不断增加，如此前公布的在线教育解决方案，就获得良好的口碑。”

总结全文，我们可以肯定地说，没有颠覆意识的创业不会走出真正的“独角兽”企业，而具备颠覆性的创业公司，就一定要选择云技术来满足一切不可预知的未来需求。最后，在云合作伙伴的选择上，真正技术流的百度和百度开放云，也许会帮你解决在企业成长的不同阶段所遇到的一切麻烦。

5.3 有这么一家企业擅长玩 Docker

“Docker 有太多坑要填”，一些做架构的人总会聊到这个问题。说到

Docker，虽然发布才两年，但已经被认为是企业互联网化中，IT 架构变革的关键技术。并且目前来看，大家都已经在摸索中了。

Docker 领域也滋生了很多初创企业，DaoCloud 就是其中一家，围绕容器（Docker）技术提供各类云计算平台服务，趟过了很多坑之后，也非常快速地发布了一些成熟的解决方案。

但是对企业来说，怎么做？依然是个问题。

给了 Docker 怎样的机会

如今众多应用需要快速推出、快速更迭，而许多企业当前的应用交付模式，已经成为 IT 快速响应业务需求的瓶颈。

谁能来提升？这便有极大的市场发展空间。

正如 DaoCloud 联合创始人兼 CEO 陈齐彦所说，“互联网的生存法则就是变，企业在往互联网转型的过程中，更需要快速应变的能力”。

从业内观察，越来越多的企业已经开始转向互联网类型的架构，即轻应用，微服务。在这个过程中，支撑它的平台和技术的 Docker，已经成为企业的 IT 架构变革的关键技术。

那么来看看，企业看中了它哪些特点？

Docker 官方如此描述：“Build，Ship，Run. An open platform for distributed applications for developers and sysadmins”。换言之，Docker 为开发者与系统管理者提供了分布式应用的开放平台，从而可以便捷地构建、迁移与运行分布式应用。

进一步说，容器技术最大的优势在于：一方面，容器对系统资源的消耗相对很低；另一方面，容器设计之初就是为了解决集群架构下的应用发布问题。

解决哪些问题

也因此，利用 Docker 的天然技术优势，DaoCloud 抓住市场机会，集中在“托”、“付”问题上“挖坑”，发布了企业级容器云管理平台，主要包括两个方面：SaaS 化应用交付平台和混合式容器运维平台两个部分，分别负责应用的“付”和“托”，也分别解决了企业在实际操作中的头疼问题。

“Code to Cloud”快速部署：平台分为两个部分，具体来说，一方面是在应用交付前，即镜像构建过程，DaoCloud 通过 SaaS 化应用交付平台帮助企业实现开发测试运维一体化。

用他们的话来说，就是解决程序员的“头疼”问题，做到“Code to Cloud”自动化应用交付流程，以一站式服务为开发者完成从源码到持续集成、镜像构建、发布管理和容器托管的整个交付流程。

需要说明的是，其技术基础是：此前 DaoCloud 在支持 GitHub、BitBucket 等国际主流代码托管服务的基础上，已经顺利完成了与 Coding、GitCafe、开源中国，以及内网环境下 GitLab 等国内流行代码托管服务的技术对接。这就可以给开发者提供更加友好的用户体验，以及更无缝流畅的应用交付流程。

“魂器”式管理

另一方面，在应用交付后，即容器构建后的容器管理部分，可以通过混合式容器运维平台，实现高效、可靠的容器管理。

这是因为，多年来，IT 行业中开发与运维一直是分开的，但是分布式系统的大量应用，使得系统规模越来越大，软件也越来越复杂，系统环境配置暴露的问题越来越多。

利用容器技术，将二者合为一体后可以更好地解决这些问题。

用两个比喻来说明：

大家都知道容器技术是云端应用的标准交付件，因此，大多将其比喻为集装箱，可以快速部署；而交付后的容器管理部分，陈齐彦将其比喻为企业业务的“魂器”，因其具有可复制性，如同伏地魔，寄托于很多魂器之上，形散魂不散。当然，这个是为了满足程序员们对“架构的可扩展性和伸缩性”的需求。

强调一下，利用容器的这种编排能力，做到高效、可靠的容器管理，这也是 DaoCloud 企业级容器云管理平台最核心的价值之一。

企业怎么来做

其实，Docker 已经为一些企业 IT 架构带来了实际的变革，有了一些成功案例。

不过我们了解到，出于安全顾虑，大部分公司开始可能会自己做，在经过一些试验后，会做一些适配 Docker 的改造，对现有产品微服务进行改造。不过方案选择都是个折中的方式，除了自己做，采用第三方合作的方式无疑也是个好的选择，“做技术的价值就在于挖了多少坑”。

作为初创公司，DaoCloud 虽然成立短短半年多，却已经被很多业内人熟知。除了积极参加国外开源社区建设，也在国内各地进行了很多技术分享会。在社区和技术层面，已经将 Docker 社区在中国的范围从四个主要城市扩展到十五个。

不过，除了技术和平台的支撑，目前 DaoCloud 在公有云、私有云、混合云场景中也都进行着商业模式的探索和开拓。

这也是其首创，可以支持公有云、私有云、虚拟化或物理服务器，是可跨云跨网进行管理的大规模容器运维平台，还能够与 DaoCloud SaaS 化应用交付平台无缝对接，做到容器化应用在公有云、私有云的灵活交付。

为什么需要开放心态

当然，作为一项新的技术应用，首先需要建立起信任。未来的市场机会与挑战并存，在实际企业应用中，必然会考虑安全性能，以及如何将这一技术融入到自己的企业架构中。

“因为容器技术不仅是一个变革的技术，更可能是一个革命性的技术。”在生态发展中，面对新技术对原有格局的冲击，上下游产业链如何实现和谐发展？这也是产业链需要考虑的问题。

对此，陈齐彦之前在采访中表示，有挑战是一件好事。他认为，未来，企业 IT 流程会得到改善。其次，在推进的过程中，大家需要有一个开放的心态。

据了解，不久前在美国旧金山举行的 DockerCon 会议上，已经推出了 OCP

（Open Container Project，开放容器技术项目），力图建立一个开放的生态系统。DaoCloud 也同样发起了“Container+联盟”，希望联合更多产业链上下游的合作伙伴，共同为企业用户提供基于容器技术的云计算解决方案，帮助企业用户完成“互联网+”时代的业务和 IT 架构双转型。

5.4 创业初期需要怎样的服务

被互联网创业奉为金科玉律的《长尾理论》到底是什么？

克里斯·安德森提出的《长尾理论》，基本概念是商业社会 90%的“草根”项目能够创造 25%的社会总财富，却拥有高达 33%的“长尾”总利润。

延伸到互联网创业，互联网的商业模式，从免费、大用户量到社交化，四处充斥着草根的味道，这也是创业者追捧长尾理论的主要原因。

需要生态放大展示

今天，我们看到市场上的明星都是互联网公司，以“BAT”为首的互联网巨头，成为了绝对的明星。以效仿他们的业务模式而引发的互联网化，互联网思维等风潮，一波又一波地席卷传统行业和创业公司。

我们再来看长尾理论的几个核心价值：首先，商品储存流通展示的场地和渠道足够宽广；其次，商品生产成本极低，以至于个人都可以进行生产；最后，商品销售成本极低，以至于个人都可以进行销售。

这些特征决定了现在的创业必然是轻资产，尤其是在长尾初期，创业的核心是产品，宽广的展示渠道一定是互联网和移动互联网。同时，克里斯·安德森也在 BIG TALK 上提到过，现在的创业一定是开放式的创新。这些特点决定了创业初期，我们要选择成熟的生态环境。

因为成熟的生态环境会在一定程度上放大产品展示的机会，比如很多游戏的创业者都选择腾讯云平台进行创业，因为，腾讯云在网络游戏行业提供适合的服务，同时已经搭建了成熟的创业生态。一个合适的平台，会放大成功的概率。

这里还要提到腾讯云所做的“云+众创”计划。整体 1 亿元的扶持资金中包括 7500 万元的云扶持资金，以及 2500 万元优质流量。平摊到个人最高可获百万扶持。按照腾讯云官方信息，基于对初创者的经验数据统计，云扶持的资源包括一家创业公司普遍会使用的服务器、数据库、带宽、CDN 等服务。

相比很多的创投计划而言，腾讯云的“云+”计划，是专注扶持长尾初创期的创业者，主要针对 A 轮前的创业团队。

另外，在创业者最关心的生态环境上，腾讯云在“云+”计划发布一个月后，又有了新的升级，提供了生态化资源共享。除了云服务支持，腾讯还向创业者提供包括微信支付的相关支持，然后，当腾讯云入驻企业的 APP 等接入微信支付后，默认微信支付或首位展现微信支付，还可得到 1 万～5 万元广点通直接推广资源。除此以外，还有腾讯付费版企业邮箱的半年免费和半年五折的优惠支持。

腾讯云将创业的生态，扩展到整个腾讯的产品体系。创业者完全可以轻装上阵，把所有精力集中在核心产品的打造上。

需要什么样的服务

首先，先来讨论现在创业的机会在哪里？“未来不会有太多新的互联网公司，未来出现的将会是互联网应用公司”，这是腾讯云副总裁 Lucas 在腾讯云发布“云+计划”之后对“云+众创”创业者学员们讲到的。

未来会不会诞生新的 BAT，我们无法判断，但一定会诞生 BAT 量级的公司，这是可以肯定的。如 Lucas 所说，应用会是一个主流的创业方向。因为应用最符合长尾理论。一款应用的展示成本很低，但繁殖速度很快，比如手机游戏，发展的速度更快，每一个玩家都可能变成传播的通道。

因此，在这个方向上看，基于应用的创业应该选择弹性更强的云服务。看过一个案例，某个 APP 在发布之后，获得意想不到的成长速度，曾经一个晚上激增 200 倍的用户量。这么大的流量压力，如果不是通过云来实现弹性扩展，那么这个 APP 也许会一夜之间就死掉了。这是腾讯云上的一个标准应用创业案例，也给其他创业者提了个醒。

其次，创业初期，在商务流程上会遇到很多非技术困难。比如，笔者见过的一个农业电商网站，出于成本的压力，这个网站在自己的官网上投入众筹的小米项目。但因为种种原因，没有办法自己解决支付问题。这时候，如果他们能够通过第三方的微信支付来解决问题，就会省时省力。这一次腾讯云的“云+”二期新增的微信支付，也能够让创业者无须为此而困扰。

再次，回到长尾初期的关键属性：尽可能地放大展示的渠道。利用现有的社交平台去借助免费的资源是一个不错的办法，但免费的资源所能覆盖的范围毕竟有限，腾讯提供的广点通是一个在APP层面提高曝光和点击率的好渠道，现在，“云+计划”中已经包含了部分免费流量的推广。完全可以去做一个尝试。

最后，在企业邮箱的选择上，我们很清楚企业邮箱相比免费的公共邮箱有更高的安全性和扩展性。只是很多创业初期的创业者对成本控制非常严格，所以阻碍了他们对企业邮箱的选择，现在腾讯云提供了企业邮箱的半年免费和半年半价优惠，这在一定程度上足够帮助企业渡过创业初期。

总之，创业不单纯是一个闷头苦干的苦差事，用各种理论武装到牙齿，去选择更适合的创业平台，获得性价比高的服务，也许会起到事半功倍的效果。

5.5　滴滴再融资20亿美元，商业模式的胜利

20亿美元，滴滴在2015年，宣布已经完成20亿美元的融资，这一轮从6月22日开始，计划融资15亿美元的方案，仅用时两周，就融资20亿美元。

3年，2012年才成立的滴滴，到2015年已覆盖360个城市1.5亿用户。这一轮20亿美元的融资之后，公司总估值达到150亿美元。

从常规商业的逻辑已经很难将3年和150亿这样的数字联系在一起。只有基于云计算的商业模式的高弹性、高扩展能够撑得下来。可以说，滴滴的成功背后，就是云商业模式的胜利。

显性模式和隐性模式

很多人在分析滴滴的商业模式，简单说，滴滴所表现出来的模式，就是互联网模式的变形版，基于用户的根本性用车需求，通过巨大的补贴甚至免费来刺激用户，迅速做大用户量。

互联网所有成功的先例，每一个都是基于庞大的用户量提供服务获得成功的。滴滴的商业模式无论是早期的地推还是现在的分享补贴，其根本目标就是两个：第一，获取用户量；第二，加强现有用户的黏性。

从这个角度看，滴滴无疑是成功的，至少从显性的商业模式看，滴滴正走向一条正确的路上。但我更想由此引出隐性商业模式的说法。

如前文所述，在用车这个细分市场，仅用 3 年就做到 150 亿美元的估值。支撑这一模式的背后，则是滴滴随着业务量递增，几何级数增大的系统压力。从滴滴打车 2014 年发布的业绩报告看，2014 年底滴滴打车用户数已突破 1.5 亿人，高峰期日订单量达 1217 万单。

在 2015 年，合并之后的滴滴，订单量更是有增无减，尤其在一些峰值时段更是如此。比如 5 月 26 日的滴滴快车免单日，仅快车订单一项，全国就超过了 215 万单。滴滴的业务正在不断调整后台系统的峰值压力，所幸采取腾讯云服务的滴滴，从未出现因系统原因宕机的事故。

滴滴打车的联合创始人兼 CTO 张博近日在做客腾讯云会客厅时，也证实了腾讯在云计算、大数据以及技术型人才层面给予滴滴的帮助。滴滴面对大流量和高并发的状况曾经几度濒临宕机，最后在腾讯云的帮助之下转危为安。

基于云的商业模式，其实就是这里面提到的隐性模式。这种模式，并不表现在业务流程中，对于很多人来讲，都是模糊的，但是云服务却成为滴滴业务高速扩展的背后推手。

被压出来的云商业模式

这两年多来，滴滴从出租车、专车、快车再到顺风车，这么多新产品的订单需求，传统 IT 架构，是不可能满足这么快速的业务扩展的。所以，2014 年，滴滴在补贴大战后第一次架构调整，将服务器搬到腾讯云。为什么做出这样的选择呢？

其实，这也是滴滴在 2014 年底的补贴大战中，滴滴前期预估订单量会涨 10%，却出乎意料地增长 500%，生死线上徘徊一次的滋味并不好受。

在此期间滴滴出现过一次宕机事件，用户大量涌入，而大流量和高并发的情况对当时的滴滴而言是个经不起的考验。短时间内的用户激增，靠滴滴自身的扩容速度和采购机器的速度已经完全不能满足业务的发展，因为传统的扩容方式需要花费大量的精力和时间，这对滴滴想要高速扩展和高弹性需求相去甚远。

于是，滴滴的解决方式是将系统整体搬到了腾讯云。因为，腾讯云自身的业务：微信、QQ 都是海量用户高并发的实际案例，尤其在春节红包大战中，腾讯云的稳定性和安全性得到了很好的体现，选择腾讯云也就等于选择了安全的公有云服务。

当然，如果认识云的方式，仅仅是把系统搬一处更大的房子，有更多的房间可以弹性选择，那就大错特错了。腾讯云在安全防护、网络运维乃至大数据服务方面都可以给予专家级的运营建议和产品选择。

可以说，滴滴选择了公有云服务，不仅是把数据搬个家，更多的是，选择了将注意力完全放在自身的业务创新，技术设施和运维等方面的工作完全可以不用费心，交给腾讯云就好了。

所以，滴滴选择了公有云的模式，就代表着专注于业务的模式。这种模式，也非常利于和滴滴一样的互联网创新公司把核心的人力和精力投入业务创新，而不是系统运维。这就是云商业模式最有魅力之处。

等于打开了一扇门

这几年来，滴滴是最成功的互联网创业公司之一。同样，滴滴的经验也适合于很多互联网创业公司。

腾讯公司高级执行副总裁汤道生说过，互联网时代的创业，就是一个从 0 到 1 的过程。这是一个最为简单的过程，要知道从 0 到 1，中间并没有过多的环节。也如前文所述，无须把精力分散到各种不同的方向，选择公有云服务，把基础设施服务和运维服务交给更专业的人去做，选择了云的模式，就等于打开了一扇门。

当然，像腾讯、阿里等互联网巨头，已经不仅仅限于只提供基础设施服务，比如腾讯云，创业公司不仅可以获取基础设施服务。还可以从腾讯云获得移动互联网复杂环境下的技术能力，还可以通过腾讯云的视频处理、语音通信、图片存储、人脸识别等移动互联网场景服务进行创业，以及在广泛的游戏、移动应用、视频和金融等垂直行业展开创业。腾讯云推出的创新云服务，一定程度上降低了创业者的创业门槛。

再回到滴滴，滴滴 CTO 张博说，滴滴正通过司机和用户的大数据分析，来制定产品整体的策略和方向。这种复杂大数据分析对产品的基础架构挑战更大，而基础架构是搭建在腾讯云上的。腾讯云在大数据方面也提出了自己的见解和解决方案。

所以说，选择技术能力和服务优势明显的公有云服务商，会在创业的不同阶段，得到可以叠加的回报。这种回报，绝不仅仅是节省了多少购买服务器和存储资源的钱数可以衡量的。

总体而言，滴滴的成功必然是打车这一生态，在“互联网+”时代商业模式的成功，但在其背后，我们也要清楚，正是滴滴选择了基于云服务的商业模式，才满足了快速的业务扩张和很多创新技术的实现。这种模式，值得很多还在创业路上的互联网公司重视。

5.6 云智慧，投资人看到它什么

放眼全球，围绕“云”产业的服务企业层出不穷，为这一弹性、灵活、高效的互联网运行模式铺平道路。APM（应用性能管理，Application Performance Management）作为云时代 IT 管理的不二之选，以及其天生的大数据属性，逐渐成为当前“云”产业领域的一个重要发展方向。

在中国，APM 市场正在上升阶段，对每一位参与者而言都是增量市场。但蓝海并不意味着没有市场领先者，在 APM 领域深耕数年的云智慧，从团队到技术、产品无一不昭示自己是该领域的执牛耳者。根据公开的信息，云智慧早在2013年便获得戈壁领投的数百万美元A轮融资，2014年10月又获得红杉、戈壁的1500万美元B轮融。

短短两年时间里，一家面向企业提供SaaS服务的初创企业，就获得了戈壁、红杉等国内顶尖投资机构超过亿元的连续追投，凭的是什么呢？

互联网时代转型的桥梁

马云曾经说过，“人类正从IT时代走向DT时代”。所谓的DT即Data Technology，这个时代的核心，是以服务大众、激发生产力为主要内容的技术，而支撑DT的基础架构非云计算莫属。

从传统IT架构转到云端，很多企业已经迈出划时代的一步，他们对IT管理的需求并未随着IT的转型而消失，但过去的IT管理和运维方式显然已经无法奏效。APM来自云，又服务云——基于SaaS模式，对企业云端应用系统进行全技术栈监控，以实现对应用性能管理和优化。

类似于APM和云的关系，云源自互联网技术，同时互联网也是云最大的需求者。中国的互联网化，始于20世纪90年代，从会计电算化时起，涌现出一批优秀的国产软件服务商，用友、金蝶、东软等，宣告了中国软件时代的到来。然而在之后的很长一段时间，小到无纸化办公大到电子政务，我们始终都走在美国的后面，科技界的主导者仍旧是植根于硅谷的那一批科技公司。这个时代有一个鲜明的特点，即不论是硬件还是软件，都构建起相对封闭的生态圈，圈外的人进来很难，圈内的人想转移到另一个生态圈中也很难。

DT时代则不然，在这个凡事都以用户为核心的时代，所有内容都将以服务的形式存在，这也使得应用架构变得极为简单，一层为云，一层为应用。这一转变背后蕴含着亿万级别的巨大市场。云是开放的生态，这是两个时代最大的不同。对于云智慧来说，用户对应用性能的要求不变，而APM要做的，便是为如今的应用提供一个全新的性能解决方案。

云智慧CEO殷晋对“全新”（如图5-1所示，云时代的分工定位）有这样的解释：“在云时代，操作系统的主导地位已经弱化，在用户这一端，首先接触到的便是你的应用，这里的应用，可能是手机上的APP或者轻量级的H5应用，但不论怎样，它们最终都将接入云平台中。”因此，从用户角度出发，思考如何对应用进行优化才是企业制胜的关键，也就是我们常说的“体验为王”。

图 5-1　云时代的分工定位

为此，云智慧进行了三点布局。首先便是在用户端上，通过监控用户入口——手机和浏览器，获取真实用户数据。第二步则是构建全球监测网络，了解从用户到云平台的过程中发生了什么。第三步，采集后端云平台的运行数据，实时监控与分析用户体验与信息，同时自动优化与调整用户体验。关于最后一点，殷晋认为这是未来 APM 的发展方向，这种即时、有效的诊断和调优，同时也是 APM 相较于传统 IT 管理软件的优势。

戈壁资本合伙人朱璘在评价云智慧时说：“如果说一个时代向下一个时代的过渡需要一座桥梁，那么 APM 必然会成为 IT 时代向 DT 时代转变的那座桥梁。这也是为何如今的美国企业热衷于 APM 的原因所在。新的生产方式必然会带来新的机会，这不仅仅是给予互联网创业公司的机会，传统公司也能够借此完成平滑转型。”

已具“铁三角”团队

作为一种SaaS服务，APM早期无论是产品研发还是市场开拓都充满荆棘。据殷晋介绍，云智慧从2010年开始做SaaS，但中国市场对SaaS的认可直到2013年才显现出来。“在2013年以前，能够接受SaaS的只是一小部分互联网人士；而到了2014年，更多人愿意尝试SaaS，并且有不少人愿意为之付费；2015年，我们面对的问题只剩下如何将服务更加便捷地交付给目标客户。”

或许是APM高技术门槛的缘故，抑或是SaaS市场前期进展缓慢的原因，云智慧过去将更多的精力放在技术和产品研发方面。现在，APM市场迎来高速增长期，云智慧2015年上半年收入同比增长20倍以上。殷晋深知市场推广的紧迫：过去云智慧聚焦泛互联网市场，这部分客户是最早的云计算用户，也是最早接受SaaS模式的用户，它的增量毋庸置疑，要紧抓不放；同时，“互联网+”让传统行业成为市场新的爆发点，市场潜力巨大，要深入挖掘。不过殷晋此时却一身轻松，因为他的身边早已站着两员大将，一位是负责技术和服务的刘国强，另一位是负责销售的康军。

抛开云智慧的具体业务来看它的高管团队，无论是创始人殷晋，还是两位高管刘国强和康军，他们都有很强的行业背景，都有外企工作的经历，都曾经接受过中国这个复杂市场的历练，这为他们形成共同的价值观基础，他们将之前企业中先进的管理经验和对中国市场的理解一起带给了云智慧，成为云智慧最难得的一笔财富。

红杉资本沈南鹏在一次公开场合表示：“最近几年我们所接触的创业者，都是在IT行业摸爬滚打过多年的人，他们对用户、对产品有了很多实战经验。所以他们在创业时，能够更快地把握用户的需求和痛点，对市场的感知会更准确。这样一种创业者的特征，把原创的想法和巨大的本土应用市场紧密结合，会造就更多更优秀的企业。”

这也正是投资人最看重云智慧的一点。

或将成为业界的“BAT”

“一位舵手，两位桨手”，云智慧的铁三角团队会将企业带向何方？

如图 5-2 所示，当前面向 IT 应用的性能领域，云智慧已经形成了一整套面向研发全生命周期，基于统一平台的性能监控、性能测试及性能管理的解决方案。这种多产品紧密集成的统一方案其价值远大于市面上看到的其他任何单一产品，能够帮助企业的开发、测试、产品、运营、运维等多部门人员面向产品的全生命周期协同工作，提升迭代速度及研发效能。

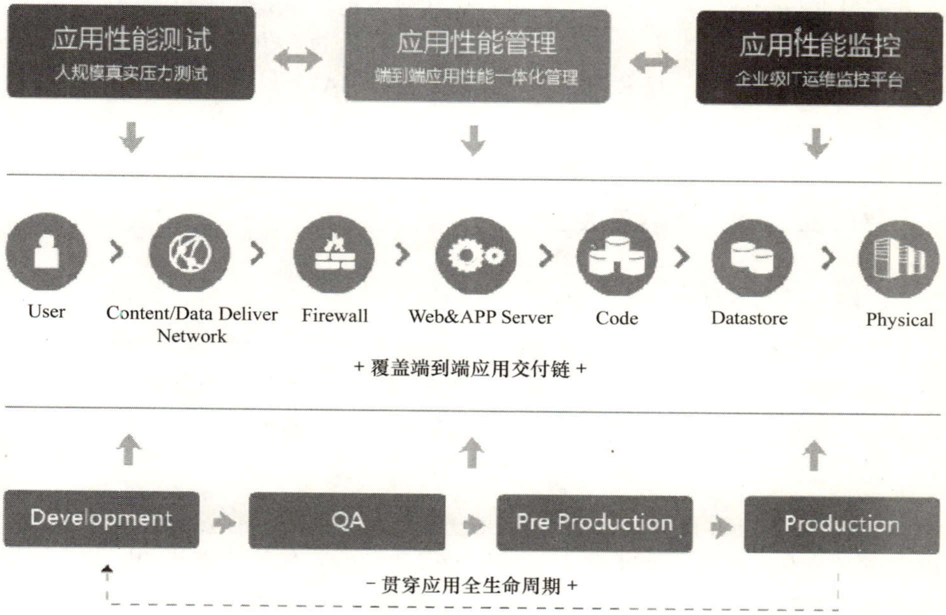

图 5-2　云时代的研发全生命周期

对于云智慧长远的未来，殷晋认为将成为一家大数据公司——在他眼中，成为大数据公司似乎是一件水到渠成的事情。因为业务本身的特殊性与普适性，在云时代作为连接企业 IT 业务服务与用户体验的桥梁，APM 同时占据了前后端的数据入口，这使得云智慧具备成为大数据公司得天独厚的数据采集优势，这在客观上驱使他们未来必然会朝着这个方向发展。

在 DT 时代，最重要的便是数据，对于单个企业的数据服务，只用做好数据的采集、加工、分析与处理，但在综合性的平台上，这些数据还需要进行更为精细的转化，将其抽象化、特征化，由此才能得到更多有价值的信息。而为了给以后的大数据公司铺路，目前云智慧已经开始进行业务与性能数据可视化产品化研发。

未来市场将随着越来越多的企业转向云端而爆发巨大的潜能，泛互联网行业市场的标准化和传统行业市场的定制化也不是矛盾的两面，反而是可以相互借鉴、相互融合的两个方面。作为国内最早开展 APM 业务的公司，云智慧不论在技术还是市场营销方面都已走在前面，同时作为创业公司，云智慧也没有沉重的包袱与瞻前顾后的犹豫，面对目标从容不迫。在殷晋眼里，国内市场还是一片“处女地”，未来三至五年内才会有强有力的竞争者出现，到那时，云智慧或许已经成长为一棵参天大树，正如今天的 BAT，只有不断向上攀爬的云梯和不断优化的自己。

好雨知时节，当春乃发生

中国互联网发展正处于“最美好的时代”。

在这一新的起跑线上，大家的起点几乎是相同的。甚至在某些领域，国内已经有了超过国外的势头。究其原因，殷晋认为，“中国经济发展这么多年，积累这么多年，到了一个临界点，需要像美国一样，通过集成效率，集约化发展，提升资源利用率，从而产生更多新的商业机会”。

“风口论”告诉我们，借势是企业发展的重要一环。消费市场依靠人口红利实现飞速发展，譬如曾经火热一时几乎有和微信平分天下之势的陌陌，其用户之所以能够在短时间内取得爆发式增长，正是由于搭上了国内用户向移动互联网转移的顺风车。而人口红利的衰减，或将成为企业市场的风口，因为企业不得不通过科技的创新来提高效率。这样来看 APM 领域，作为由 IT 时代向 DT 时代转型的桥梁，APM 必然也会在未来几年内取得极大的增长，这种增长尽管由于技术门槛的限制而无法像消费市场那样大爆发，但可以预见的是，这将是一种持续的、稳定的、健康的增长，一旦市场发展成熟，便会与当今任何一个发展势头良好的互联网领域相媲美。

如今人们谈起国内互联网首先想到的便是 BAT 三巨头——百度、阿里和腾讯，在信息、商业、社交三个方面几乎垄断了我们的生活，它们均非国内第一家在如今所属领域进行布局的企业，但为何在十多年的竞争中能够不断地打败竞争对手，甚至是实力强大的国外竞争对手，这与他们的价值观不无关系。通过不断地性能优化使用户得到最佳的使用体验——将用户放在第一位，而使自己成为服务提供者的存在，这种时刻保持的企业价值才是他们能够经历一次次互联网洗牌，走到如今行业地位的原因所在。

好雨知时节，当春乃发生。这场关乎中国互联网的好雨来得正是时候，云智慧所代表的 APM 行业只不过是其中的一个缩影，既然它有信心去做到行业第一，那么在整个互联网行业想必也将有做到第一的信心与勇气。

5.7 访谈 UCloud：云计算的开放带来无限机会

淘宝的成功让中国几百万个人或者小企业主通过互联网向全世界销售产品，但不能让每一个有能力写代码的人赚钱。而国外 Dropbox、Instagram 等公司神话般的成功故事证明了借助云计算的巨大力量，小团队可以快速成长。云计算非常有效地降低了创业门槛 ，个人或者小的团队能以低成本快速创业来支持海量的用户，从而实现业务的快速成长。

Netflix 从 IDC 全面转向 AWS 的例子也说明，云计算除了在运营成本、弹性扩展等方面超越传统数据中心外，可能也是更可靠、更省力的企业级 IT 解决方案。

毫无疑问，云计算是未来互联网的“水、电、煤”，市场前景潜力巨大。

再看中国市场，中国云计算需求增长空间来自于传统 IT 架构的改造和转型、移动互联网爆发性需求、传统工业的信息化普及与升级的持续增量需求，本土云计算平台提供商面临黄金的发展周期。

国内产业的互联网化过程其实质就是不同硬件、软件实现系统集成和融合应用的过程，在这个过程中云计算将发挥平台的关键作用，同时投资者看好中国信息化推进从点到面的全范围发展空间。

本土云平台提供商具有独特优势，其主要原因是云计算架构弱化了软硬件平台差异，差异化的焦点集中在技术、服务导致的业务应用领域，这缩小了本土厂商与跨国企业在底层软件和高端硬件的差距。

云计算在中国真正落地以来，发展极其迅速，截至 2014 年，中国云计算市场规模达 1174.1 亿元，庞大的市场让众多厂商得以快速发展。与此相对，在美国投融资的案例中，针对企业级服务而投入的 80 亿美元中有 36 亿专注于云计算领域，而在中国却微乎其微，落后于美国 2～3 年。重新构筑中国的互联网生态圈，加大中国经济转型力度，需要大量基础云的投入，而企业必须真正关注云的投入，因为企业未来直接凌驾于云之上。

这时候，UCloud 选择进入这个市场，希望能创建一个中立、开放的云生态，让更多有一技之长的个人或者团队都可以发挥它们的价值。以下是针对该公司高管的访谈。

问题一：核心团队如何

UCloud 的团队核心成员都曾在腾讯、华为和盛大等大公司工作过，积累了一定的经验和资源，主要体现在人脉的积累、技术的积累、运营的意识、客户服务意识四个方面。

人脉的积累

之前 10 多年的互联网从业经历使得我们认识了较多业界、学校、政府的朋友，这些朋友从产业、技术、政策、产品和人员等方面都给了我们很多很重要的帮助，帮我们解决了很多实际困难。

技术的积累

经历过腾讯从小到大的过程，也带领过盛大云的创立，经过了一次次的磨炼和洗礼，使得他们知道哪儿容易碰壁，什么样的架构是不可靠的，什么样的架构是不安全的，什么样的产品是不能满足用户需求的，从而可以少错误，缩短开发周期，提高产品的稳定性。

运营的意识

互联网的好产品是需要打磨的，只有运营才能打磨出一个好产品。以往的经验，使得我们深刻认识到运营的重要性，我们通过与用户的沟通了解用户需求，通过对数据的分析完善产品，通过和业界学习提高产品。因此，我们会坚持要求研发人员关注运营数据，技术支持要快速解决用户疑难，客户经理要多了解产品和客户的需求。

客户服务意识

从事基础云计算事业，需要非常强烈的客户服务意识。只有让客户成功了，我们才能成功。我们会去深入了解用户的需求，快速想办法解决客户遇到的问题，利用多年的海量业务研发与运营经验，为客户免费提供页面优化、安全加固、架构优化等建议，帮助客户成长。

问题二：困难有哪些，如何获取用户

困难主要来自于创业初期，比如商业模式。

由于 IaaS 平台具有高技术门槛、高资金门槛、高运营门槛的特点，挑战非常大，所以国内做 IaaS 平台的企业都是“拼爹”的——“阿里云”、“盛大云”、“新浪 SAE”等依托于它们集团雄厚的资金和技术，同时获得政府的大力支持，研发多年才逐步建设了比较稳定的平台。而我们作为创业公司，UCloud 没有雄厚的资金，也没有政府的大规模支持，困难很大。因此如何解决 IaaS 的重资产、高投入问题，就是我们公司创立以来的最大困难，曾经困扰了我们很长一段时间。

记得有一天吃晚饭的时候，岳母看到 UCloud 创始人之一、CEO 季昕华很焦虑，便讲了她年轻时候创业的故事，这给了他很大的启示。当时岳母是县城里面为数不多能用打字机打字的人，看到生意很好她就想开一家打字店，但买不起打字机。于是她就和县政府商量，免费给县政府打印所有的文件，条件是县政府的打字机也能用来给岳母打印其他文件，就这样解决了资金不足无法购买打字机的问题。

UCloud 和当年他岳母的状况是非常相像的，因此后来调整思路，积极和一些传统的 IDC 厂商、服务器厂商进行沟通，希望能利用它们空余的带宽和服务器，加上技术来实现 IaaS 平台。我们的工作进行得很顺利，在零服务器购买的情况下，我们便用合作伙伴 IDC 的大量带宽和服务器实现了平台开发、小范围内测。

在产品不断完善的情况下，我们很幸运地和国内的一些 IDC 公司、服务器厂商达成了战略合作，多方一起投入，联合运营联合分成，解决了重资产、高投入的问题。同时，也利用我们公有云所具有的自助化、自动化、成本低的优势进入私有云市场，为用户搭建和运营私有云，短期获取更多收入。

问题三：市场如此大，有哪些诱惑

与 App、Web Game 等方面的创业不太一样，IaaS 产品要考虑稳定性、可靠性和安全性，研发周期长，不能短期内推向用户，因此不能通过短期的用户数量和收入来激励团队，而要求我们有“板凳要坐十年冷”的精神。

抵得住诱惑，对于这两年浮躁的互联网行业来说是特别困难的，大量的新闻都在播报着 App 公司用户数达到几百万，融资几千万，游戏公司收入达到几亿的故事。每一个故事，对我们团队的每个成员都是挑战，因此我们公司对于团队的融合、激励、成就导向特别关注，采取将每日的工作显性化的方式来体现团队及每位团队成员的成就。

还有一个很好的办法是让技术人员主动和用户沟通，通过了解用户需求，快速开发来满足用户需求，让用户认可技术人员。经过将近 6 个月的实践，我们发现这个方案非常不错，能让用户感受到我们良好的服务意识，来自前线的用户表扬和鼓励效果非常好，能让大家很有成就感。

找到互联网的下一个风口，是 UCloud 快速获取用户，快速发展的原因。从创业初期的游戏、App 领域到后来的 O2O、SaaS/PaaS，再到现在的互联网金融和“互联网+”，UCloud 的业务覆盖了 19 个不同细分领域，但背后的需求是一致的：一个需要快速变化的市场，对后台计算网络的需求巨大，开始被资本所关注。

问题四：与其他云计算公司比，UCloud 的特点是什么

UCloud 是一个技术驱动、运营服务的云计算公司，但最大的特点还是在于为用户创造价值：客户的需求就是 UCloud 的下一个产品，并且这种创新不局限于技术和服务，而是将创新延展至合作伙伴和整体生态链。

就产品层面而言，UCloud 发现新的行业风口并深入研究用户需求，形成 UCloud 的下一个创新点。比如“简书”与 UCloud 共同创业、“Blued”的需求

使 UCloud 备受赞誉的 UDB 产品得以诞生、“刀塔传奇”让 UCloud 开发出数据库回档产品、为“明道”推出创新产品物理云主机、“什么值得买”促使 UCloud 开发混合云、学霸君推动了 GPU 主机的诞生、针对金融客户和传统企业的专线产品等。

具体到业务来说，UCloud 拥有可以替代传统数据中心的全套产品线，包括 UHost 云主机、UPhost 物理云主机、GPU 云主机、混合云等计算资源；存储方面，UCloud 拥有 UDisk 云硬盘、UDB 云数据库、UMem 云内存存储、UFile 对象存储等全套产品；在网络资源上，提供包括 UNet、VPC、ULB 负载均衡、UDA 专线接入等。

在 IaaS 基础上，UCloud 进一步研发出帮助企业 IT 降低成本和提升自动化运维的产品和技术：比如 UCDN 在 2015 年初引领了国内 CDN 行业的风暴；大数据平台 UDDP 和 UHadoop 帮助企业便捷地搭建数据分析系统；开放 API 进一步提升用户的自动化运维和定制化开发能力；最近的 UDataArk 数据方舟则保护企业数据到每一秒。

依托领先的技术和完善的产品线，UCloud 整合出多个适合行业的解决方案，目前 UCloud 在以下行业可提供具备行业特性与企业自身需求的、从咨询到架构到部署的完整一站式解决方案：游戏、O2O&电商、互联网金融、PaaS/SaaS、视频、移动社交、在线教育、数字营销&大数据、传统企业“互联网+”。

此外，UCloud 还与多家创投机构合作并开设多个孵化器，帮助创业团队快速发展；通过跟合作伙伴进行合作推出 U 市场，打造一个开放的云生态，与合作伙伴合作共赢；通过优选渠道计划来支持更多的独立软件开发商、系统集成商及咨询公司通过云计算获益，帮助更多的客户能够受益于云计算带来的便利和价值。

问题五：如何看待下一步发展，怎么做大生态圈

UCloud 将紧跟未来的互联网趋势，推出更多适应行业和客户需求的一站式解决方案，助企业进一步解放 IT 生产力，享受云计算带来的便利。2016 年

UCloud 将在“互联网+”、互联网金融、企业级服务市场和视频流媒体四个主要领域发力。

互联网+

传统企业是中国经济发展的基石，传统企业需要通过“互联网+”来紧密联系用户，和用户产生良性互动，深入挖掘用户需求，进而形成供给侧的改革，生产出更满足用户需求的产品，这是中国经济转型的重要途径。这里会有很大的市场机会。

互联网金融行业

互联网金融在 2015 年可以说是处于快速生长阶段，11 月底 P2P 交易额达 1.25 万亿元，宜人贷成功赴美上市，15 家平台融资过亿。随着年底《网络借贷信息中介机构业务活动管理暂行办法（征求意见稿）》的出台，互联网金融行业将告别野蛮生长时代，进入监管下规范化发展时期。虽然消费金融领域，巨头虎视眈眈，但在一些细分领域的互联网金融行业，创业者仍然有机会。

中国的企业级服务市场

以美国为例，2014 年超过 25%的 IPO 科技公司分布在企业级服务领域，市值总和超过 400 亿美元；B2B 相关投资近 100 亿美元，占 TMT 行业比例超过三分之一。与此同时，国内市场对云服务的认可和接受的速度在加快，这使得 SaaS 型企业服务成长的土壤得到了进一步的改善，一个“独角兽”级的企业服务市场“风口”已经来临。预计到 2018 年，中国企业服务市场会诞生出第一批估值过 10 亿美元的独角兽，而这将是 2B 创业者的绝佳机会。

以视频流媒体为代表的网络娱乐也是很好的商业机会之一

在中国，随着移动网络的普及、居民娱乐方式的多元化，视频行业更是保持多年高速发展。第一批网络视频企业经历几轮洗牌后刚刚进入相对稳定的发展期，新兴的垂直领域创业企业又扎堆出现。直播、短视频、社交、移动化……用户的新需求带给了创业企业新的机遇，聚焦于垂直领域，凭借内容产生吸引用户、构建竞争力，将是 2016 年的最佳创业机遇之一。

当今社会每一个企业都不是一个孤岛，都存在某一个生态圈的某个环节，但是把一个生态圈做到用户和伙伴同时觉得好，其实并不容易。首先，生态的建设者与伙伴之间是必须是异构互补的。第二，生态建设者和合作伙伴之间的关系必须要紧密嵌入。第三，要让合作伙伴获得有效的用户和实际的收入，这是合作的根本。

2015 年 8 月底 UCloud 针对合作伙伴筹划推出第一个版本“U”市场，把自身定位为生态建设者，提供一个像 iOS 一样的底座，让合作伙伴的丰富应用运行在这个底层上共同为用户服务。

到目前为止“U”市场已经引入了 35 家合作伙伴、50 家优秀应用。在 2016 年，“U”市场要加入更多自助管理模块和运营模块，与此同时会加入广告推荐系统和一些与基础用户场景结合的功能，可以跟用户行为和使用习惯紧密结合，为其提供一站式服务。接下来 UCloud 将会推出云端生态链上另一个重要板块“+U 计划”，U 市场侧重于互联网行业产品层面的合作，而“+U 计划”将会与行业的 ISV 合作，积累更多传统行业、“互联网+”领域的经验和资源，提升对行业应用场景的理解和研发能力。

5.8 七牛 CEO 许式伟自述：创业如何做到第一

什么叫创业？今天大部分的人对创业的理解是我开家公司。我觉得从广义上来讲，不可能每个人都开公司，在创业公司里面工作，他是否属于创业呢？

我个人对创业的定义是这样的：首先你要对产品有主人翁的意识，你觉得这个产品就是我的孩子（这是最重要的特征）。如果你在一个非常小的团队，只有 10 个人，如果你每天觉得就是完成一份工作，那你就是打工而已。所以，不管你在创业公司，还是在其他的环境下，创业最根本的一点关乎心态，你对产品像自己的孩子一样的心态是创业最根本的特征。

第二方面，我个人非常在乎创业者的特征，我认为今天的创业者非常需要的是一种创新或者创造的精神。如果你今天成立了一家公司，但你却要走别人走过的路，自己没有任何新的想法，这时候创业的成功概率会很小。为什么？因为今天的市场环境和前面 15 年互联网环境很不一样，以前大部分的信息没有那么灵通，所以复制到中国的模式可以成功，整个市场的竞争环境和今天相比没有那么惨烈。但今天的任何一个想法，昨天才在硅谷提出，而再过一天或者一个月到中国就已经有人知道了，随着互联网的发展，每天大量想法的实现已经不再那么困难。如果你是一种跟随的心态做事情，我们可以想象，做任何一个领域其实都会有非常剧烈的竞争。没有以创新和创造的精神创业，其实你仍然只是一个打工者。

在创业大环境下，我相信七牛的价值会慢慢呈现，它能够让你充分试错。对于创新过程中必然发生的错误，你自己要快速反思，重新思考自己做的每一步是否做错了，在第一个月发现自己犯错了就千万不要到拖第三个月，我认为这是创造性思维最核心的点，你要有反思精神，不断地迭代自己，让自己明白正确的方向是什么。

今天的初创公司通常会使用云服务，很少会自己去建基础设施，这从某种意义上是必然发生的。我个人对云服务的一个理解是这样的：本质上云服务是“互联网+企业”，这里所加的“企业”是指企业的结构。在使用互联网之前企业和企业之间是信息孤岛，相互之间没有联系，一个企业为另一个企业提供服务比较困难，通常以咨询或者为一个企业提供内部需要的 OA 系统、软件。互联网则改变了企业与企业的连接方式，让企业和企业之间随时随地都在连接，这时企业不再需要什么都自己做。

以前的公司会很庞大、臃肿，不是因为它是错的，而是因为它只能那么做。但由于互联网的产生，各种不是公司核心竞争力的东西都可以外包，本质上讲这是企业组织结构的重塑。企业一旦把非核心的东西外包之后，企业变小了。所以，云服务也是“互联网+企业”组织结构的一次重塑，这样重塑后，每个企业都变得非常精简，运作效率会很快，会越来越轻型化和敏捷化。这是这个时代的特征，企业的轻型化和敏捷化会减少企业的成本，你把产品做出来，在市场上投放几个月，感受一下用户的反馈，就会很快知道该产品是否应该做出调整。

结合创新，这里我也谈谈七牛在存储上的创新。七牛成立之前，所有做存储的公司都是对照 AWS 的存储做，包括阿里、金山等一系列的公司。但为什么七牛能够在存储领域脱颖而出？我觉得 AWS 做存储产品的方式是正确的，因为它的主打产品是云主机，存储只是主机的一个零部件。而七牛要把存储做成产品（或者叫 PaaS），否则存储这样的零件就没办法单独卖。因此，七牛把存储做成了“存储+数据处理+网络加速”，这里的数据处理主要围绕七牛的数据存储和使用场景，分析企业是如何使用数据的，以及 80%的客户需求我们能不能完成。因此，把存储做成一个 PaaS 是七牛立足的重要原因。

对于创业者而言，最关键的还是产品，不同的公司产品不一样，所以没办法细致地讲述产品应该做成什么样，但创业绕不开“创新”两个字，如果今天还以跟随的心态创业就很难获得成功，因为竞争实在太激烈。除“创新”外，时间成为另一个重要的因素，因为时间意味着成本。如果公司有明确的方向，你应该用最快的速度把商业模式做好，把它变成领域第一，构建竞争壁垒，让自己快速地积累你在这个行业中的地位。我认为这是“时间”这个词最核心的含义，如果你不在乎时间，公司最终很可能处于一种半死不活的状态，员工涣散，招人也很困难。

为了节约钱而去浪费时间一定是不划算的。所以，如果用钱可以买到时间，一定要用钱买时间，这是除了产品之外我认为最重要的一个点。

此外，创业公司定战略，要全力投入。千万不要不思考，认为公司一上来选择的方向就一定要坚持。这个真不一定，公司方向选择的重要性远远高于这些，如果方向错了，你再努力也最多是在错误的方向走得更远，所以只有在正确的方向努力才有成效。

怎么样才能确定公司的方向？这个问题有一些模式可以参考。首先，搞清楚自己擅长的领域到底是什么，换句话说，你到底最懂谁？我一直有一个观点，CEO 必须是首席产品官，你懂谁这件事情非常重要，它决定了公司的基因最擅长为谁服务，这是七牛换方向换对的点。我做技术那么多年，本身是一个架构师，我最懂技术，做应用支撑我很清楚每一个应用是怎么做出来的，我也相信我比绝大多数的创业公司更了解这一块的业务，所以我才能够创新，才敢做和别人不一样的东西。我认为这样做是正确的，但如果你不擅长这个领域，你就没有自信认为你做的是正确的，所以确定公司方向，最重要的是搞清楚你自己到底擅长什么。

其次，你要去预测未来。某种意义上讲，你公司的产品是为未来 10 年服务的，因此，你要去预测 10 年后会发生什么事情。搞清楚这一点有什么用呢？千万不要做与潮流背道而驰的事情，如果背道而驰，也许你能赚取短期的利益，但你的公司不可能做大。预测未来最重要的是借势，借用“站在风口上，猪也能飞起来”这句话，它最核心的道理就是借势。

创业公司有了方向之后，第二件要做的事情是找突破口。因为有了大的方向，路径也非常重要，七牛为什么选择云存储不是云主机，这就是突破口的问题。没有一家创业公司可以一上来就像大公司一样什么都做。如果你的融资能力很强，去跟市场进行激烈的竞争是可行的，但对绝大部分创业者来讲，这都不现实。所以你一定要找到垂直领域的切入点，并做到行业第一，这非常关键，因为只有第一才会让别人记住。所以当你确定一个切入点后，你就要全力以赴把自己变成第一。

接下来要讲的方面，从执行层面来说还是很重要的。很多人会说市场应该怎么玩，但我是技术出身，我不擅长做市场，我觉得无论怎么玩营销，营销的核心还是产品，产品本身要有传播能力。什么样的产品有传播能力？你要把产品做到极致，打中用户心中的痛点，当用户谈产品的时候，谈到痛点时，你让他觉得这个产品太好了，我不宣传都觉得心里痒痒。在今天传播速度这么快的潮流下，用户自然而然的传播非常关键。用户能够自发传播是营销的基础，你的营销需要在此基础上进行推波助澜，但没有产品的“1”，营销的“0”加多少都白费。因此，我觉得如果产品本身没有自传播能力，那么这个公司的老板还是应该把80%的精力都放在产品上，只有这样才能打造一个让人超出预期的产品。

创业的另一点是，要做耳聋的青蛙。今天各种各样的噪声很多，诱惑也很多，甚至有时来自于内部，但最大的噪声则来自于竞争对手和这个行业的动态。通常，一个方向会不断地有新的竞争对手涌现，尤其大家都认为这是个好方向的时候，这就会给你带来各种各样的声音。但提醒大家，千万不要把精力放在对手身上，而要把最多的精力放在客户身上，对竞争的关注一定要适度，不是不关心竞争对手，而是你关心它，学习他产品上一些好的地方。产品上好的地方该不该吸收，其核心的判断标准是你对用户的关注，如果对用户的关注度不够，你无法判断对手做了某个产品后你该不该跟进。有时你跟进的产品也许功能是最完整的，但也许是最不讨用户喜欢的。

以上我们谈了时间的成本，时间成本里面重要的一点是要理解你的精力到底应该放在哪里？我有一个观念，核心竞争力相关的东西是不能借别人的，因为这个东西是你和别人的差异所在，所以借力打力的原则是你觉得这个事情和你公司的业务核心如果不相干，就快速通过外力去构建，你的整个研发效率、公司的运营效率、产品的效率，如果有一个供应商可以帮你满足，你直接把他整合进来就可以了。

对于你所提炼的公司核心竞争力，这个点你一定要把它做细、做透，做到你觉得别人无法超越为止，这样才会构成你真正的壁垒。其他更多的是细节的部分，比如团队的执行力是不是足够好，怎么样跑得更快，用户有哪些不满，怎样解决，产品质量是不是足够好，怎样才能进一步提升，这是公司运营的环节。公司运营的核心是让任何运营的本身有闭环、有反馈。团队的执行力是不是足够好，你至少要知道他是否在提升；用户有哪些不满，产品的质量是不是比以前更好，这需要你的公司对用户本身的反馈有快速响应的能力。所有的运营本身是一个过程改进，得有一个闭环，研发做产品需要闭环，让你的产品迭代速度越来越快；服务用户需要有闭环，让产品的质量、客户满意度越来越好。

附录

（以下内容节选自《福布斯中文网》报道）

据 Gartner 发布的数据，全球广义云服务市场 2013 年达 1300 多亿美元，年增长率为 18%，预计 2017 年将达 2442 亿美元。云计算的概念极其复杂，主要分为 IaaS（基础设施即服务）、PaaS（平台即服务）、SaaS（软件即服务）三层服务形式，IaaS 是最典型的服务形式，向用户提供存储、计算等基础设施服务，PaaS 为用户提供可开发的平台，SaaS 则向用户租用 Web 软件。除了提供综合云服务的巨头，云计算的市场上遍布专注某项服务的大大小小的企业，而七牛所切入的云存储服务，是 PaaS 而不是 IaaS，可以脱离云主机独立使用。

尽管技术要求高、竞争激烈，许式伟对自己选择的领域充满自信。“我喜欢把一个东西当成一门学问来看，像以前编程时，充分了解用户需求，采取最适用的算法，不断调试以寻求问题的解决之道一样。”许式伟相信，取胜之道在于深刻了解时代、云计算与要服务的用户。

“为什么今天会产生云计算，而 10 年前或者说更早一点没有？”作为互联网发展的高潮，移动互联网首先从手机颠覆 PC 开始，带来的最大改变是互联网用户基数的变大，由此进入一个互联网颠覆实体经济，互联网巨头、传统巨头、新兴创业者共同争夺实体经济蛋糕的三国时代。在此过程中，创业者与传统巨头最需要云计算，甚至一些不以此为核心竞争力的互联网巨头也需要。云计算的实质是 IT 设施的服务化外包，与许多人的看法不同，许式伟反复强调：

云计算最核心的价值不是为了节约成本，而是提高企业运营效率，因为对企业来说，占据市场的时间才是最重要的。

不同于马化腾、周鸿祎、李彦宏、雷军那些前辈程序员所面临的互联网拓荒期的创业时代，许式伟认为在今天不但要理解，还应该以开放的心态分享自己的体会。因此，许式伟和他的团队成员经常自居为行业“布道师”。“布道的概念是什么？就是告诉企业应该如何从老的生产方式变化为新的生产方式。这样才能够走得更快，才能够获得更大的生存几率。用户如果不接受这个新的思维方式，就很难接受七牛。我们没必要太强调卖产品，而要传达一个新的价值观。”

云存储的商业模式非常清晰，除为用户提供一定免费额度外，七牛目前的营收主要来自存储费、流量费及根据存取请求次数的计费，并按照用户的实际使用额计费。而七牛目前已为顺丰、步步高、OPPO、海康威视、平安科技、大疆无人机、饿了么、小咖秀等超过 28 万家优秀企业用户提供了持续稳定可靠的云服务。云存储的技术门槛很高，既要解决各种容错处理，保证服务的可靠与可用，还要做到价格便宜。七牛采用纠删码算术冗余技术，与经典三副本冗余方案相比，服务器数量只需要后者的 32.5%，做到最高同时损坏四个硬盘数据也不会丢失。

在许式伟看来，国内许多云计算厂商都在照搬亚马逊的做法，然而正如他在一次演讲中所说，“没有一个 Copycat 可以成功”。七牛的创新在于，并不认为存在所谓云主机和云存储公司之分，而是将非结构数据（图片、音频、视频、office 文档等）的生命周期作为一个整体看待，将云存储划分为云存储（input）、云处理（process）、云分发（output）三个阶段。据透露，七牛将在 2016 年推出新的云计算与大数据产品，同时，也会持续不断地引入更为专业的第三方公司，为用户提供更为丰富的数据处理技术服务。如专注语音识别的讯飞、专注人脸识别的“face++”等，随着这些第三方公司的处理模块接入七牛的数据处理平台，从而做到用户数据的快速提取、计算与反馈。

与几年前相比，许式伟已不担心任何巨头带来的竞争，IT 发展的历史似乎也可佐证，无论是苹果对 IBM 的逆袭，还是谷歌在搜索上对亚马逊的超越，都表明巨头并非无所不能，颠覆往往从巨头眼中的边缘业务切入。相反，“只有把云计算作为最核心企业竞争力的公司才能成为最终的霸主”。

更重要的是，互联网颠覆实体经济是个长期过程，在这轮革命性的计算架构变革的前夜，未来的商业模式与服务形态还都处于探索之中。而在一个高速发展的领域，竞争是次要的，共同把这个蛋糕做大才是更重要的。

5.9 爱数：后起之秀的云转型之路

“将计算能力作为一种像水和电一样的公用事业提供给用户”，麦卡锡 20 世纪 60 年代的预言符合云计算的发展目标。随着云计算技术在我国的深入发展，以及相关政策的大力支持，BAT 三巨头、IBM、华为等大型企业纷纷成立了云计算相关的子公司、事业部或产品线，与此同时，不少年轻的公司也在全国各地招兵买马，扩充人才库。云计算的出现，让 IT 行业面临着重新洗牌的可能，后起之秀自然也不会放过这次机会，纷纷转型加入了云计算的大军，爱数便是其中之一。

2003 年，爱数的前身“艾数”于长沙某居民楼起家；2006 年，公司迁址上海，正式更名为上海爱数软件有限公司；9 年过后，云计算在行业内风起云涌，爱数也正式开启转型之路，将自己定位成——“是一家提供智能数据管理的云计算公司，其业务划分为私有云、托管云、公有云三大部分，组成一个端到端（含 IaaS/PaaS/SaaS）的、开放的混合云。”

在 IDC 关于中国备份一体机市场的研究报告中，爱数分别以 18.5%、21.5% 和 24%的市场占有率，仅次于 EMC，连续三年蝉联中国品牌第一；爱数凭借在数据管理领域的创新同时还入选了“Gartner Cool Vendor”名单。

从初期的备份容灾到 2012 年推出的智能数据管理解决方案，再到 2015 年提供智能数据管理的云计算公司，爱数的产品和业务发生了很大变化。

开放的云

IT 行业向来是技术驱动的行业，所以，业内不少趋势分析都把云计算、物联网等新技术作为企业自我变革的全新挑战，而不幸的是，有不少企业在转型过程中急功近利，最终功亏一篑。

爱数总裁贺鸿富认为：“这个云转型的部署，爱数已经酝酿了近两年，在

2016 年要亮剑，将全新的智能数据管理端到端的云解决方案推出市场。”在这两年半的时间里，爱数发布了不少中标新闻，其中不乏最高人民检察院、北京大学、中国银监会等涉及政府、教育、金融等来自各个行业的重量级客户；而中标产品也从智能数据管理解决方案转变为云共享、云灾备等与“云”相关的产品；此外，产品的版本和新品也一直在更新发布；而爱数同华为、阿里云、浪潮等其他厂商达成合作以及参与其主办会议的新闻也不在少数。

例如基于爱数智能数据管理方案实现的整体 IT 方案，为清华 BP 中心构建的私有文档云架构，针对性地解决了文档管理方面的分享协作和移动办公难题。同时，基于爱数备份方案为中心打造的安全和易管理数据备份系统，最大程度降低数据丢失风险，从而更好地为清华 BP 中心教学和科研工作保驾护航。

由此可见，近年来爱数为云转型做的准备除了做深行业，做专产品外，也展现了更为开放和积极的生态合作之道。

可管理的数据

根据调查，云计算、软件定义数据中心和提高虚拟化水平这些云演进趋势将是中国用户在未来 12 个月中 IT 投资的三大重点。在向云迈进的过程中，大多数企业会兼顾传统应用和新应用的需求，传统架构和云架构会长期共存。基于这些新的需求，爱数推出了端到端的混合云，在数据存储、数据保护、非结构化数据管理、内容管理等几个点发力。

在数据存储方面，爱数主推软件定义存储，基于标准化硬件，通过软件实现存储资源池化管理，弹性分配，满足云化数据中心对存储资源的需求。AnyVM 超融合存储，基于分布式文件系统，通过对计算与存储的融合，SSD 性能加速等特性，可为数据中心提升吞吐性能，而 Scale-Out 弹性扩展的特性可以让云数据中心 IT 基础架构更加灵活和敏捷。AnyStorage 存储虚拟化网关，可以满足朝云转型过程中用户数据中心虚拟化与物理并存环境中对存储性能、可靠性、灵活性以及利旧的需求。

在数据保护方面，爱数 2015 年初对 AnyBackup 针对虚拟化保护做了优化，实现了对物理环境与虚拟环境、备份与容灾、当前应用和自主可控应用、本地与多分支、私有云与混合云、备份与归档、结构化数据与非结构化数据、主机端和存储端的融合保护覆盖。此外，爱数 2015 年发布的 AnyBackup Cloud 云灾备管理平台可提供混合 IT 架构下一体化、综合化、规范化的运营支撑、统一管理和资源全面监管等云灾备服务，可全面覆盖私有云、托管云、公有云下的灾备服务需求。

在非结构化数据管理领域，爱数用 6 年的时间，打造了基于私有云存储的企业级文档协作平台——AnyShare。作为一款私有企业云存储，AnyShare 关注与桌面虚拟化、服务器虚拟化等平台和应用的开放整合，服务了包括国家文化部、国家财政部、北京大学、奇瑞汽车在内的政府、高校及中大型企业。

面对纯公有的移动文档共享与管理需求，爱数在 2015 年底推出了纯 SaaS 的企业内容云服务——内容家。内容家关注用户在移动端操作文档的体验，在内容管理上注入了网页云收藏、内容标注等功能，未来也考虑在移动端开发语音标注等功能，可以满足移动场景下的内容反馈、沟通、审核等应用场景。作为一款中高端市场的公有云企业内容云，内容家的出现，给用户在企业网盘、文档管理服务的选型上，提供了另一种选择。

十年磨一剑，恰逢爱数十年，就目前推出的产品和取得的成绩来看其 2016 年的亮剑值得期待。

5.10 Testin，一位对 BAT 说不的“质检官”

2013 年 1 月，谷歌 CEO 施密特造访中国。记者们惊奇地发现，活动之余，这样一位科技界“教父”，居然在中关村嘈杂的手机卖场中现身。陪在他身边的，不是马云、马化腾这样的传统大佬，而是一个陌生的中国面孔。这位面相憨实的中国人，正耐心地向施密特介绍着中国移动互联网的一切。

这位令谷歌掌门人百忙之中都要去见一见的中国人，就是王军，Testin 创始人兼 CEO。

移动互联网生态的关键一环

施密特曾说，“在未来的移动互联网中，开发者才是主角。所有服务于开发者的平台，都是全球移动互联网生态中不可获取的环节。”而专注于服务移动开发者、移动互联网企业的 Testin，就是云计算市场独具特色的新成员。

成立于 2011 年的 Testin，是全球第一家真机自动化云测试平台，成为了云测试行业的开创者与领导者。在所有云服务中，云测试有着独一无二的特点——即 B 端的测试需求，必须由 C 端的终端硬件来满足。而这，也是令施密特最感兴趣的地方，没有哪个行业能像测试行业那样，既了解开发者，又通晓消费者。

“施密特如此看重 Testin，是因为 Testin 恰好满足了两个要求：第一，云测试是 Google 所提倡的产业链开放平台上不可或缺的一环，而 Testin 为解决开发者和安卓的碎片化问题做出了卓越贡献。第二，Testin 可以帮助 Google 更好地了解中国市场，双方也是战略布局中重要的合作伙伴。”

事实上，不仅仅是谷歌如此看重 Testin 及云测试市场，像微软、IBM 这样的 IT 巨擘，也纷纷与 Testin 展开合作。Testin 不仅成为了微软云加速器的首批成员，更是与 Intel、ARM、高通、联发科等硬件厂商结成战略联盟，形成了软硬件结合的服务矩阵。

Testin 受到了全球 IT 行业的关注，成为了全球云测试行业的先行者，在短短四年时间里成长为杰出的国际化公司。别看 Testin 的国际化进程顺风顺水，其实它的企业基因是极具“中国特色”的，是与中国移动互联网的特殊发展历程息息相关的——曾几何时，几十台手机串联在一起刷机、刷榜的独特风景，象征着中国移动互联网曾经的黑色内幕；而如今，类似的场景则出现在 Testin 的专业机房中，为广大开发者进行质量管理送去了福音。

虽然受到了行业巨头的赞许，但在 Testin 团队看来，Testin 始终是一个创业企业，只有真实的开发者需求，才是其真正的市场机会。而事实证明，Testin 所提供的恰恰是开发者所需要的。

在以往的开发经验中，测试工作普遍由开发团队自行完成。然而，开发者自己进行测试，不仅要购入大量真机，而且测试准确率很低，工作量巨大。测试过程对于开发者而言，变成了痛苦而漫长的征程。

从效果和效率的角度来看，测试工作需要专业化和独立性，而 Testin 专业的真机云测，恰恰可以解决开发者测试工作的痛点。在四年的时间旦，Testin 积累了数万真机，覆盖率达 98%，测试数量更是高达一亿两千万次。

在移动互联网高速发展的大背景下，行业合作伙伴的高度认可，“中国特色”的市场环境提供土壤，以及最关键的开发者刚性需求，为中国的云测试平台提供了绝佳的市场机会。具有敏锐嗅觉和过硬技术的 Testin，第一时间进行了大胆尝试，踏上了为开发者服务的创业之路。

“质检官”如何锤炼

如果说，以 AWS 和阿里云等代表的云计算是开发者的粮草官，那 Testin 就是火眼金睛的质检官。既然云测试对于开发者如此关键，那到底什么是云测试？

云测试（Cloud Testing），是基于云计算的一种新型测试方案。服务商提供多种平台，多种浏览器，用户在本地完成自动化测试脚本编写，上传至云测试服务网站，然后就可以在网站平台上运行测试脚本，在成千上万台真机中自动完成测试，输出测试报告。

在微软、IBM 等大公司内部，软件测试通常以项目组形式存在。但在广阔的应用市场中，存在着数以百万计的独立开发者。其中有 70%是个人或 3~5 人的小型工作室，没有人力可以专门负责测试工作，也没有物力去购买昂贵的测试设备。

“相比开发者自己测试，云测试不用购买真机，无须部署运维。它可以在产品测试部分帮助开发者节省大量资金和时间，使开发者更聚焦于产品开发本身、聚焦于产品内容与应用质量。Testin 的测试服务全部为‘黑盒测试’，不会查看代码内容。开发者完全不用担心安全与隐私问题。”Testin CEO 王军这样概括云测试的优点。

除此之外，针对不同产品阶段下的个性化测试需求，Testin 也依靠强大的云计算技术，为开发者提供了全方位的差异化服务：

一是在应用开发与更新环节，开发者面临的是功能验证与稳定性测试。Testin 提供 7×24 小时全时段服务，4 小时内就能呈现测试报告，方便开发者随测随改，完善产品质量。

二是在上线前的测试环节，开发者比较关心手机适配性与兼容问题。Testin 的真机测试可以按需服务，在开发者指定的机型上进行兼容测试。

三是在产品上线运营阶段，Testin 的崩溃分析可以实时监控并反馈每一位用户的崩溃情况，定位到具体代码堆栈，并对用户的流失情况进行分析。

为何拒绝 BAT 的投资

在 Testin 平台的创立初期，测试产品刚刚发布一个月，就有包括 BAT 和手游巨头在内的多家机构，虎视眈眈地盯上了这家新兴公司。甚至在产品上线之前，就有人跑上门来谈及收购与投资。

然而，Testin 果断拒绝了 BAT 的“收编”。他们清醒地认识到，专注于测试行业，就要做完全客观中立的第三方，这样才能保证“质检官”应有的公正性。一旦接受了 BAT 的投资，免不了就要“站队”，成为大公司体制内的服务平台，这样就很难公平地服务广大开发者。

于是，王军和他的创业团队接受的第一笔资金是产业资本，而非企业资本。在 A 轮融资中，他们接受了 IDG 的 990 万美元投资。

在接下来的 2014 年和 2015 年，Testin 接受了数千万美元的 B 轮融资和 5490 万美元的 B+轮融资，估值超过了 20 亿美元。

提供“一站式”测试服务

在拥有了充足的资本粮草，积累了丰富的客户资源，建立了坚实的技术壁垒之后，Testin 开始大规模拓展业务规模。在产品线延伸、行业资源整合以及业务国际化方面，进行了全方位布局。通过内测分发、兼容测试、功能测试和崩溃分析四项核心服务，Testin 全力为开发者提供了覆盖 APP 全生命周期的“一站式”测试服务。

拥抱共享经济，发展众测业务

真机自动化云测试虽然优点颇多，但终究有其局限性。尤其在体验测试、功能测试等需要价值判断的测试领域，人工测试无可替代。对此，Testin 在大力发展云服务的同时，亦顺应共享经济的潮流，发展出众测业务，并借此成为了覆盖 APP 全生命周期的质量服务平台。

所谓众测业务，即通过众包形式，由数千名测试专家对软件的功能点进行遍历试用，寻找 Bug。通过 Testin 独有的内测工具 Pre.im，开发者可以通过二维码将 APP 分发给内测用户，用户“摇一摇”即可上传 Bug，枯燥的 Bug 探索变得轻松有趣。

发挥大数据优势，整合产业资源，共建开放平台

一款 APP 从诞生到成功上线，开发者要经历开发、测试、部署、推广、分析五大环节，并与测试方、发行方、渠道方、应用商店、移动广告代理商等多家机构打交道。因此，想要真正地服务好开发者，仅靠 Testin 的一己之力还远远不够。

目前，Testin 已经开展了新一轮的“伙伴计划”，将与产业链上下游的合作伙伴互通有无，资源整合，构建移动应用开发的生态闭环，在一站式测试服务的基础上，形成开放的服务平台，从而为更多开发者提供更全面的服务。与此同时，Testin 积累的 APP Base 大数据服务，也将开放给合作伙伴和开发者使用。

进一步完善增值服务，优化造血能力

为了最大范围地服务开发者，也为了积累用户资源，Testin 选择了“免费服务+增值服务”的商业模式。王军将 Testin 的服务比喻为一架客机，分别设有经济舱、商务舱和头等舱。开发者在 Testin 服务平台，可以随时享受免费的基础测试服务，即为经济舱。但个性化定制服务、咨询分析服务、大规模复杂化测试服务，就是商务舱与头等舱，需要用户增值付费才能获得。

2014 年，Testin 加大了研发投入，进一步完善增值服务，不断满足开发者更为复杂的测试需求，持续优化自我造血能力。

试水前沿科技，进军海外市场

除了目前最为普遍的智能机，Testin 已经将触手伸及了 H5、VR、可穿戴智能设备甚至无人机飞控系统和汽车车载系统。在 Testin 眼里看来，只要是开发者存在并活跃的领域，都是 Testin 服务的方向。哪怕是一些超前的产品和未成熟的市场，Testin 都会成为开发者的“探路者”。

随着国内 APP 的市场竞争进入白热化，许多开发者开始剑指海外市场，而 Testin 也在积极拓展海外业务，向“出海”的开发者和海外用户提供可靠的测试服务。

居安思危

事实上，在 Testin 首开先河之后，后入的模仿者与竞争者并不少，其中亦不乏腾讯、百度这样的巨头。Testin 自身亦面临着付费用户比例低、市场培育度不足等种种忧患。然而谈及 Testin 的命运，最令王军感到忧虑的则是人才与人性。

首先，Testin 的业务发展速度飞快，人才培养与人才获取却很难跟上，这与中国的测试行业与测试职业现状有关。测试行业在中国普遍被认为是 Cost Team（成本部门），甚至是项目进度中的绊脚石，因而一直不受重视。这直接导致了测试人员的待遇及地位有限，测试人才匮乏。

另外，最令王军感到担忧的，则是人性。测试与体检相似，在许多人眼里属于“非渴求性需求”。除非到了生病或者入职体检的时候，许多人是不会想起体检的。于是在移动应用行业里，王军见识了太多 APP 的生生死死，许多产品未经过严格测试便“带伤上阵”，最终被诸多竞品淹没。

好在随着时代的发展，就像大众对健康要求越来越高一样，开发者对于产品质量也越来越重视，打造精品成为了行业共识，云测试的市场大门正在缓缓打开。

除了开发者自身觉醒，Testin 也在积极通过树立行业标准、深入开发环节等方式，主动提高行业质量水平，改变消费者认知，通过市场选择影响开发者的质量管理意识。2015 年 12 月，Testin 便与 360 达成战略合作，360 手机助手中出现了“性能报告”功能，消费者可以对 APP 的性能参数进行横向对比，方便消费者衡量取舍。

思考

在移动互联网和云计算的时代大潮下，Testin 的商机在于“追求卓越”。云计算解决了 APP 运营的基本需求，而云测试则掌握了 APP 得以取胜的关键。相信在不久的将来，云测试将与其他云服务展开深度合作，踏上开放融合之路，令开发者做到真正的开发无忧，令消费者享受真正的优质服务。

5.11 环信：连接人和商业才是未来

要说环信这轮融资 1250 万美元算多吗？不算多。中国有的是融资高的公司，前几天还爆出融资 6 亿元的公司。不幸的是，该公司很快被扒皮。原来一切都可以作假。从这个角度来说，踏踏实实融资，老老实实将产品做扎实，这才是 2B 公司的未来。

所以，在这场 2B 的狂热中，谁能走得更远，谁就有可能成为巨无霸公司。那么，环信这家公司有无可能？

忘了说，这是一家以"'即时通讯云'+'移动客服'"为主导产品的公司，公司成立不过 3 年。它打算怎么玩？

资本涌入 2 B 市场

把环信这家公司放到一边，先看看这一两年中国的 2B 市场发生了什么事。

这两年大量资本从 2C 领域涌入 2B 领域，看重的是这个领域的蓬勃发展。简单概括起来有这么几个原因。

1. 由于云计算和大数据、移动、社交等新兴技术和商业元素的落地，促使行业变革，归根结底是 IT 技术的发酵作用，行业被颠覆，"互联网思维"大行其道。

2. 中国政策指引。在"互联网+"、"大众创业万众创新"的氛围下，释放出民间的资本力量和诸多价值体系。

3. 相比较国外市场兴起的 2B 市场，尤其是在甲骨文、Saleforces、SAP 等第一波和第二波软件形态的不断演进，都促使这个行业发展潜力巨大。

如果只说投资，美国 2B 市场和 2C 市场的对比是 4∶6，而中国则是 4∶96，差距太大，也意味着潜力巨大。而在以上的几个因素中，资本起着至关重要的作用。

回到环信所在的移动客服领域，该领域也有很大想象力。2015 年的北美市场客服总额是 96 亿元美元，产生了两家大公司——Zendesk 和 FreshDesk。Zendesk 上市后的市值为 19 亿美元，FreshDesk 融资过了 E 轮 5000 万美元融资。此外，还有多家传统巨头，包括 Salesforce 旗下的 desk.com，甲骨文旗下的 RightNow、微软旗下的 Dynamic CRM 等。

中国的市场更大。以环信为例，上线 1 年的时间里已经完成了 4 轮融资。即 2014 年 5 月经纬中国天使轮融资 500 万人民币，2014 年 8 月 SIG A 轮融资 500 万美元，2014 年 10 红杉 300 万美元“A+”轮融资，2015 年 4 月红杉领投的 1250 万美元 B 轮融资（既本轮融资）。

中国市场独特，潜力巨大

移动客服领域属于正在变化的行业。特点是，传统的客服正在转向移动化，以社交、云端和服务平台化为主。显然传统的客服不能适应，几家传统公司相继出局，这就为移动客服产品以及相对应的公司带来机会。

从移动产品的角度来说，需要适应复杂网络的稳定性通讯；门槛是，有海量高并发的长连接即时消息，支持几千万到亿级高并发；需要平衡云端服务合理投入与高品质性能的 ROI。

由于市场庞大，这也是为什么美国 Zendesk 能迅速崛起的奥秘，市场也能够容纳两三家相似的公司。

而在中国，由于产业众多并且分散，加上电子商务和移动社交的兴起，所有的公司都面临“客服”的需求。这里的客服不仅仅指狭义的客户服务，还包括客户咨询、购买等，目的是怎么增加用户的黏性。所以，中国的产业更为庞大，有自己的特点。

落在环信身上，有自己的核心技术，可基于即时通讯云端服务打造的移动客服，可以很好地做到实现移动化、社交化，并较传统客服软件技术更适合复杂网络稳定性及海量高并发长连接，同时又因即时通讯云节省了使用者的建设和维护成本，并提高了研发效率，在 ROI 上有明显优势。

它的两个核心产品：即时通讯云做 PaaS，用以服务客户，为客户提供开发平台。而移动客服则是 SaaS 产品，帮助商家连接用户。

那么，这个连接能否支撑环信的未来商业模式？

客服连接的是未来

如果只是狭义的定义客服，那么市场并不大。就算是 Zendesk 也不过 19 亿美元，比 Salefaces 差距较远，也远比不上互联网公司上千亿元的市值。那么，移动客服就遇到了天花板，行业市场仅仅这么大？

目前看，并非如此。由于“一切皆通信”，也就是只要具有电子负荷的产品均能起到“客服”的作用。这样一来，“连接”问题就迎刃而解。比如当一台物联网时代的电冰箱坏了，你还需要打开网页搜索厂家联系方式，然后打 400 电话解决问题吗？当然不！你只需要按冰箱上的一个红色小按钮，就可以立即接通厂家的客服，而且是视频的，客服可以一键将修复后的设置推送到冰箱上来。

不仅如此，客服还能够根据电冰箱存储食品提醒用户是否购买食材，保存和处理食材。如果和其他健康产品联系起来，还能提醒用户是否注意饮食健康等，成为“监测”和“服务”的前端设备。

这并不是很遥远的未来，可能正在实现中。因为从技术角度来说，万物互联正在成为现实，据悉，环信的 Linux 版移动客服 SDK 和环信 Inside 的芯片已经在实验室中紧张调试，生态圈也正在建立。

从另外一个角度来说，所有移动互联的厂商都希望能抓住下一个风口和趋势，可怎么做，都在探索和摸索中。关键在于，无论是何种产品，它能否成为风口和切入点的必要因素是“刚需”。以产品来圈用户，很难，看看市面上失败的产品就知道一二。

按照这种逻辑推演，环信这家企业的市场空间无形中会具有很大想象空间，比如如何建立生态圈，如何在这个平台之上纳入更多的服务，怎么连接用户和商家等。这难道不是下一个趋势吗？

看到这种趋势之后，你还会对它的融资怎么花钱或者下一步上市计划担心吗？产品、市场、用户都会说明一切皆有可能。

5.12 用友旗下第一家云服务公司如何落地

2015年中，用友集团下的纯粹云服务公司用友超客终于正式亮相。

此消息由用友董事长王文京宣布，“在用友未来布局的4大业务线中，用友超客占两条业务线。我们希望，在未来5年，互联网业务将占到用友总体营收的一半”。

都知道用友转型企业互联网已有一段时间，为什么还要单独成立子公司跻身热闹的移动CRM市场？要知道这个市场的玩法与用友过去纯软件市场的玩法完全不同。尽管也知道用友要在3年内将投资数亿元扶持，用友超客的产品能否迅速占领该市场，并为集团其他兄弟公司的转型做出探索呢？

但，这些疑问对用友集团来说并不是问题。

转型—转型—还是转型

关于用友转型企业互联网已经过去一年了，这里还稍微交待一下背景。因为从2014年开始到今天，用友集团不断摸索和调整，每个时间阶段的业务划分并不完全一样。

大背景之一，企业互联网是未来的方向之一。叫“互联网+”也好，叫企业互联网化也好，本质是借助新兴的信息技术，尤其是互联网的相关方法和方式，重塑企业。这里面孕育着巨大的市场空间。

简单看，云颠覆了传统的软件行业，这对用友来说，危机还来自固有的软件收入下降，传统依靠销售License的方式陈旧，必须寻找新的增长点，必须转型。否则，所有的用户跑到云上，用友怎么办？卖软件的方式隔断了和用户的联接。

如果加上客户的需求，原来的信息化方式已经适应不了时代的需求，急需新的方式来改变，这就需要新的厂商服务。这是说，用友的软件的架构、孤岛式的服务方式适应不了云时代。

这三点决定了用友集团的转型。在这个大背景之下，用友开展一系列的动作，这里就不展开说了。其中最重要的就是成立用友超客——用友体系内第一家纯粹的互联网公司。

从业务的角度来说，用友提出全面转型企业互联网，并非是放弃原有软件业务，而是在原有的企业管理软件的基础上，开展互联网服务以及互联网金融服务，这被称为三位一体的服务。

软件服务则是根据企业大小划分，提供多种软件管理服务。互联网服务则是依托于云计算市场，提供 SaaS 类的服务。金融服务则是另一个大的版块。

如果业务再细化，用友集团进一步划分为“4+1”战略，这是从业务场景的角度来谈的。王文京认为，未来在企业推进互联网化的过程中，有四个方面的、四个领域的应用是最焦点的，这就是：社交和协同、数字营销、智能制造，以及共享服务。

其中社交和协同交给了用友超客，这也是这家公司成立的原因所在，因为市场空间太大了。另外，还有兄弟公司专注在财务服务、人力服务方面。

完全想明白

用友超客并非是白手起家，一张白纸创业，它也被人戏称“富二代”创业。原因在于，集团承诺，在三年之内陆续投入数亿元（当然不排除日后外来资本），用以支持超客的发展，以及布局集团的整体战略。

我们从几个维度梳理一下用友超客的优势。

团队。团队一部分来自原来用友优普公司，一部分来自招聘，重点是培养互联网人才。这样既保证了新公司与集团内的沟通和交流，也确保有足够多的新鲜血液。为了找到一流的人才，2015 年初用友超客还打出百万年薪寻找 CTO 的口号。薪资待遇整体向 BAT 巨头看齐，某些岗位的待遇还超过这些公司。

体制和管理经验。对于新公司的管理，集团采用放权的方式，并未过多管理。新公司的总裁向奇汉，原来是用友的老人，有传统软件、互联网产品的经验。他坦言：“这一次组织架构和管理都按照互联网的方式办事，最重要的是快速和不断学习。”

产品。主要有两款产品，超客营销和企业空间，定位在协同和社交化。这里面既有理论知识作为支撑，也有过去产品经验的不断积累，还有面对客户痛点提出的解决方案。产品的功能、作用这里也不展开说了，本质是用社交化和移动化解决用户痛点，为用户带来不一样的价值。

服务对象。按照规划，这两款产品不以行业为切入点，而是以跨领域为主。像“营销工具”这样的移动化软件是所有行业需要的，就看怎么打动客户，赢得信赖。

王文京点评说，超客这个团队有两个重要的特性，第一是具有丰富的企业应用服务经验，相当多的成员有 20 多年的企业应用服务经验；第二是具有高昂的互联网激情。两者结合正好是新公司业务方向所需要的。

拼产品和市场运作能力，谁怕谁

可以说，用友超客一切都准备好了，正在“游泳中学会游泳”。

但市场并非那么简单。只说在移动 CRM 领域，群雄割据，资本乱飞。企业社交领域也是温吞，并不火热。如果再悲观一点，加上一些“有文化的流氓”使出各种方式占领市场，这个刚刚成立的公司如何脱颖而出？

这考验的是公司对产品的把握能力、市场运营能力。

王文京认为，现在就像当初财务市场、ERP 市场兴起的阶段。当年用友能在乱局中获胜，现在一样，并不因为是后来者而担心不能胜出。他对用友超客的希望是，两三年内一定要占到市场前 2 名。

判断一个市场是否趋于稳定的标准是，市场前一两名占据 70%～80%的市场空间。如果是，再投入资本和人力，也没办法获取更多份额。显然，现在的移动 CRM 市场和企业社交领域并非如此。这里面有各种问题，产品是最大的问题。

用友超客还有其他厂商不可比拟的几个优点：

有传统行业信息化管理的经验，能深层次挖掘客户的需求；

有用友系相关产品庞大的用户群，推广时可借力；

在深层次产品集成中，用友系产品渗透率较高，移动 CRM 和 ERP、财务管理软件可无缝连接。

向奇汉说，过去自己是营销的角色，天天跑客户打单子，现在则是产品经理的角色，整天和团队泡在一起，琢磨如何改进产品。以前是软件时代，半年发布一个产品，现在则是两周发布一个版本。

这些做法都是要加紧学习，符合互联网的节奏。如此看来，用友集团转型互联网大幕已经拉开，接下来就看高调亮相的用友超客如何落实战略了。

应用：用友超客助中车重装实现销售管理精细化

河南中车重型装备有限公司（原南车重装）隶属中国中车集团株洲电力机车公司，位于河南省义马市，企业始建于 1958 年，是中国煤炭机械工业协会优秀企业，中国地方煤矿物资流通协会定点企业，全国煤矿专用设备配件定点生产单位。

中车重装的技术研发实力雄厚，主要产品有：各类液压支架、掘进机、胶带输送机、刮板输送机、转载机、防爆变频调速电机车、侧卸式装岩机、大型铸件等各类综机设备配件生产及维修、非标设备制造。产品远销新疆、青海、四川、陕西、山西、山东、河南等 14 个省市和地区。

为了实现精细化管理，促进业务发展，2015 年 9 月，中车重装与用友超客签约，选择了超客营销进行营销管理。中车重装副总经理王自立表示："在选择 CRM 应用时，除了易用性，中车重装更为关注产品在销售领域的专业性。我非常认可超客营销精细化管理销售流程的理念，简而言之，就是选择专业的人做专业的事。超客营销结合用友多年的企业管理经验，会打造出真正适合重型机械行业的销售管理解决方案。"

如今，超客营销在中车重装的 PC 端和移动端上线已有三个多月，中车重装销售部长赵卫华介绍了超客营销为公司带来的显著效果：

实现业务员管理

中车重装共有三个销售部门，面向的客户分别是原母公司义煤集团的其他子公司；陕西、山西、甘肃、新疆、云南、贵州等地区的大型煤矿市场；以及需要为大型机械设备进行维修保养等专业化售后服务的企业。

三个销售部门的业务员加起来共有 50 余人，而且，由于中车重装采用直销的模式，业务人员遍布全国各地，人数众多和分布广泛的复杂情况给中车重装带来了管理上的挑战。

过去，外勤人员是通过电话来进行管理，但是电话上报比较迟缓，领导层不能直观看到业务员在哪里、做了什么工作、接触了哪些客户。

用了超客营销以后，通过外勤管理，销售领导对业务员的位置动向一目了然；通过数字化日报/周报，销售领导可以清楚了解业务员的工作情况，不仅有文字描述，还有语音汇报；业务员具体拜访了哪些客户，客户的信息，特别是联系人信息，都可以数字化展现；通过销售部门排名和业务员排名，领导还可以随时了解商机情况。

掌握客户资源

过去，中车重装的客户资源都是掌握在业务员自己的手中，随着业务员的离开、升迁，客户资源就会被带走。

赵卫华指出，现在的年轻人，尤其是销售人员，跳槽特别频繁。像中车重装这样的装备制造企业，培养出一个销售人才特别不容易，如果业务员跳槽时把客户资源带走了，后面的团队又接替不上，对公司来说就是一大笔损失。

用了超客营销以后，客户信息都沉淀在系统中，公司能够真正掌控客户及联系人的信息。“现在客户资源是带不走的，即使有人离职，其他业务员团队也能很快顶替上来，公司就不担心这一点了。” 赵卫华表示。

沟通协作社交化

超客营销社交化的特性对中车重装的业务也有很大的促进作用。通过生意管理，打开了销售过程这个黑匣子，实现了对整个销售过程的全程监控，基于客户以及项目的沟通过程一目了然，使得销售过程透明、可控；通过生意报表，还可以协助销售员在重要的环节促单和达成销售业绩。

赵卫华举了一个实例：就在不久前，中车重装的业务员在新疆遇到了一个大客户，但开始时双方沟通得并不是特别顺利。根据超客营销的管理方式，业务员把客户信息和沟通情况上传到了系统中。公司副总看到后发现，该客户竟然是自己的同学，与客户联系后，客户的态度发生了明显的转变。这就是通过超客营销，有效利用人脉资源，最后促成了合作。

促进项目进展

由于中车重装属于煤炭机械制造业，是典型的项目型销售模式，一个项目的金额通常在四五千万，销售周期长，销售过程也非常复杂，需要团队通力协作。

据赵卫华介绍，项目型销售的一般流程是这样的：业务员和客户达成初步意向后，要先做一份项目立项计划书，通过考察来确定能否立项。如果能立项，就继续跟进，如果风险预控觉得有风险，就不予立项。立项后，中车重装就会根据这个客户的煤矿富存条件，调动技术部人员，为其量身定做一个支护和运输类的设备方案，之后由项目中心核价，核定出成本，再由财务部核定价格，再走招标议标程序，然后与客户签订合同。在这个过程中，业务员、技术部、财务部、企管部、经管部、市场部都需要参与。

过去，在这个流程中，业务员要跑遍各个部门、找不同部门的人沟通，还要一起开调度会、项目会。但很多内部资源都很难调动，既浪费人力，也浪费时间，有时相关领导外出，审批就只能等待、甚至搁置。

超客营销上线后，很快就可以把各个部门的人员资源调动起来，方便了项目的内部沟通交流。即使是外勤人员，可以直接使用超客营销上的“嘟嘟会议”，进行多方线上会议，各部门及时沟通，发表意见，不仅内部资源可以及时调动，也明显促进了项目进度。

如今，中车重装已经将项目的跟进过程划分为多个阶段，再将这些销售阶段固化到超客营销中，与销售人员达成统一认知。销售人员只须按照最佳销售路径，逐步去推动项目的前进。同时，超客营销量化了赢单要素，避免了过去完全凭借人为感觉等来判断项目进度的情况，使项目进度更加客观准确。这样精细化管理的销售过程，实现了从商机确认到售后服务的经营闭环。

打通业务数据

据了解，中车重装使用的 ERP 系统是用友旗下的 U9，而这也正是中车重装选择超客营销的主要原因之一，未来两个系统之间可以打通，方便领导层查看业务数据，掌握项目进展。

赵卫华指出，回款制度也是超客营销的一大优点。过去，外出的业务员每天只能把回款情况记录在本子上，用了超客营销以后，项目根据合同应该回款多少钱，在某个时间已经回了多少钱，都能一目了然。

虽然在 ERP 系统上也可以查看到这些数据，但是 ERP 系统在 PC 端，领导层不能随时随地查看。现在，通过移动端的超客营销，业务员可以把所有的项目沟通交流情况、签了多少合同、回了多少款等及时录入，领导层可以随时在手机上查看，了解进度，非常清晰。

通过超客营销对项目的精细化管理，预测数据的准确性也得到了大幅提高，结合预测数据，中车重装能够制定合理的销售目标，对比目标缺口，制订可落地的销售计划，保证销售目标完成。

赵卫华告诉笔者，中车重装期待超客营销和 U9 的接口，等 ERP 单据的审批流打通以后，领导层就可以通过手机端的超客营销，随时随地进行审批了。

用超客营销互联网化

最后，赵卫华总结道，超客营销 APP 简单、快捷、使用方便。作为管理层，他最欣赏超客营销的三个优点：一是能实现对销售团队的有序管理；二是能让客户资源、人脉关系沉淀下来；三是能够促进企业内部各种资源的调动。

据透露，被中车集团收购以后，中车重装还将借助该平台拓展新的项目，未来制造的产品将不仅限于煤炭机械设备，还将开发用于工程隧道和地铁隧道的设备。而公司的发展壮大更需要对销售人员进行精细化的管理。赵卫华表示："现在我们实行项目制，加上超客营销，就是要通过'互联网+'的方式，促使销售更好地往前走。"

5.13 大浪淘沙，天云软件搏击企业云计算

云计算时代的 IT 是扁平的——天云软件市场定位

在过去的几十年间，传统 IT 主要是建立在竖向分割的紧密耦合的体系架构之上的。众所周知，这种体系架构造成的问题是任何应用系统都必须按照峰值来配置；然而事实上 IT 资源在大多数时间内利用率并不高，却不能将这部分资源共享给其他系统使用。

曾经有人提出用网格计算解决这个问题，但是网格计算对于强计算、弱流程、少交互的科学计算类任务能够通过任务分解的分布式计算来达到高性能。然而，对于企业应用来说，诸如企业管理、电子商务等多为弱计算、强流程、多交互的应用场景，网格计算并不适合，而云计算的出现恰合时宜。

与其他云计算“厂商”不同，天云软件没有选择既做“球员”又做“裁判”的“资源+平台”的自我管理模式，而是在横向切分的市场中专注于云管理平台的构建和实施，使企业云得以真正落地，从而真正解决用户实际问题、带来实际价值。天云软件自主研发的 SkyForm 云管理平台便是这个定位过程中的产物，成为国内首个自主研发的云系统软件。

说到定位，天云软件对一个完整的云生态链及其各种能力的横向分层有着明确的认识——在虚拟资源管理方面，最底层为虚拟化层，实现对物理资源的虚拟化；在其之上为 CloudStack 或 OpenStack，或者其他云平台，实现对虚拟化资源集群的管理；SkyForm 云管理平台构建在 CloudStack 或 OpenStack，或其他云平台之上，同时兼顾物理、虚拟资源池的对接，实现向下管理、调度各类资源，向上承载、支撑业务应用的能力。SkyForm 云管理平台在对资源进行统一管理方面直接支持 CloudStack、OpenStack 以及其他云平台甚至公有云，同时在调度策略、管理流程、用户交互体验等方面加以优化和封装，更符合客户的落地需求和使用习惯。

从现代 IT 构建的普遍模式来看，横向分割的云市场是未来发展的趋势和必然，云生态链中的各“厂家”都将在其中找到自身所处的“层”。天云软件很早便认清了这一点，形成了“non vender lock-in”的产品策略，无论是对 OpenStack 或 CloudStack，还是对各 IaaS 资源厂商都秉承开放、中立、合作的态度，海纳百川，目的就是为企业客户纷繁多样的业务场景提供“All-in-One”的异构资源集中管理和调度体验。

企业云方兴未艾——天云软件的企业云最佳实践

从云计算的提出、炒作到落地实践，国内的企业云建设伴随着技术的逐步成熟也走过了六七个年头，取得了很大进展。天云软件作为国内企业云建设最早的先行者之一，五年以来在中国落地企业云案例上百个，对企业云的发展有着深入的认识。我们把企业云的发展分为四个阶段：概念验证、资源管理、尝试上云、全面业务支撑。

阶段一：概念验证时代

六七年前，迎着云计算概念的热潮，以及市场上针对云带来的收益的宣传，企业用户心猿意马，希望对这一技术进行实际的体验；另外，各大云计算厂商也需要进行技术展示以强化自身的“地位”。就这样，概念验证需求应运而生。

这一阶段的主要目的是为企业用户搭建一个小型规模的私有云（管理）平台，让用户体验云计算的各个概念，比如资源自服务、自动化部署等。这个时期，用户不会迁移具体的业务到云管理平台。

也正是在这一时期，天云软件开始初创，践行国产云计算系统软件的开发与落地能力。

阶段二：资源管理时代

随着企业云用户对云管理平台的验证体验的完成，用户开始考虑基于云管理平台管理更多的资源，即多虚拟化、多种异构设备、异构软件的管理。这一时期，用户的目的比较简单，即云管理平台可以管理所有的IT资源。

企业云用户在这一阶段都针对自己数据中心内已有的各类IT设备资源提出了私有云应该管理的资源类型，包括小型机、x86服务器、存储、网络等。

起步与成名较早的《中国移动私有云规范》即成形于这一阶段的初期。在这一阶段里，天云软件不仅参与了《规范》的起草，还参与了数十个运营商、电子政务云的管理能力落地。

阶段三：尝试上云时代

所谓“尝试”，即非核心业务。随着资源管理的推进，企业用户发现仅仅进行资源管理对IT问题的解决有限，具体体现在：

通过云管理平台单纯的管理数据中心内所有资源的工作量大，投入多、产出少，不能创造价值，而云计算弹性调度的核心能力在没有整合业务前毫无价值；

云计算建设的最终目的为节省资源、加速业务敏捷与上线时间，也就是解决业务问题为第一要务的目的尚未达成。

基于以上因素，企业用户开始考虑迁移业务应用至云计算资源池，最终使云计算能真正给企业带来益处。因此在这一阶段，用户考虑选取部分非核心业务迁移部署到云平台进行试运行。

天云软件在这一时期，成功为中国移动部分省公司、中国联通、部分行业用户提供了业务咨询与上云服务，并形成了业务上云评估、迁移整套标准化服务，为下一阶段做好了充足的准备。

阶段四：全面业务支撑时代

企业用户将部分非核心业务上云，且这部分业务在云计算资源池上稳定可靠地连续运行了一段时间后，一方面更深刻地认识到云的价值，另一方面也发现仅仅将部分非核心业务迁移到云上并没有充分发挥出云的核心价值，主要体现在：

业务未进行云化改造，因此一旦为业务分配资源，资源即被业务完全占用，仍然存在部分业务使用率不高的问题；

非弹性的业务架构，在业务量激增的情况下，仍然需要手动干预；

云管理平台更侧重于资源管理，对业务管理缺乏监控与统计手段，随着业务的增多，资源使用出现瓶颈，但是不容易定位问题点。

为了解决这些问题，此阶段的云管理平台建设与业务改造并行进行。平台提供可靠的支撑服务，业务基于云的特性进行弹性分布式改造。应用改造完成以后，进行上云迁移，才能更好地发挥云平台支撑应用的特色。图 5-3 为天云软件针对某客户提供的产品实施案例：

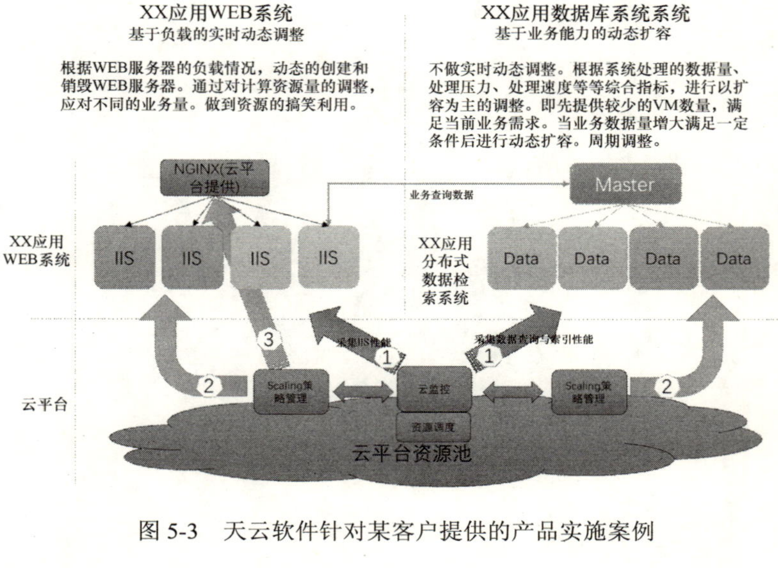

图 5-3　天云软件针对某客户提供的产品实施案例

天云软件的发展伴随着中国企业云的发展之路，一步一个脚印，通过云计算技术的概念验证、资源管理、边缘业务上云、业务全面支撑四个阶段，在国内企业云市场站稳了脚跟，也助力中国企业云“最后一公里”的落地。

我们的世界将由软件来定义——软件定义一切（SDX）

“软件定义一切的浪潮席卷各个行业，各行各业将由软件重新定义。软件定义一切必将促进人类社会的文明进程加速发展，将会重塑整个世界。”

这绝非一句空话、一句口号、一句诳语。随着硬件在尺寸、功耗、散热、可靠性、工艺水平、成本等方面的不断优化、改进、成熟，也随着通信网络的日益发达，两者的条件具备使得SDX时代到来。软件正以“现实照进虚拟”的独特魅力和价值颠覆着各个行业。试想有哪个行业的哪种技术、产品或服务可以实现几乎零成本的复制、灵活可变的配置、不断叠加的积累与传承能力呢？软件可以！

如今，软件定义一切推动数据中心技术的成熟。软件定义数据中心成为新一代IT架构的基础，将大大提升IT基础设施条件，提升资源动态分配和计算能力，满足新兴技术对网络、存储以及强大计算能力的需求，从而加速技术落地。因此可以肯定地说，企业云的发展一定是一个软件定义一切的过程。从企业云横向分割角度，天云软件认为企业云可以分为三层（如图5-4所示）：

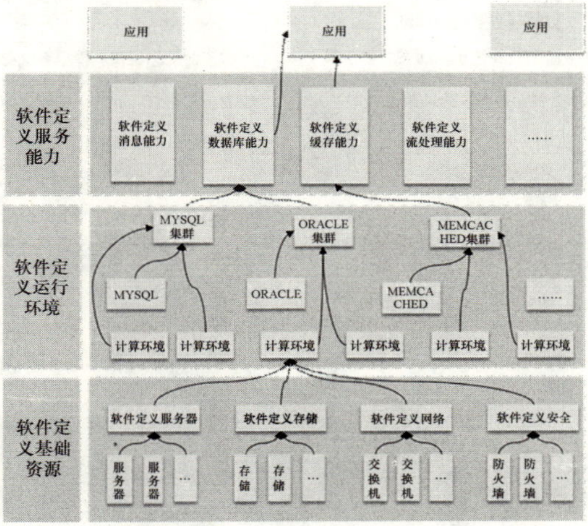

图5-4　企业云分层

- 软件定义基础资源：将最基础的物理硬件通过虚拟化、容器等手段，定义成软件的基础资源。
- 软件定义运行环境：将下层定义的基础资源进行封装和编排，将特定的中间件与多个基础资源封装在一起，形成多种应用程序运行环境。
- 软件定义服务能力：对软件运行环境进行再次抽象，按需定义出应用可直接使用的服务能力。
- 基于此，天云软件前瞻性地针对软件定义一切的企业云给出了一套完整的架构方案，如图 5-5 所示。

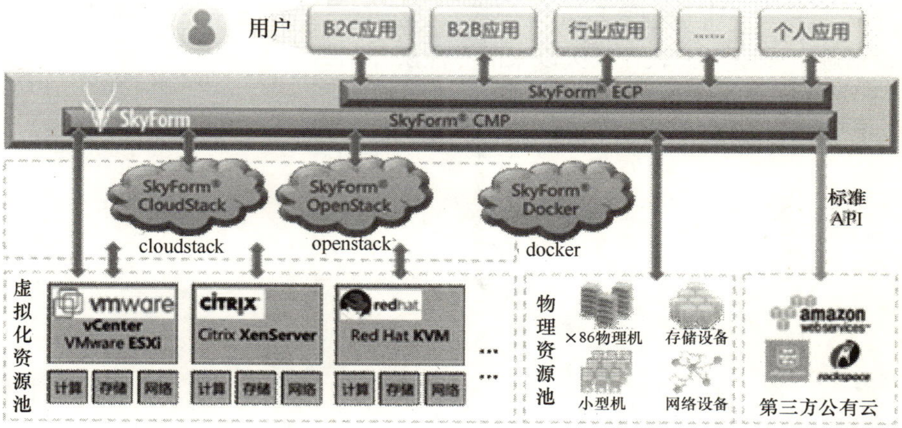

图 5-5　企业云架构方案

在 IaaS 层面，即软件定义基础资源层，我们通过 SkyForm 云管理平台（CMP）对 CloudStack、OpenStack、VMware Driver、原生 Docker、服务器、存储、网络等原生硬件的管理构建。

在 PaaS 层面，即软件定义运行环境和服务能力层，我们通过 SkyForm 弹性计算平台（ECP）构建，是一个开放的、集成了丰富企业特性的容器化应用管理平台。

正是有了 SkyForm CMP 和 ECP，云化应用才得以真正跑在企业云上，而企业云也才算得上完整、可用。基于对企业云多年的实践和未来的判断，我们相信：

- 单一的 OpenStack 或 CloudStack，难以满足企业云用户对管理异构的硬件资源、虚拟化、云平台的需求。
- Docker 等 Container 技术的兴起，将形成全新的资源提供方式，进而促使传统的虚拟化管理走向没落。
- 软件定义的方式将贯穿企业云的发展，同时应用支撑、业务资源调度将是 IT 发展的永恒趋势。
- IaaS 管理范围越来越广、形成新的基础架构；PaaS 调度能力越来越强，形成新的软件运行环境。

当然，不论是技术的更迭也好，还是能力的提升也罢，“资源服务化—应用迁移上云—完善运维支撑管理体系”是企业云“最后一公里”始终不变的本质所在，也是天云软件长久以来的专注所在。

6

第6章

云改变商业

云的落地与商业有关。

改变组织架构、商业模式、供需关系甚至是生态系统。

在这一场变革中，云计算为消费者带来全新的服务和体验

哪家公司能率先适应新的商业环境?

6.1 IDC 转型云计算：要么等死，要么开放

在云市场中，由原来 IDC 转型的云计算服务商颇有市场。它们专注中小企业，在不同行业深耕，贴合用户需求。但这类云计算服务商的弊病是无法做大，有些还存在原有的基础架构无法匹配云计算架构的情况，这就造成了如下问题：这类 IDC 云服务商，它们该如何转型成功并做大，重塑生态圈？

最近华云数据宣布开放平台。此举一出，立即引起业内热议。原因在于，华云数据将自己的云计算能力开放，帮助众多 IDC 服务商（当前主要面临代理商）转向云，并与这些 IDC 重塑云生态链，极有可能改变 IDC 云计算方向。

这有可能吗？

华云数据决定开放平台

众所周知，前几年在云计算来临之后，众多 IDC 摇身一变，纷纷变为云服务商。但是，云服务与之前的 IDC 单纯的“租用空间”完全不同，技术上要求可靠性、保障性更强；更需要了解客户的业务，怎么让客户接入，随需所用业务，像自来水、电那样开启业务；在系统架构上，是否支持向 IaaS 的转变？

圈内也在摸索，各有路数。在这方面，华云数据走在前列。这里面有几个重要因素。其一是华云数据的创始人许广斌既懂 IDC 运营，又是一个技术专家。懂运营，了解 IDC 的业务模式和市场变化；懂技术，能在技术上解决 IaaS 的基础架构问题。

由于华云数据的这种背景，在它极力推广 IDC 云化之时，就有各种类型的 IDC 与之交流，探讨云化之后的业务方向。这对 IDC 来说，云计算是难得的发展机会，但也面临各种不确定。

从华云数据自身的业务来说，它成为 IDC 中规模最大、不断探索的云服务商。截至目前，华云数据在超过 15 个城市 20 个数据中心中，具有上万台物理服务器集群，网络覆盖中国电信、中国联通以及华云数据自有 BGP 网络，实现了从边缘到核心网络的全覆盖。甚至可以说，在规模上，华云数据与 BAT

三家不相上下，所以业内有“BATH”一说。

华云数据与众多 IDC 有合作关系。也就是说，IDC 既是华云数据的渠道商也是合作伙伴，它们可以通过华云数据贩卖各类资源，在这种贩卖的过程中，不是简单地卖计算资源（也就是卖 IaaS 服务），也可以在华云数据的基础上卖自己的解决方案，帮助客户更好地运营业务。而华云数据帮助它们增值，在技术上简化云主机，提高自动化运营水准，随时扩大自己的计算资源等，达到双赢目的。

有了这种背景，华云数据决定开放平台。这是由它的规模、客户的基础与 IDC 的关系所决定的。而开放这件事，正在重塑整个 IDC 圈业态。

做到何种的开放平台

开放是互联网的趋势。在开放这件事情，互联网公司进行了多种尝试，核心目的是，开放自己的各种能力给合作伙伴，共建生态圈，共同繁荣。并且在这种开放的背景下，可以增强自己的实力，进一步提升自己在业内的领导地位。

业内做得比较成功的是腾讯，它在三年前宣布开放平台，根据合作伙伴的重要程度逐层开放资源，包括关系链、互联互通、数据开放这三个层次。在它的“流量、技术、盈利”的口号下，三年内为合作伙伴创造的市值等于“重塑一个腾讯”。

百度的开放平台则是依靠“搜索”这个独家秘技，希望依靠“框计算”能够将用户的搜索直达开发者，这个开放分为数据开放和应用开放等。就像去年百度力推“直达号”，也是一种开放数据的做法。不过，从百度的效果来看，它仍旧在不断寻找自己的开放之路。

所以，开放平台不可阻逆，互联网企业已经尝试并取得良好收益。开放的前提是，开放主体有意愿、也必须有能力开放，这个开放也必须要有一定的技术支持，能为开放的合作伙伴带来利益。否则，开放什么？为什么开放？有何效果？

此次，华云数据主打两个核心产品：云巢和工单系统。云巢是 IDC 接入之后，实现资源分配及管理，实现云计算资源业务销售与管理，偏自动化运营管理；工单系统是，可实现自建云平台的工单提交和响应，快速实现客户售前售后服务。

开放平台对谁有好处

此次华云高调宣布开放平台，极有可能扰乱整个 IDC 云市场。这个“扰乱”更像是要改变整个市场的方向。

如上所述，IDC 在转成云服务商之后，只是简单地将过去“租用”的标签转变为“云主机”，也就是销售方式不变，销售对象不变，但销售的业务发生了变化。对 IDC 而言，云不是简单接入的问题，还需要技术、资源的匹配，尤其是技术上能力，这对 IDC 提出来更高的要求。

现在看来，市场并不乐观。云计算的本质是“按需定制，随需所用，安全可靠”。IDC 云化之后，有不少的 IDC 由于面向的客户偏窄，没有核心竞争力，无法保障系统的安全可靠性，更不要提为用户量身定制解决方案了，业务日益收缩。

华云数据的开放平台正在改变这种现状。

它此次面向的是华云数据的代理商。在初期，懂华云数据的代理商只要接入自己的业务，就能直接对接云巢系统以及工单系统，增强了技术能力。同时，华云数据安排了专人对接，为每个接入的代理商一对一服务，包括需求分析、接入系统、调试乃至于系统上线和维护等。这种贴身服务也是一站式的，至少从技术上保障代理商无后顾之忧。

华云数据的官方网站上再次强调了这种开放的好处：第一，市场巨大，帮助 IDC 更好地面对云计算转型。第二，更多的盈利模式。可以拓展业务，同时让自己的资源更大化。第三，简单接入，技术有所保障，同时增加代理商的技术能力。第四，更自主的平台搭建。这是指接入华云数据的平台之后，代理商可以根据行业优势，获取华云数据的资源，量身为客户定制解决方案。

从开放平台看，华云数据正在逐步展现自己的实力。这包括对整个 IDC 的视野以及责任，更包括落地的技术支持和能力。有了这样的平台，IDC 圈是否有大的变革呢？

或者说，以后的 IDC 云化极可能进一步分化。围绕华云数据这样的 IDC 云计算服务商，形成面向各个行业的 IDC 服务商。华云数据在核心扮演提供各种能力、技术支持的角色，而开放平台中的外围则是接触客户、梳理和制定客户解决方案的角色，这样上下游资源互补，细分行业，能提高整个 IDC 云计算的服务能力。

IDC 开放平台之后，就会改变代理商单打独斗的格局。接下来，IDC 圈会纷纷开放平台吗？那样，市场竞争加剧，极有可能进入寡头时代。

华云数据先着手一招。

6.2 价格战之后 CDN 打破狭义格局

在云计算的时代，一切因云而变，CDN 自然也无法独善其身。分析 CDN 市场的过去和现在，我们不难发现，CDN 行业已经进入洗牌期。那么，到底是什么诱因，触发了市场变革的蝴蝶效应呢？

狭义的格局已被打破

CDN 过去作为建立在业务平台和基础网络之上的架构，主要以 IDC 的增值服务出现，尽管随着互联网的发展，已从最初的内容加速拓展到应用和服务的加速。但始终，没有脱离这个范畴，依然是 IDC 的增值服务。

所以，一些早期的 IDC 就顺理成章地转型成为 CDN 的专业服务商，比如网宿的模式就是“IDC+CDN”。实际上，对于 CDN 市场而言，本身技术壁垒并不高，但其对动态网络加速技术和大规模服务器配置的高要求决定了 CDN 的市场准入门槛并不低。

因此，中国的 CDN 市场局面一直处于寡头垄断的形态。网宿和蓝汛两家公司基本垄断了中国市场大概 80%的市场空间。

可是，另一份数据却非常令人吃惊。在移动互联网发展如此迅猛的中国市场，中国的 CDN 使用率却仅为 10%，相比而言，美国和韩国 CDN 的覆盖率和使用率都接近 80%，这一方面说明中国 CDN 市场的空间仍然非常广阔，另一方面意味着蓝汛和网宿的寡头垄断，并没有给中国的 CDN 市场带来积极的效应。

这其中，价格因素可能是一个主要原因。

其实，CDN 是一个存在“灰色空间”的市场，毛利率接近 50%。因此，国内传统厂商通常采用 1 对 1 谈判的方式确定价格，价格不透明和复杂的计费方式饱受争议，被称为互联网行业的最后一个暴利行业。

实际上，第三方的 CDN 厂家，在市场上的体量并不大。这个行业，过去一直缺少 BAT 这样的巨头参与其中。

因为互联网公司普遍采取自建 CDN 的模式，不论是阿里云还是腾讯云，他们的 CDN 通过了自身业务的检验，无论是双 11 还是春节的微信红包，已经证明他们在CDN领域持续的技术创新，已经可以超越传统CDN服务商的水平。

随着阿里云和腾讯云开放了 CDN 的能力，相继进军 CDN 市场，也许，只需要一个触发点，就会发生蝴蝶效应，传统的 CDN 格局就会发生改变。就如在另一篇文章中评价的那样，鲨鱼一旦进入池塘，传统 CDN 如何阻挡？

引发蝴蝶效应

一切来得那么自然，又那么快，这个触发点就这样到来。

阿里云在 2015 年 5 月 22 日宣布，下调其拳头产品“极速 CDN”的价格，降幅达 21.2%。调整后的价格对比传统 CDN 厂商价格接近“腰斩”。

简简单单的一个价格策略背后，又会引发什么样的蝴蝶效应呢？

首先被打破的是潜规则，阿里云将以透明的 CDN 服务向传统发起冲击。“我们希望给客户带来公开透明、明码标价的 CDN 服务，以此降低客户成本，支持全社会更大范围的创新创业。”阿里云计算 CTO 章文嵩表示，传统厂商的价格黑箱模式不再适合“互联网＋”时代。“通过不断的技术创新和规模优势，阿里云已有能力为 CDN 行业定义一个全新的价格标杆。”

其次，如前文所述，中国的 CDN 使用率仅为 10%，十倍于现在的市场空间，需要价格的杠杆去撬动。简单分析阿里云的降价带给用户的受益。调整后的最低价格为 1Mbps 带宽一月 22.8 元或 1GB 流量 0.26 元。这一价格远远低于传统厂商以及其他云计算公司公开报价。以一个普通规模的 CDN 客户计算，降价之后每年可节省 3600 元以上。

不要忘了，国务院总理李克强，曾在国务院常务会议上指出，加快高速宽带网络建设，促进提速降费，降低创业创新成本，为“互联网+”行动提供有力支撑，拉动有效投资和消费、培育发展新动能。

阿里云 CDN 的降价，显然将会是支持政府倡导“互联网+”行动的一部分。从另一个角度看，若全行业 CDN 价格下降至阿里云水平，有望为创业者节省 12 亿以上的支出，因降低门槛而让数万创业者和小微企业第一次用上 CDN。这对整个 CDN 行业以及中国的创业环境都有积极的意义。

蝴蝶效应的影响还会更加深远。随着移动互联网和云计算的发展。CDN 将不会仅仅维持现在的局面。过去传统 CDN 厂家，一直以来都是以资源和销售为核心，技术和人才基本排在最后，靠关系和变相垄断舒服赚钱已经习惯了，而互联网公司和云计算企业是以技术和人才为核心，未来由他们主导的 CDN 市场将会提高 CDN 的服务水平。

就如章文嵩所说，“没有和云计算结合的 CDN 不是真正的 CDN，客户需要的是 CDN 和云计算平台等一站式服务。CDN1.0 时代已经过去，传统厂商最多只有 3 年时间转型。”

三年时间很长，只争朝夕，CDN 在变革的路上，需要云计算保驾护航。

CDN 未来会成为公有云服务的一部分吗？

为什么说会融于云计算

先从技术上看，服务器虚拟化是云计算的核心技术，它同时被运用到 CDN 之中。除了虚拟化技术，云存储也同样被应用到 CDN 中。技术的相互渗透和融合，已经让 CDN 无法离开云计算技术。

其次，云计算开启了 CDN 网络架构、设计、应用的新思路。CDN 既是云计算的一种应用，也是云计算的加速器。

早在 2005 年，亚马逊就推出“CloudFront”的 CDN 服务，此项服务将 IDC、CDN 和云计算相融合，这是一个典型的公有云公司推出的 CDN 服务。现在，阿里云推出的“极速 CDN”也提出了整合云计算与 CDN 为一体的发展方向。

显然，在云时代，CDN 正在变成公有云服务的一部分。

换句话说，阿里云作为公有云的服务提供商，同时为客户提供 CDN 服务，将会是顺流而下的事。虽然，传统 CDN 厂家也在积极向云端迈步，但企业基因的不同和技术能力的缺失，是他们转型中的一大短板。

据了解，对外开放服务一年来，阿里云内容分发网络已支持超过 2 万家客户，外部流量超过 1000 Gbps。这些客户几乎同时还是云计算用户。这基本上证明了，公有云的客户群在云平台上同步选择 CDN 服务的意识在加强。

综合来讲，阿里云将 CDN 价格腰斩，会成为刺激整个 CDN 行业转型的触发点。并引发公有云与 CDN 融合的深度思考。而在未来的 CDN 行业发展中，公有云服务商将获得先行一步的优势。

6.3 移动变革被一步步见证

我们正在潜移默化被改变，因为移动！

记得，看过有“互联网女皇”之称的，前摩根士丹利互联网分析师玛丽 •米克（Meeker）的一段演讲，她是这样形容她眼中的移动互联网变革的。

Meeker 提出了一个“Technology Cycles”的概念，字面上就很容易理解。意思是说，从 20 世纪 60 年代工业计算起，每一波浪潮大概持续十年，从小型机到个人机，从桌面互联网到移动互联网，差不多都是这个节奏。此外，每一波浪潮都可以支撑十倍于前一轮的用户量，因此 Meeker 也预计，2020 年移动互联网将达到一百亿个设备的量级。

这意味着什么？2014 年的一份移动互联网报告中显示：互联网用户数增长已放缓至不到 10%。但另一方面，移动数据流量仍在加速增长，同比增幅达到 81%。这意味着平板电脑和智能手机所构建的移动互联网生态，在 2015 年将全面超越以桌面系统为代表的传统互联网时代。

移动正在颠覆，每个人，甚至——每个商业模式。

移动互联转型背后的故事

对于企业来说，从前移动是他们的战略，现在移动是他们必须做出的选择。

商业的移动性，并不像个人移动那么简单，在其背后，商业对移动互联的需求同时伴随着对大数据、云计算的要求。随时随地能访问、存储、迁移，从海量数据中挖掘洞察，这些问题都是企业对移动性的诉求。它们中的每一项都可能对企业移动性的商业模式的建立，起到关键作用，也可能会带来毁灭性的灾难，尤其是云，对企业的移动转型最为关键。

举个例子，凡客诚品。这家公司的起落兴衰，跟互联网变革的节奏很接近，在互联网时代，凡客模式以及凡客体，都是服装标准化定制，以及用互联网语言玩传统行业的标志性企业。然而，在进入移动互联网时代后，这家公司却又似乎“消失”了相当长的一段时间。

回过头来，看看如今的凡客在企业转型过程中，做过哪些努力。据了解，凡客诚品的 IDC，通过“StorSimple”形成了一套完整的数据备份解决方案，从系统架构层面来看，颠覆了其过去的传统做法，在简化架构的同时做到了更好的易用性。表面上看，这是凡客通过云计算让它的数据中心效率得到了提高。

但是从技术角度看，StorSimple 作为微软提供的云存储服务，通过卓越的去重和压缩能力，节省 70%以上的云存储成本，在数据安全性与数据的恢复方面，StorSimple 展现出了它极佳的创新思路和优秀的技术水平。

微软正通过将 Azure 公有云能力与 StorSimple 的存储优化能力结合为混合云解决方案服务于很多企业转型。在这个方面，StorSimple 的供应商微软，成为了实际上推动这个商业模式变革的背后推手。如果说，互联网时代，是商业模式的胜利，那么移动互联网时代，也许就将是技术驱动的商业模式胜利。而云计算则是企业走向移动商业模式的最佳手段。

换句话说：我们被移动改变，移动因云而变。

在企业移动商业化的身后，以微软为代表的技术服务商，正在幕后推进商业模式的变革，做到真正的“inside”。

如何将移动与商业结合，如果利用云计算等技术实现移动的商业化，将会是未来很长一段时间的热点。微软，也会在 CeBIT 展示最新的移动和云方面的解决方案。

移动和云原本不可分割

换一个高度来看待移动互联对商业模式的改变。

微软全球 CEO 纳德拉在 2014 年初上任后，提出“移动为先，云为先”。移动和云，并不是两个割裂的个体。纳德拉曾在一份演讲中提到，用户在消费与商业市场中更多的使用移动设备与技术，在这个过程中，则创造出更多的云服务需求。

由此可见，云和移动，都是当下商业模式中不可分割的一部分。而将关注点集中在移动和云的微软，自己也在沿着这两条路实现变革。

2014 年的央视春晚，CNTV 通过网络向全球进行直播。因为庞大的流量增加，它们选择了在云端快速实现。结果，在选择了微软云服务进行合作后，CNTV 发现这和过去采购服务器、租用带宽的传统模式有了巨大的改进。以往 3 个月才能上线的业务，在云端 2 天就解决了问题。

其实，这就是媒体云遭遇的典型案例，媒体行业也在发生转型，移动互联网带来了巨大的流量增长，用户在通过手机和平板等移动设备使用媒体服务。这种需求的爆发速度，是几何级数增长的。而我们看到解决方案的背后，则是云服务突破了传统的故事。

这是一个经典的移动互联网催生的云业务转型，在它的背后则是微软 Azure 云服务提供的技术支持。也再一次印证了“移动为先，云为先”这句话所蕴含的意义。

6.4 羊联网改变传统畜牧商业

这个羊联网是物联网在畜牧行业应用的变体，这个名字取得巧，让人一下就能记住。这个羊联网就是通过物联网的方式管理羊，形成完整产业链，解决了商业模式问题，也可以叫智慧牧业。

说起来，物联网喊了这么多年，没有发展起来的真实原因也在于商业模式。如果商业模式成熟，任何行业的物联网自然形成闭环，那么，技术和投入、行业和应用等问题都迎刃而解，实现物联网根本不是一个问题。

那么，这个羊联网的现实意义何在？从技术角度来说，华为提供的物联网关能否做支撑呢？我们掰开了揉碎了，一点点分析。

商业模式怎么成熟

为什么说商业模式重要？最早的物联网被描绘得很美妙，从“自动感知”环境开始，可以开启一个全新的智能化时代。问题就在于“自动感知”，这仅仅是在传感层面的事情。感知的数据发到哪里？又有什么作用？或者说，若干年前物联网被炒作起来的仅仅是传感器，并没有结合具体的场景，实现商业化。

现在这个“羊联网”的商业模式正在探索，并小有成就。每一只羊耳朵带上物联网芯片（一般是 RFID 传感器），通过羊圈的出入口（绑定有刷卡机），被华为物联网关（这次型号是 AR561，为什么说这么具体，以下重点分析）记录、抓拍、上传数据。这些数据以图像的方式呈现，可以查看每只羊的生长记录，甚至可以形成定向采购等。

其实商业模式有很多，这只是其中的一种。其出发点是，要为采购营造绿色、安全、无污染的监控，保障整个饲养过程是透明的，一切可溯源，甚至包括送到餐桌过程中的每一个环节。

谁在做这个事情

当前，亿利资源集团下属的一个子公司正在尝试这件事。

顺便提一下亿利资源，这家公司的广告牌在北京不少地方可见。官网说，这是一家定位在“从沙漠到城市生态修复的”企业。其中沙漠绿色经济是主要的生态圈，包括沙漠天然药业、沙漠生态肥料、沙漠生态材料、沙漠再生能源、沙漠生态修复等。

现在说的羊联网是其中的一个环节。通过有目的、有计划地放养，能将草原牧草养起来，达到绿化环保的目的，也能获得经济回报。

亿利资源设想，现在城市人对健康食品的要求越来越高，为什么不能提供一个安全、可控而且透明的饲养环境呢？话说，市面上多有打着“绿色、无污染、有机食品”等字样的食材，究竟是不是这样的，就靠企业的自觉性了。可这“自觉性”往往靠不住。

所以，羊联网项目应运而生。前期试点是 100 只羊，通过华为的物联网解决方案实现监控，可以为认领者提供全过程的监控。现在，这 100 只羊内部上线之后，就被抢购一空。如果健康，而且价格在可控之内，为什么不采购呢？这是诸多采购人的心理。

华为物联网的作用

回到技术问题，华为 AR561 发挥了什么作用？

要知道在大草原上，千里万里不见人。万一设备出现故障，谁来维修？设备被人偷、被雷劈、遭受自然灾害怎么办？电池没电怎么办？元器件损坏，内存不足怎么办等，这些都是问题。

这都是维修问题。AR561 产品满足工业级标准，抗腐蚀高温，适应沙漠环境；有太阳能电路板供电；有内置网络传输，有内置存储和数据库，还有摄像头达到高清拍摄（摄像）功能。硬件上如此强悍，一般不会发生故障。

至于应用来说，拍摄根据用户需求，定期发送照片到后台数据库，满足一般需求；由于摄像头还带有传感功能，不用时关闭，最低能耗是 1W 左右；由于带有自检测功能，如果有故障，会发送信息给管理员，不会让设备彻底坏掉而管理员不知道。一般管理员通过后台即可恢复，除非是硬件设备损坏，否则，千里迢迢过来维修，这成本就受不了。

现在来说，由于是试点工程，上线之后，基本没有故障，充分验证了羊联网的可靠性。为什么前期是 100 只羊而不是更多呢？其实瓶颈并不在于设备本身，而在于羊出羊圈时被感知的速度决定了不可能有太多的数量，否则 1000 只羊一天什么都不用做，只顾得上依次出羊圈被感知被拍照了。

未来的商业模式多种

这是华为互联网在畜牧行业一个具体的应用，很具有典型性。

典型性在于，华为关注物联网本身的设备，而将应用交给了客户。如果客户的商业模式解决，自然想到利用技术提高效率，华为做到事情就是确保物联网成功。

智慧牧业方案从架构上分为四个部分：终端层是传感控制器，包括传感、通信、控制和通信模块；网络融合层是敏捷物联网关，包括联接管理、边缘计算和协议转换；管理控制层是敏捷物联控制器，包括网络管理、计算管理、应用管理和数据管理；最上面一层是行业应用。

关于这部分的具体技术细节，可参看华为管发布的信息。简单说一句，其中具有技术含量的是敏捷物联网关和敏捷控制器，这是华为对网络思考集大成的一种表现。

无论是哪个行业，华为只做中间两部分，其他两部分交给合作伙伴，这样，各自确定其在价值链的位置，就能形成生态圈，紧密合作，共同为客户提供完整的解决方案。

在这个项目中，华为在利用互联网确保数据传输的安全、可靠，数据传输到用户的服务器后台。至于这些数据该怎么利用，就和商业模式有关系。可给最终用户看，也可以分析挖掘信息，提高饲养的效率；还能与其他产业互动，加强整个数据的利用率。

而在其他行业中，这种案例也能复制、推广，具体还要看行业的需求和场景。这恐怕就是华为做物联网的最终心愿。

反侵权盗版声明

举报电话：（010）88254396；（010）88258888

传　　真：（010）88254397

E-mail:　　dbqq@phei.com.cn

通信地址：北京市海淀区万寿路 173 信箱

　　　　　电子工业出版社总编办公室

邮　　编：100036